언제나
어디서나
누구나
낭독극 수업

언제나 어디서나 누구나 낭독극 수업

초판 1쇄 발행 2023년 11월 30일

지은이 이민수·주재연·김미선·김연미·이랑희·심재경

발행인 김병주
기획편집위원회 김춘성, 한민호
마케팅 진영숙
에듀니티교육연구소 이문주, 백헌탁
디자인 디자인붐

펴낸 곳 (주)에듀니티
도서문의 070-4342-6110
일원화 구입처 031-407-6368 (주)태양서적
등록 2009년 1월 6일 제300-2011-51호
주소 서울특별시 중구 남대문로 117, 11층
출판 이메일 book@eduniety.net
홈페이지 www.eduniety.net
페이스북 www.facebook.com/eduniety
인스타그램 www.instagram.com/eduniety/
　　　　　　www.instagram.com/eduniety_books/
포스트 post.naver.com/eduniety

문의하기

투고안내

ISBN 979-11-6425-156-8 (13370)
값은 뒤표지에 있습니다.

독서교육과 교과수업을 넘어
문해력까지

언제나
어디서나
누구나

낭독극 수업

이민수 · 주재연 · 김미선 · 김연미 · 이랑희 · 심재경 지음

에듀니티

이야기가 가지는 힘

이야기의 힘은 강력하다. 이야기는 오래전부터 지금까지 그리고 앞으로도 인간에게 매우 중요한 역할을 할 것이다. 조선 시대 사람들은 돈을 지불하면서 전기수[1]의 이야기를 듣고자 했으며, 이야기에 심하게 몰입한 나머지 주인공의 시련과 고통을 모두 전기수 탓으로 돌리기도 했다. 이야기의 힘은 과거에만 머물러 있지 않았다. 현대에도 여전히 이야기의 힘은 강력한 모습을 보인다. 상품을 홍보하는 광고에는 상품에 대한 정보가 아닌 이야기가 담겨있고, 노래 경연 대회의 우승자는 노래 실력뿐 아니라 많은 사람들의 심금을 울린 감동적인 이야기를 가지고 있다. 잘 짜인 이야기 한 편이 대박 상품을, 한 사람의 인생을 바꿀 수 있는 힘을 가지고 있다는 뜻이다.

이야기는 교육적으로도 다음과 같은 힘을 지닌다. 첫째, 이야기는 아이들의 이해력과 지식, 경험을 증진시킨다. 이야기를 접한 아이들은 흥미로운 사실과 개념들을 학습할 수 있다. 그뿐만 아니라 이야기를 통해 다양한 문화와 역사 등을 배울 수 있다. 둘째, 이야기는 아이들의 창의력

---

1 조선 후기 소설을 전문적으로 읽어 주던 낭독가. [네이버 지식백과] 전기수 [傳奇叟] (한국민족문화대백과, 한국학중앙연구원)

과 상상력을 자극한다. 이야기는 아이들에게 다양한 시각과 생각을 제공하며, 문제 해결 능력을 향상시키는데 큰 도움이 된다. 셋째, 이야기는 아이들의 언어 능력과 소통 능력을 향상시킨다. 이야기를 들으며 아이들은 언어의 구조와 문법을 자연스럽게 터득하며, 동시에 자신의 생각과 감정을 다른 사람들과 공유하는 방법을 배우게 된다. 무엇보다 이야기를 전달하는 것은 사람들 사이에 이해와 공감을 형성하고 문화를 전달하는 데 중요한 역할을 한다.

낭독극은 이야기를 재현하고 전달하는 방법 중 하나이기에 이야기의 힘이 담겨있다고 볼 수 있다. 뿐만 아니라 아이들은 낭독극을 창작하고 연기하는 과정을 통해 문해력과 문학적 상상력을 함양할 수 있다. 낭독극 대본 창작 과정에서 작가는 다양한 상황을 상상하고, 이를 통해 사회적 문제를 이해하고 공감하는 능력을 향상시킬 수 있다. 자신만의 언어를 사용하여 자신만의 대본을 만들고 그 과정에서 자연스레 문해력을 기를 수 있게 한다. 배우 역시 낭독극을 통해 자연스레 문해력을 기를 수 있게 된다. 배우들은 주어진 이야기와 인물들을 이해하고, 그들의 생각과 감정을 표현하며 이야기를 재현한다. 대본에 쓰인 단어와 문장에 대한 이해와 더불어 작가의 의도가 무엇인지, 전달하고자 하는 메시지가 무엇인지 고민하게 된다. 관객들은 이러한 이야기를 경험하고, 이해하며 공감한다. 작가가 던지는 메시지가 무엇인지, 배우의 말과 행동에 담긴 의미는 무엇인지 고민하면서 문해력을 기를 수 있게 된다. 이러한 과정은 사회적으로 상호작용하고 이해하는데 필요한 능력을 키워주는 큰 역할을 한다.

1부

알아볼래?
낭독극 수업

낭독극이란 무엇인가?

낭독극의 개념

낭독극은 연극의 한 형태로, 대본을 읽거나 말하는 것으로 이야기를 전달한다. 배우들은 단순히 대본을 읽는 것에서 나아가 이야기의 내용과 감정을 전달하기 위해 말의 강세와 표정, 속도 등을 조절하며 읽는다. 배우는 이러한 과정 속에서 자신의 감정을 드러내기도 하며, 청중들은 이야기에 대해 상상력을 발휘할 수 있다. 낭독극은 다른 연극 형태와 달리 세트나 의상 등이 많이 필요하지 않아 간단한 장소에서도 공연할 수 있으며, 대화의 내용이나 주요 사건을 집중해서 강조할 수 있는 장점이 있다. 또한, 글의 내용과 배우의 표현에 집중하므로 청중들은 자신의 상상력을 발휘하여 이야기의 내용을 생생하게 떠올릴 수 있다.

낭독극의 교육적 효과

낭독극은 학생들이 글을 읽고 이해하며 그것을 표현하는 능력을 향상시키는 데에 매우 효과적이다. 이러한 교육 방식은 독서에 대한 자신감을 증진시키고, 학생들이 자신의 생각을 표현하는 데 있어서도 큰 자신감을 가질 수 있게 한다. 특히 낭독극 무대 경험은 무대라는 특정한 공간에서 많은 관중들과 만날 수 있는 값진 경험을 제공한다. 대본과 동선을 외우고 상대 배우와의 합이 중요한 연극과는 달리 대본을 펼치고 읽는 낭독극은 연극에 비해 부담감이 상당히 낮으며 성격이 소심하거나 말하기를 불안해하는 아이, 앞에 나서는 데에 익숙하지 않은 아이에게도 무대 경험을 할 수 있게 한다. 표정이나 몸짓, 동선이 아닌 눈앞의 대본과 목소리에 몰두할 수 있어 아이가 지닌 불안감을 다소 해소할 수 있다.

학생들은 작품을 읽고, 캐릭터의 성격과 감정을 이해하고, 그들의 역할을 연기함으로써 작품 속 이야기를 보다 깊게 이해할 수 있다. 작품의 언어와 스타일을 이해하고, 그것을 효과적으로 표현하기 위해 발음, 억양, 강세 등을 연습할 수 있다. 무대에 올라서기 전 역할을 맡은 학생들끼리 모여 대본을 여러 번 리딩하는 경험은 작품을 보다 깊게 이해할 수 있게 한다. 작품을 여러 번 읽어보는 경험은 작가가 쓴 대사를 이야기의 흐름과 맥락, 자신이 생각한 캐릭터의 성격과 감정에 근거하여 평가하기 시작한다. 흐름과 어색한 부분을 지적하기도 하고 더 나은 표현은 없는지 고민하는 과정을 통해 작가의 스타일에서 나아가 본인만의 언어 스타일을 만들고 이를 표현하기 위해 연습하게 된다. 이때, 교사의 적절하고 긍정적인 피드백과 지도가 있다면 훨씬 좋은 무대를 만들 수 있게 된다. 또한 대본 리딩에 대한 토론을 진행하게 되면 같은 대사라 하더라도 아이들이 다른 감정과 맥락으로 받아들이는 것을 자연스레 발견하게 된다. 대본 리딩 토론은 낭독극의 무대를 올리기 전 반드시 있어야 하는 단계이며 아이들에게 삶의 다양성과 타인에 대한 이해를 높일 수 있게 한다. 무엇보다 스스로 대사를 고민하고 생각한 주장이기에 근거의 타당성을 확보하기 위해 노력하며 진정성 있게 토론에 참여하는 모습을 보인다.

또한, 낭독극은 학생들의 읽기 능력을 향상시키는 데도 도움이 된다. 학생들은 작품을 읽고 이해하기 위해 문장 구조와 어휘를 적극적으로 이용하고, 작품의 내용을 보다 깊이 있게 파악할 수 있다. 대본 리딩의 초반엔 문장 구조와 어휘에 대해 아무런 이해 없이 낭독하게 된다. 그러다 보니 문장의 쉼이 적절하지 않은 부분이 있기도 하며 낯선 어휘의 사용으로 작품에 몰입하는 데 어려움을 겪기도 한다. 그러나 여러 번 리딩 연습과 대본 토론은 작품에 대한 전체적인 이해에서 나아가 문장과 어휘 하나하나에 대한 이해로 이어지게 된다. 상황과 맥락을 고려하여 문장 안에서 적절하게 쉬어 주기도 하는 등 흐름의 완급을 스스로 조절할 수 있게 된다. 문장 사이에 쉼이 어느 위치에 들어가느냐에 따라 관객에게 전달되는 감정과 느낌이 달라지고, 대본에 사용된 어휘의 정확한 개념과 어휘의 사용 맥락에 대해서도 자연스럽게 깨닫게 된다. 대본에 사용된 문장 구조와 어휘를 여러 번 반복 활용함으로써 복잡한 문장 구조와 낯선 어휘에 대해 이해하게 되고 이를 자연스럽게 실생활에 적용하는 모습을 보이게 된다.

낭독극 수업의 일반적 절차

낭독극 수업의 절차는 크게 팀 구성 및 역할 분담, 대본 작성, 연습 및 고쳐쓰기, 발표 및 평가 순서로 진행이 된다. 특히 대본 작성 과정이 낭독극 수업 과정 중 가장 어렵고 중요한 부분이다. 낭독극 대본이 없다면 낭독극 무대는 상상할 수 없기 때문이다. 대본 작성 과정의 절차는 일반적 글쓰기 과정인 '계획하기 – 내용 생성하기 – 내용 조직하기 – 표현하기 – 고쳐쓰기'와 유사한 과정을 거친다. 모둠을 만들었다면 토론을 통해 낭독극 무대의 주제와 목적을 구체적으로 계획해야 한다. 그리고 주제와 관련한 다양한 정보 및 자료 수집 및 분석을 통해 풍부한 내용을 생성하고 이야기를 이끌어나갈 힘이 있는 정보와 자료들을 선정하고 조직해야 한다. 또한 스토리보드 등을 통해 내용의 전개 방식을 고민한다. 표현하기 단계에서는 직접 대본을 작성하고, 고쳐쓰기 단계에서는 작성된 대본을 여러 번 리딩하여 다듬어 나간다. 다른 글쓰기 과정과 달리 낭독극 대본의 고쳐쓰기는 무대를 올리고 난 후에도 진행된다는 특징이 있다.

1. 팀 구성 및 역할 분담

팀을 구성하는 방법은 학교급과 반별 성향에 따라 달리 적용하면 된다. 팀 구성을 아이들에게 온전히 맡기는 방법이 가장 이상적이겠지만 팀을 구성하기 전부터 잡음이 들릴 수 있다. 학교급과 반별 성향에 따라 적절한 팀 구성 방법을 활용하면 된다. 팀은 적게는 4명에서부터 많게는 6명 정도가 적당하다. 팀 구성 후 메인 작가, 배우, 스태프 등으로 역할을 분담한다.

메인 작가는 대본 작성을 맡은 학생이다. 그러나 대본 작성을 혼자에게 맡겨두게 되면 부담이 너무 크니 반드시 모든 팀원이 함께해야 한다. 이야기의 흐름, 등장인물, 배경 등 대본의 기본이 되는 모든 것들은 모든 팀원이 모여 대화를 통해 정해야 한다. 이를 정하는 과정에서 아이들은 모두 작품에 대한 애정이 싹트게 된다.

배우는 말 그대로 배우 역할을 맡는다. 무대 위에 올라가 대본을 낭독하는 역할이다. 일반적인 연극과는 달리 연기력이 뛰어나지 않아도 된다. 대본을 이해하고 맥락에 맞게 낭독할 수만 있으면 된다. 동선이나 몸짓과 같은 행동이 없으니 무대 위에 올라서는 것이 두려운 아이라 하더라도 충분히 배우로서의 역할을 수행할 수 있다. 무엇보다 대사를 외우는 데에 큰 어려움이 없다.

스태프 역할을 맡은 아이들은 배경음악, 효과음, 조명 연출을 맡는다. 이야기에 적합한 배경음악을 찾고 적절한 부분에 사용할 효과음을 찾는다. 괜찮다면 배경음악과 효과음을 직접 만들어 보는 것도 아이들에게 좋은 경험이 된다. 만들기 어렵다면 유튜브를 통해 저작권이 없는 음향을 찾아 활용하면 된다. 조명 연출은 조명을 담당하는 역할이다. 교실에서 진행된다면 조명 연출이 따로 필요 없지만, 어느 정도 규모를 갖춘 무대에선 조명을 적극 활용할 수 있다. 핀 조명, 색 조명 등 이야기의 흐름과 분위기에 적절하게 조명을 활용하는 역할이다.

2. 대본 작성 방법

낭독극 수업에서 가장 중요한 과정은 대본 작성 과정이라 할 수 있다. 그리고 많은 선생님들이 가장 어려워하는 부분이기도 하다. 대본을 작성하는 방법은 여러 가지가 있다. 다른 장르의 문학작품을 재구성할 수도 있고 순수 창작을 할 수도 있다. 다른 장르의 문학작품을 재구성하는 방법은 소설이나 설화 등과 같이 서사 갈래의 작품을 재구성하거나 시와 같은 서정 갈래의 작품을 재구성하는 방법이 있다. 특히 서사 갈래의 작품은 이미 이야기가 작품 안에 담겨있기에 새로운 이야기를 창작해야 한다는 부담감이 아주 적다. 그저 희곡의 특징만 잘 드러나게 재구성하면 된다. 이 방법이 선생님과 아이들에게 창작의 부담이 덜 한 방법이라 볼 수 있다. 그러나 창작 욕구가 강한 아이들의 욕구를 만족시켜주지 못한다는 한계가 있다.

서정 갈래의 작품을 재구성하는 방법은 작품 안에 이야기가 드러나 있지 않은 작품들도 많기에 상상력을 발휘하여 이야기를 창작해야 한다. 아이들의 창작 욕구를 자극할 수 있지만 조금 창작의 부담이 있는 방법이다. 예를 들어 김소월의 '진달래꽃'을 낭독극으로 재구성한다고 해보자. 먼저 아이들은 작품을 감상하고 사랑과 이별의 정한이라는 작품의 주제를 이끌어 낼 수 있다. 그리고 사랑과 이별이라는 소재만을 가지고 이야기를 만들어낸다. 혹은 시적 상황과 시적 화자의 감정을 고려하여 이야기를 만들어낼 수도 있다. 서정 갈래를 재구성하는 방법은 작품을 이해하고 이를 바탕으로 이야기를 창작해 내는 방법이다.

순수 창작의 방법은 말 그대로 아이들에게 대본 창작을 온전히 맡기는 방법이다. 아이들은 팀을 구성하고 대화와 협력을 통해 이야기를 만들 수 있다. 이어서 일반적 글쓰기 과정에 입각한 순수 대본 창작 과정을 살펴보자.

3. 대본 작성 계획하기, 내용 생성하기

낭독극 대본 작성을 위해 아이들은 계획하기 활동을 진행해야 한다. 아이들은 대화를 통해 주제와 목적, 독자의 수준을 분석해야 한다. 무엇을 말하고자 하는지, 관객들에게 무엇을 요구하는지, 관객들의 수준은 어떠한지 등을 분석함으로써 낭독극 대본에 대한 계획을 구체화할 수 있다.

주제와 목적을 설정했다면 낭독극 대본 작성을 위한 풍부한 내용을 생성해야 한다. 자신이 알고 있는 배경지식을 활용하는 것도 좋은 방법이지만 다양한 매체를 활용하여 낭독극 주제와 관련한 자료들을 수집해야 한다. 특히 아이들은 영상 매체, 인터넷 등을 활용하여 자료를 수집하는 역량이 뛰어나니 적극 활용할 수 있도록 해야한다. 아이들은 자료와 정보를 찾는 과정을 통해 정보처리역량을 키우고 자료와 정보를 읽고 이해하는 과정에서 자연스레 문해력을 높일 수 있다.

풍부한 자료와 정보를 수집했다면 가치 있는 자료와 정보를 선정해야 한다. 여기서 가치가 있다는 뜻은 이야기를 이끌어나갈 힘이 있냐는 뜻이다. 주인공의 성격이나 사건의 흐름, 작품의 배경 등을 설정할 수 있는 가치 있는 자료와 정보를 선정해야 한다. 가치 있는 자료와 정보를 선정하는 과정은 모둠별 토론을 통해 이루어진다. 이 과정에서 아이들은 자신의 주장을 표현하고 근거를 명확히 제시하는 경험을 통해 의사소통 역량을 키울 수 있다. 또한 이 과정에서의 토론은 경쟁적 말하기가 아닌 대본 완성이라는 공동의 목표를 지닌 말하기이기에 아이들은 협동심과 더불어 작품에 대한 애정을 높일 수 있다.

4. 내용 조직하기

일반적인 글이 아닌 대본을 쓸 때에도 개요를 작성하는 것이 큰 도움이 된다. 이야기의 개요를 작성함으로써 이야기의 논리적 흐름을 확보할 수 있고 무엇보다 전달하고자 하는 메시지를 효과적으로 전달할 수 있다. 개요 없이 글을 쓰다 보면 아이들은 옆길로 자주 빠진다. 생각들을 구체적으로 정리하지 않았기에 머릿속에서 터져 나오는 생각을 통제하지 못하기 때문이다. 대본을 쓸 때에도 마찬가지이다. 이야기의 흐름을 구체화해 놓지 않으면 대본을 쓰다 방향성을 잃어버리고 심지어 무엇을 말하고자 하는지조차 잊어버리게 되는 불상사가 발생하게 된다. 이를 막기 위해선 이야기의 흐름을 조직화해 두어야 한다.

이야기의 흐름을 구체적으로 조직화하는 방법은 여러 가지가 있겠지만 스토리보드를 활용하는 것을 추천한다.

스토리보드

장면	요소	내용
	장면 설명	
	소리	
	주요 대사	
	장면 설명	
	소리	
	주요 대사	
	장면 설명	

교과서에 제시된 스토리보드를 바탕으로 재구성한 양식이다. 스토리

보드의 내용을 아이들이 구체적으로 정리한 후 대본을 작성한다면 이야기의 흐름과 방향성을 잃지 않을 수 있다.

5. 대본 작성하기

스토리보드를 바탕으로 이야기의 흐름과 방향성을 구체적으로 정립했다면 본격적으로 대본을 작성할 수 있다. 작가 역할을 맡은 아이가 대본을 주로 작성을 하는 것이 좋으며 구글 독스와 같은 에듀테크를 적극 활용하여 대본 작성 과정을 모둠원들과 공유하는 것이 좋다. 작가 아이가 쓴 대본을 읽고 피드백할 내용을 모둠원들이 메모나 댓글을 통해 남겨둔다면 작가 아이는 이를 참고하여 내용을 수정하여 훨씬 완성도 높은 대본을 작성할 수 있다. 물론 피드백 내용에 대한 아이들의 의견 차이가 분명히 존재할 것이다. 하지만 이는 또 다른 토론의 장을 만들어내는 것으로 아이들의 의사소통 역량을 함양하는 데에 큰 도움이 될 것이다.

6. 연습하기

대본이 완성되었다면 대본 연습을 할 때이다. 대본 연습을 함과 동시에 무대 구성에 대한 고민을 할 수 있는 시간이다. 낭독극 무대는 연극 무대와 달리 상대적으로 단순하기에 이 단계에서 무대에 대한 고민을 함께 할 수 있다. 활자와 머릿속으로만 상상했던 실제 배우들의 모습을 보면서 큐브와 보면대의 위치, 조명의 활용, 배경음악 및 효과음 활용에 대해 고민해야 한다. 앞서 작성했던 스토리보드에 해당 고민들을 적어둔다면 공연 무대를 올릴 때 큰 도움이 된다. 연출 노트를 따로 작성해도 좋다.

연습하기의 과정은 총 연출을 맡은 아이를 중심으로 이루어진다. 하지만 작가, 스태프, 배우를 맡은 아이들도 이 과정에 적극 참여하여 자신의 생각과 의견을 제시할 수 있어야 한다. 이 과정에서 생기는 의견 차이 역시 또 다른 토론의 장이 될 수 있다. 교사는 아이들의 의견 차이가 첨예한 갈등으로 번지지 않도록 순회지도를 통해 조정해 나가면 된다.

실제 공연 장소에서도 낭독극 무대 연습을 하는 것을 추천한다. 무대에서의 연습 경험이 없이 무대에 올라간다면 관객들의 시선과 강렬한 조명에 큰 긴장감을 느껴 아쉬운 공연을 올릴 수도 있다. 몇 번 실제 공연 무대에서 낭독극 연습을 한다면 무대 감각을 익히고 무대에 대한 불안감을 낮출 수 있다.

7. 고쳐쓰기 및 공연

낭독극 대본의 초고가 완성되었다면 고쳐쓰기를 해야한다. 고쳐쓰기 과정 역시 작가 아이를 중심으로 이뤄져야 한다. 그러나 모든 아이들이 고쳐쓰기 과정에 참여해야 한다. 아이들은 몇 번의 대본 리딩 연습을 통해 부자연스럽거나 어색한 부분을 확인할 수 있고 이를 적극적으로 피드백해야 한다. 그리고 타당한 피드백에 대해선 작가 아이가 수용하고 이를 고쳐쓰기에 반영해야 한다. 모둠원 모두가 고쳐쓰기 과정에 참여함으로써 무대를 올린다는 기대감을 공유할 수 있고 자신도 무대 구성에 큰 기여를 했다는 자부심을 느낄 수 있다.

낭독극 수업의 완성은 낭독극 공연을 통해 이루어진다. 교실을 무대로 활용해도 좋고 작은 시청각실과 같은 곳에서 해도 좋다. 합의된 공간과 무대를 바라보는 관객들만 충분하다면 아이들은 공연에 집중하게 된다. 공연을 마치고 내려오면서 아이들은 큰 희열을 느끼고 감명을 받게 된다. 설명할 수 없는 많은 벅찬 감정들이 아이들을 휘감을 것이고 긴 시간을 들여 무대를 완성했다는 성취감이 클 것이다. 그러나 낭독극 수업의 끝은 무대 완성이 아니다.

낭독극 대본의 고쳐쓰기는 무대가 끝난 뒤에도 이뤄진다. 아이들은 무대를 실제로 올려 보았다는 사실에 감명받는다. 그러나 자연스레 낭독극 무대는 무대를 구성하는 사람들의 힘으로만 이뤄지지 않는다는 것을 알게 될 것이다. 관객과의 상호작용, 관객과 공유하는 호흡이 중요하다는 걸 깨닫게 된다면 관객의 반응을 전혀 고려하지 않았던 대본에 대해 아쉬움을 느끼고 최종적으로 대본을 수정하게 된다. 이 과정 역시 작가 아이를 중심으로 진행되지만, 무대 구성에 참여했던 모든 아이들이 적극 참여하여 대본 수정이 이뤄지는 것이 좋다. 대본 최종 수정까지 이루어진다면 비로소 낭독극 수업이 끝이 난다.

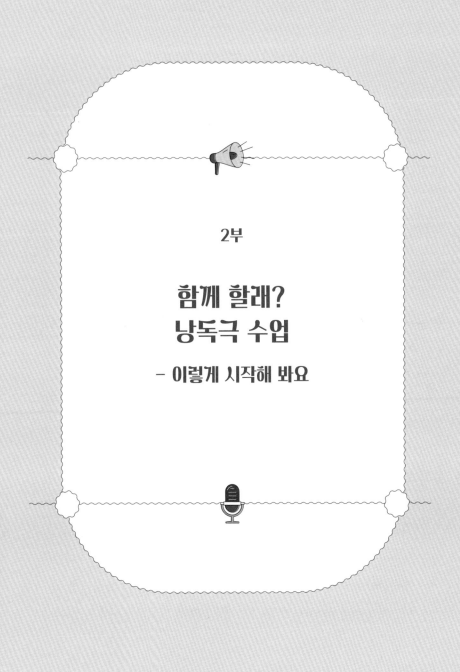

2부

함께 할래?
낭독극 수업

– 이렇게 시작해 봐요

초등학교에 낭독극을 초대하세요

주재연 백제초등학교

국어가 무려 다섯 번이라고?

새로운 학생들과의 첫날이 밝았다.

오늘을 위해 2주 전부터 교실 꾸미기를 시작했다. 뒤쪽 게시판에 환영 인사를 간단히 붙이고 칠판과 앞쪽 게시판에는 늘 있던 각종 안내판 제목들을 붙였다. 올해는 13명의 작고 귀여운 3학년 학생들과 함께할 테니 교실에 내가 좋아하는 화분도 몇 개 놓아두고 벽에는 주황 마켓에서 구입한 산뜻한 그림 액자도 한 개 걸었다. 꽤 만족스럽다.

자, 이제 시간표를 게시할 차례. 이럴 수가… 언제나처럼 손 위에는 반짝반짝 코팅된 핑크색 국어가 무려 다섯 개다. 5년 전에도 10년 전에도 동일하게 학생들이 가장 싫어하는 과목은 수학, 그다음은 언제나 국어이다. 이유도 변하지 않는다. 수학은 어렵고 국어는 재미가 없단다.

국어 시간에 교과서를 준비하는 학생들의 입에서 새어 나오는 한숨과 푸념들이 순식간에 교실 공기를 답답하게 만든다. "아… 또 국어네" 내 마음이 공기청정기처럼 빨강이다. 학생들의 꽉 막혀버린 마음을 정화해

내는 방법들을 찾느라 내 머릿속 필터가 재빠르게 돌아가고 근거도 없는 달콤한 꼬임의 언어가 마구마구 뿜어져 나간다. 교과서를 펴고 글을 읽고, 내용에 대한 질문에 답을 적고 지루함을 참을 수 없을 때쯤 짝 활동이나 모둠 활동이 그나마 위안이다. 이마저도 잠시, 내용을 정리하는 시간이 돌아오고 최악의 날은 글이나 시를 한 편 적어 검사에 통과해야 쉬는 시간을 누릴 수 있다.

교사가 된 나에게 국어 시간은 더이상 지루하지 않다. 두렵다. 학생들의 멍한 표정과 원망 가득한 눈빛을 참아내야 하고 교과서는 또 왜 이리 많은지 한 학기에 국어와 국어 활동까지 총 네 권을 끝내야 한다. 교과서는 참고 자료일 뿐 얼마든지 교사 역량에 따라 재구성할 수 있고 교과서 밖 자료들로 신나는 수업을 만들 수 있다는 교육과정 연수 담당자의 말은 매해 들어도 영 와닿지 않는다.

그나마 그 안에도 단비 같은 차시가 있다. [역할극을 해 봅시다] 이 차시 제목을 보는 순간 학생들과 나의 입가에는 편안한 미소가 찾아온다. 나는 편하고 학생들은 즐겁다. 시키지 않아도 알아서 삼삼오오 모여 대사를 만들고 종알종알 연습을 하고 먼저 발표하겠다며 자리에 예쁘게 앉기까지 한다. 갑자기 학생들이 사랑스러워 보이고 국어 시간마다 무너졌던 교사로서의 자존감이 살짝 회복된다. 그러나 난관은 어디에나 있다. 대사를 못 외운 학생들은 역적이 따로 없다. 대사를 외우는 것은 고사하고 읽는 것도 버거워 보이는 학생에게 자비란 없다. 같은 모둠 학생들의 원망스러운 눈빛을 한 몸에 받아야 한다. 그 친구 때문에 모둠 역할극을 망쳐서 속상하다고 우는 여학생도 있다.

언제나 튀고 싶은 자칭 인싸, 우리 [낭독]이는 오늘도 역할과 상관없이 무대를 독차지하고 몸을 사리지 않는 슬라이딩 코믹연기와 액션 연기를 하며 학생들에게는 큰 웃음을, 나에게는 쓴웃음을 준다. 자리로 돌아가며 보이는 만족스러운 미소가 얄밉다.

이외에도 분장이나 소품에 공을 들이며 한 차시 전체를 요구하는 학생, 교실은 숲속이 아니어서 현장 체험학습을 나가야겠다는 학생과 공들여 그린 배경 전지가 찢어졌다며 울상인 학생까지 도무지 극본 속으로, 내가 원하는 학습 속으로 학생들을 끌어들이기에는 장애물이 너무 많았다. 연극 시간에는 중요한 부분들인 것을 잘 알지만, 평상시 수업 안에서 활용하기에는 꼬리가 너무 길고 많은 가오리연 같은 느낌이었다. 이리 얽히고 저리 얽히고 나무에 걸리고 끊어졌다. 폼 나고 제대로 된 형식을 갖추었지만 곁에 두고 부담 없이 자주 가져다 날리기에는 거추장스럽고 때로는 과감히 잘라내고 싶었다. 이대로는 안 되겠다. 교직 생활 10년이 넘어 이제야 고민을 시작하는 내가 좀 못나 보이지만 그래도 이대로는 안 되겠다. 학생들 언어로 표현한다면. 이건 좀 선을 넘었다.

문서함 속 보물

〈교육과정 연계 통합독서 프로그램 운영 지원 신청 안내〉
제목은 그다지 매력적이지 않았다. 국어 교과 담당도 아닌 나를 스쳐 공람도 안 되고 그저 문서함에 덜렁 들어가 있는 문서였다. 남부러울 것 없이 쌓여있는 내 담당 공문을 두고 굳이 그 문서를 클릭해준 기특한 나의 오른손 검지가 지금에 와서 이렇게 고마울 수가 없다. 그렇게 나는 '낭독극'이라는 낯설지만 꼭 그렇지만도 않은 단어를 처음 만났다.

> 낭독극: 독서 후 낭독과 연극을 결합하여 발표하는 인문예술 융합
> 통합독서 활동

공문에 나와 있는 낭독극의 의미를 읽어보았다. 한 번에 잘 이해가 되지 않았다. 검색을 해보니 대략 '배우들이 본격적인 연기를 하기 전에 테이블에 앉아 대본을 실감 나게 읽는 대본 리딩'과 비슷한 것이라는 의견이 많았다. 예산도 준다니 한 번 신청해 볼까? 별 기대는 없었지만 일단 저지르고 보는, 그야말로 계획도 대책도 없는 용감한 ENFP의 신청이었다. 지난날을 돌이켜볼 때 마음이 시켜서 시작한 일에 후회보다는 만족이 대부분이었다. 그러니 이번에도 어떻게든 되겠지.

찰떡을 발견했다

낭독극 활동 계획을 세우면서 우리 반 학생들의 문해력 수준을 찬찬히 생각해 보았다.

학생들은 대략 세 그룹 정도로 분류가 되었는데 첫 번째 그룹은 아직 기본적인 맞춤법도 알지 못하고 유창하게 소리 내어 글을 읽는 것이 불가능한 그룹이다. 두 번째는 어려운 맞춤법이나 문법을 제외하고는 대체적으로 알고 있고 수업 시간에 책을 읽겠다며 자신 있게 손을 들어 줄줄 잘 읽어내는 학생들이다. 그렇지만 조금 어려운 표현이 나오거나 글

이 길어지면 내용을 이해하거나 주제를 파악하기 어려워하는 학생들이다. 세 번째는 학급에 한두 명 정도밖에 되지 않는 학생들로 평소에도 책 읽기를 즐기고 자기 나이 또래의 문해력을 넘어 더 어렵고 글 밥이 많은 책에도 도전하는 학생들이다.

이렇게 다양한 학생들과 함께해야 하고 낭독극이라는 단어 자체를 며칠 전 처음 만났지만 이상하게 쉽게 시작해볼 수 있겠다는 생각이 들었다. 무지에서 오는 용감함이 이번에도 빛을 발했다. 일단 신청한 150만 원 예산 중에 책을 사고 남은 돈으로 간식을 잔뜩 샀다.

책 한 권을 꾸준히 끝까지 읽어내야 할 텐데 아침마다 몸을 이리저리 꼬며 괴로워할 학생들을 위한 유인책이 필요하다고 생각했기 때문이다.

또 무엇이 필요할까 생각하니 막막했다. 낭독극을 수업에 적용하고 계셨던 선생님들의 조언을 얻어 조명과 높은 의자도 구입했다. 주목받기를 좋아하는 우리 반 학생들이 높은 의자에 앉아 반짝이는 조명 아래에서 어깨가 으쓱할 생각을 하니 괜히 내가 기분이 좋아졌다.

그러고도 예산이 또 남았다. 이 돈으로는 손 인형을 구입했다. 간식을 구입하기로 한 그때의 이유와 같았다. 그래도 글 읽기인데 학생들이 지루해하면 어쩌나 하는 나의 오래된 불안감. 손에 인형 하나씩이라도 끼워주면 조금 낫겠지. 하는 단순한 생각이었다. 또 뭐가 필요할까? 음향효과도 필요한데 상황에 꼭 맞는 음향을 구하기가 생각보다 어려웠다. 그때 고민에 빠진 나를 물끄러미 바라보던 [낭독]이가 다가와서는 "우리가 직접 만들면 되잖아요. 문 두드리는 소리는 발을 쿵쿵 구르고 낙엽 밟는 소리는 종이 같은 걸 깔고 그 위로 걸을 때 나는 소리를 녹음해요!", "피아노도 있으면 좋겠어요. 무서운 장면에서는 공포영화처럼 피아노로

띠리링~ 높은음을 연주하면 어울릴 것 같아요", "와아! 재밌겠다!" 학생들이 신이 났다. 그렇게 저렴한 전자피아노도 하나 구입했다. 낭독극을 계획하며 지레 겁을 먹고 간식과 손 인형들을 구입했던 내 손이 부끄러워지는 순간이었다.

무엇이 되었든 학생들이 흥미를 보였다면 반은 성공이다. 이렇게 열정적으로 좋아해 주고 나에게 힘을 실어주다니! 나 스스로에게도 자신감이 생겼다.

"애들아! 낭독극 이거 진짜 우리한테 찰떡이다!"
"맞아요!"

너희들은 누구니?

교실에 스무 명의 학생들이 앉아 있으면 책상 위의 풍경도 스무 가지. 말 그대로 각양각색인 초등학생의 특징을 딱 잘라 말하기는 어렵지만 한 가지는 분명하다. 중·고등학교와 달리 초등학교는 한 가지 학교급으로 묶여는 있지만 저학년과 중학년, 고학년의 특성이 너무나 달라 서로 다른 학생이라고 생각될 정도라는 것이다. 학교에서 근무하면서 나에게 학교는 초저학교, 초중학교, 초고학교, 중학교, 고등학교, 이런 식으로 나뉜 지 오래다. 작년에 만났던 학생들을 올해 만나면 외모는 물론이고 걸음걸이와 눈빛까지도 다르다. '잘 자라주었구나…'라는 생각에 대견하면서도 낯선 묘한 기분이 든다. 낭독극을 문해력 교육에 활용한다고 생각하니 자연스럽게 내가 만나는 학생들의 문해력 수준과 특성에 대해 생각해 보게 되었다. 앞에서 우리 반 문해력 수준을 세 그룹으로 분류하였는데 해마다 학급에 따라 조금 더 다양한 수준으로 나누어지기도 한다. 먼저 초등학교 저학년 학생들의 읽기 수준은 천차만별이다. 일부 감정을 넣어서 실감 나게 읽기에 재미를 붙인 유창하게 읽기가 가능한 학생들도 있지만, 반대로 기역, 니은 정도만 알고 입학해서 글씨를 읽는 것 자체를 어려워하고 문장은 따라 읽기 정도만 가능한 학생들도 동시에 존재한다. 나머지 대부분의 학생들은 책 읽는 것을 제법 잘하고 좋아하는 학생들이다. "책 읽을 사람!" 하면 저학년 교실에서는 대부분의 학생들이 손을 번쩍 든다. 지명을 하면 자랑스러운 표정과 저학년 특유의 읽기 말투로 교과서를 잘 읽는다. 그렇지만 조금 더 깊이 들여다보면 읽은 내용에 대한 이해도에서 또 한 번 수준이 나뉜다. 바로 '제대로 된 읽기가 가능한가'인데, 낱말의 뜻을 정확히 모르거나 다르게 알고 있는 학생이 의외로 참 많다. 내용을 정확히 이해했는가와 관련해서 이 낱말이 왜 이곳에 쓰였는지, 대체할 낱말이 있는지, 문맥을 파악하고 있는지에 대한 질문을 해본다면 제대로 된 읽기가 가능한 학생들의 비율은 현저히 떨어진다.

중학년은 또 다르다. 3학년쯤 되면 온통 어른과의 관계로 가득 찼던 공간이 조금씩 또래와의 관계로 채워지기 시작한다. 친구가 하면 나도 하고 친구가 안 하면 나도 안 한다. 이들은 고학년과 저학년의 중간쯤으로 친구와의 우정과 교사의 인정 사이에서 갈등하는 모습도 자주 보인다. 아직까지는 교사의 권위를 따르고 인정받는 것을 원하므로, 좋은 관계를 유지한다면 활동에 끌어들이는 것은 어느 정도의 지시와 안내만으로도 가능하다.

물론 이후에 꾸준히, 또 적극적으로, 그리고 교육적으로 함께한다는 것은 또 다른 이야기이다. 중학년 학생들은 특별한 학습 장애가 있는 학생들을 제외하고는 대부분 또박또박 읽기는 가능하다. 처음에는 호기롭게 읽기를 시작했지만 중간쯤 가면 처음에 나온 내용을 잊어버려 흐름을 잡기 어려워한다. 그럼 다시 초반으로 가서 내용을 확인한 이후에야 읽기를 이어갈 수 있다. 이는 집중력의 문제기도 하다. 저학년 수준의 짧은 글에서 긴 글로 넘어가는 과정에서 겪을 수 있는 당연한 어려움이다. 중학년은 저학년보다는 인내심과 책임감이 있어서 교사가 학생 수준에 맞는 분량의 읽기 과제를 제시하면 많은 학생들이 별문제 없이 목표를 달성해 낸다.

고학년은 초등학교에 함께 다니고 있다는 것만 제외하면 저학년, 중학년과는 사고방식도 행동도 모두 다르다. 고학년 학생들을 가만히 보고 있으면 그들의 머릿속에는 두 개의 푯말이 존재하는 것 같다. '내 생각은? YES or NO / 친구의 생각은? YES or NO'. 본격적인 사춘기가 그 모습을 드러내려고 슬슬 꿈틀대거나, 이미 4학년쯤 시작되어 초등학생 시절의 한 가운데를 건너는 중인 학생들이 대부분이고 몇몇은 마음이 이미 다 자라서 어른이 되어 있기도 하다. 이 학생들은 다른 학생들의 질풍노도를 관망하면서 교사에게 무심한 듯한 마디를 건넨다.

"선생님, 참 힘드시겠어요."

고학년 학생들은 글 자체의 내용을 즐길 줄 안다. 이 말은 글의 전반부가 마음에 와닿지 않으면 바로 마음을 내려놓는다는 의미이기도 하다.

글의 내용에 공감할 수 있는 부분이나 자신이 평소에 궁금하던 부분이 있으면 말 걸지 말라고 투덜댈 정도로 집중하고 내용 파악을 잘하지만, 반대의 경우에는 한 문단을 읽고 한숨을 푹 내쉰다. 억지로 읽어 내려가긴 하지만 내용이 온전히 머릿속에 들어갈 리 만무하다. 무엇이든 읽기와 관련된 활동을 위해서 가장 기본적인 전제가 내용을 아는 것인데 그것이 고학년 수업에서는 학생들의 개인 취향에서 처음으로 고비를 맞이한다. 이것이 바로 고학년을 대상으로 하는 낭독극 활동에서 다른 무엇보다 작품 고르기가 중요한 이유이다. 고학년은 작품이 마음에 들고 자신이 공감할 수 있는 등장인물을 맡게 되면 주어진 내용만으로 만족하지 못하고 스스로 각색과 애드리브까지 넣어 선보이는 엄청난 능력을 보여준다. 고학년을 대상으로 낭독극을 시도해 보려는 교사들이 꼭 염두에 두어야 할 중요한 부분이다. 이렇듯 학년군 별 특성이 뚜렷하고 범위가 넓다. 그렇다 보니 새로 맡게 된 학생들의 학년군이 바뀌었을 때, 이전 해에 했던 활동을 그대로 또는 유사하게 변형시킨 활동이 가능하다고 생각했다가는 이도 저도 아닌 밍숭맹숭한 활동이 되어버릴 가능성이 크다. 그래서 학생들과 낭독극 활동을 하려고 마음먹었다면 시작부터 마무리까지 적어도 세 가지(저학년, 중학년, 고학년) 정도의 수준별 활용 아이디어가 필요하다.

초등학교와 낭독극

초등학교는 담임교사가 모든 과목을 가르친다. 학교별로 다르지만 전담 교과인 영어나 과학, 체육이나 미술 등 2과목 정도만 제외하고 나머지는 모두 담임교사의 아이디어나 필요에 따라 자유롭게 운영이 가능하다. 교사 마음대로 과목을 이어붙일 수도 있고 재구성을 통해 누구도 시도해 보지 못했던 것을 마음껏 시도해 볼 수 있다. 과목과 교육과정의 틀에서 벗어난 새로운 시도를 하다 보면 때로는 내가 꼭 마법사라도 된 것처럼 신이 난다. 이렇게 자유로운 수업을 펼칠 수 있다니 초·중·고 교사 중에 초등 교사를 선택하길 참 잘했다는 생각이 든다. 그렇지만 동시에 이 방법이 맞는 것인지, 핵심적인 지도 요소들을 놓치거나 소홀하게 되는 것은 아닌지 고민이 되기도 한다. 그렇지만 적어도 낭독극을 우리 교실로 끌어옴에 있어 교과 융합의 자유도가 크다는 점은 무엇보다 큰 장점이다.

낭독극에는 초등학생들의 학습 효율성을 더해 줄 요소들이 아주 많다. 연극 활동의 경우 초등학생들은 목표 이외의 것들에 마음을 빼앗기기 쉽다. 중·고등학생들에 비해 목표에의 집중과 몰입도가 낮다. 대본 자체의 내용보다 그 이외의 것들(웃음 포인트, 분장 상태, 동선, 소품 등)로 주의가 분산되어 배움의 중심으로 다시 끌어오는 데 상당히 불필요한 시간과 노력이 소모된다. 이에 반해 낭독극은 교사와 학생들의 모든 에너지를 글 자체의 이해와 표현에 쏟을 수 있다. 실제로 내용에 대한 이해도와 기억의 정도를 평가한 결과 낭독극의 내용에 대한 이해도와 기억이 더 높은 것을 볼 수 있었다. 또한 내용을 목소리로 표현하고 듣는 과정이 암기에도 큰 도움을 준다. 초등학교 교육과정과 평가 과정 자체가 중·고등학교처럼 암기에 의한 시험의 비중이 매우 적긴 하다. 그렇지만, 기본적으로 학습하고 기억해야 할 필요가 있는 사회나 과학 과목의 경우는 소리 내어 말로 표현하는 과정을 통해 내용을 기억하는 데 많은 도움을 받는 것을 보았다.

이뿐만이 아니다. 낭독극은 연극에 비해 극적 전환이 아주 간단해서 자유로운 전개를 통한 장면 전환이 매우 쉽다. 예를 들면 과거에서 미래로, 공간 및 시간의 전환이 조명을 끄고 켜는 1초 안에 가능하다. 무대를 새로 세팅하고 분장을 하는 등 다른 장치가 필요 없어 학생들의 자유로운 구성을 실제 낭독극으로 옮기는 데 유리하다.

낭독극은 인성, 생활 지도에의 활용 가능성이 무궁무진하다. 낭독극을 시작하면서 찾아본 대본들을 읽으며 학생들의 생각과 수준, 상황에 맞는 대본을 잘 골라 활용한다면 전체적인 인성 지도는 물론이고 일부 학생들에게는 심리 연극치료와 비슷한 효과를 낼 수도 있겠다는 생각이 들었다.

그러나 불행인지 다행인지 맞춤형 대본의 수는 매우 한정되어 있다. 서점이나 인터넷에서 구할 수 있는 대본들은 대부분 고등학교 이상, 성인에게 적합한 것들이고 초등학교에 알맞은 것들, 우리 학교 학생들에게, 내가 맡은 학년에 맞는 대본을 원한다면 그 수는 한 손에 꼽기도 어려울 것이다. 그렇기 때문에 교사가 소설이나 시 등 다양한 읽기 자료를 대본으로 바꾸어 쓰거나 학생들과 함께하는 작업을 통해 활용할 수 있는 수준별 낭독극 대본이 많이 필요하다는 생각이 들었다. 그렇지만 교사가 필요할 때마다 직접 대본을 쓸 수는 없는 노릇이다. 학생들과 함께 대본을 만들어 본다고 해도 기승전결이 갖춰진 제대로 된 대본을 1년에 한 편 이상 쓰는 것은 무리가 있다.

수업 주제에 맞는 간단한 대본의 재료를 상대적으로 쉽게 얻을 수 있는 방법의 하나는 바로 Chat GPT를 활용하는 것이다. 최근 교육현장에는 인공지능을 적용하기 위한 연수도 많고 활용이 쉽도록 개발한 프로그램도 많다. 그렇지만 워낙 아날로그 감성에 슬로어댑터인 나는 학교로 직접 연수 강사가 초청되고 나서야 끌려가듯 Chat GPT를 접했다. 채팅창처럼 생긴 곳에 몇 가지 명령어를 입력하라고 해서 입력했더니 몇 초 만에 무난한 문장들을 만들어서 보여준다. 당시 나는 마침 수업 시간에 일회용으로 짧게 활용할 낭독극 대본을 일일이 다 만들어야 하나 고민에 빠져있던 때였기에 인공지능이 과연 대본을 만들어 낼 수 있는지 Chat GPT를 시험해 보고 싶은 마음이 일었다. 마침 남편과도 티격태격 분위기가 안 좋았던 터라 기분 전환도 해볼 겸 명령어 입력창에 몇 마디를 적었다.

"피곤에 절어 퇴근한 부부의 대화를 극본으로 만들어줘."

내가 적은 문장을 물끄러미 바라보니 어제의 쿰쿰한 집안 분위기가 생각나 슬슬 마음이 가라앉고 있었다. "탁." 엔터키를 눌렀다. 몇 초 지나지 않아 화면에 빠른 속도로 부부의 대화가 극본으로 만들어져 나오기 시작했다.

"여보, 오늘 피곤했죠?"
"응, 오늘은 많이 바빴어. 당신도 힘들었지? 고생 많았어."

현실과 너무 동떨어진 결과에 애초에 있지도 않았던 기대가 무너진 것처럼 불만족스러운 마음과 함께 약간의 오기가 생겨났다. 나는 바로 명령어를 수정해서 다시 입력했다.

"피곤에 절어 퇴근한 현실 부부의 짜증 섞인 대화를 극본으로 만들어 줘."

"(한숨을 쉬며) 하아… 오늘은 정말 힘든 날이었어. 여보 뭐 먹을 거 없어?"
"(짜증을 내며) 당신만 고생했어요? 알아서 찾아봐요."

"그래! 이거지!" Chat GPT가 수정해서 내놓은 대본은 한결 마음에 들었다. '오오! 이 정도면 제법 수업에 활용할 현실성 있는 대본도 만들어 주겠는데?' 있는 그대로 사용하는 것은 무리가 있어 보였지만 상황에 맞게 조금만 수정하면 충분히 활용이 가능해 보였다. 이후에 다문화 교육, 독도 사랑 교육을 비롯한 계기 교육, 진로교육, 인성교육 등에 활용할 대본의 기본적인 내용을 Chat GPT를 통해 만들고 일부만 수정하는 방식으로 몇 차례 활용해 보았는데 쉽고 빠르게 무난한 극본을 만들어주는 인공지능 기술을 활용하는 것도 나쁘지 않은 선택이라는 생각이 든다.

낭독극은 성과를 직접적으로 드러내고 인정받기를 좋아하는 초등학생들에게 매우 효과적이다. 나의 발전 모습을 교실 앞에 나와 친구들과 선생님께 보여줄 수 있다는 것은 초등학생들의 특성을 고려할 때 정말 큰 장점이 아닐 수 없다. 이처럼 매력 덩어리 낭독극을 나의 교실에 초대하려면 무엇부터 준비해야 할까?

낭독극, 이렇게 시작해보세요.

저학년을 위한 숨 고르기

　초등 저학년은 교사의 시범과 태도가 가장 중요한 학생들이다. 낭독극 활동에 대한 긍정적인 소개와 즐거운 분위기 조성이 이루어진다면 분명 관심을 보이며 적극적으로 함께할 것이다. 교사의 표정, 행동 하나하나에 호감과 참여도가 결정되는 만큼 교사의 분명한 목적이 있고 마음이 동하는 주제를 가지고 시작해보는 것이 좋다. 성별 및 선악에 따른 역할에 매우 민감하여 극단적인 캐릭터보다는 일반적인 범위 내에서의 역할 부여를 해 주는 것이 참여를 이끌어내는 데 도움이 된다. 사물이나 동식물에 대한 의인화에 익숙해져 있고 좋아하므로 사람 이외의 것들을 캐릭터화해서 극본을 제시하는 것도 좋은 방법이다.

　저학년 학생들은 교사의 안내에 그대로 잘 따르고 작은 동기부여만으로도 초반 참여를 쉽게 이끌어낼 수 있다. 반면 저학년 학생들은 아직 발성과 발음이 완전하게 발달되어 있지 않아 학급 전체를 대상으로 한 말하기에 어려움을 겪을 수 있다. 한창 유치가 빠지는 시기라서 발음이 새어 정확한 발음을 어려워하거나 목소리가 작아 뒤에 앉은 학생들에게까지 들리지 않는 등 작은 어려움이 있지만, 이는 자연스러운 발달의 과정이라 생각하고 얼마든지 방법을 조금 바꾸어 해결할 수 있다. 조금 더 적극적인 방법을 찾아본다면 낭독극을 시작하기에 앞서 간단한 사전 연습을 통해 자신감 향상은 물론이고 실제적인 전달력 향상의 효과를 볼 수도 있다.

1. 학생들의 말이 정확하게 전달되지 않아요

🎤 먼 곳을 보며 말해요

　1~3학년 학생들을 대상으로 한 방학 낭독극 캠프 수업을 개설했더니 15명 정도가 모였다. 방학 캠프로 만날 수 있는 시간이 길지 않기도 했고 무더위를 뚫고 작은 발을 움직여 타박타박 학교에 걸어와 준 학생들이 기특하고 예뻐서 캠프의 방향은 보람 있는 캠프, 배움이 있는 캠프가 아닌 무조건 즐거운 캠프로 마음먹었다. 책을 함께 읽는 대신 내가 직접 동화 구연을 해 주기로 하고 중간중간 과장된 표현을 섞어가며 최선을 다해 읽어 주었다. 눈을 크게 뜨고 웃었다가 찌푸렸다가 책장이 넘어갈수록 얼굴 근육에 경련이 일어날 것 같았다.

　　　"선생님, 재밌긴 한데 얼굴이 무서워요. 하하하"

　'훗, 이 정도면 책 내용 파악하기는 성공이군.' 이제 미리 준비한 대본에 책의 내용을 떠올리며 빈 곳을 채우고 아이들에게 역할을 준 후 읽기를 시작했다. 그런데 막상 교실 앞에 나오니 쑥스럽고 어색했는지 두어 명을 제외한 나머지 학생들의 목소리가 기어들어 간다. '아 참, 발성 연습을 먼저 해야겠구나.' 대학교 때 가장 친했던 친구가 연극 동아리에 들어가고 얼마 지나지 않아 발성 연습을 하는 모습을 보여주겠다며 배를 잡고 "억억" 거리는 모습이 떠올랐다. 조금 웃겼지만 '무대에 서서 대사를 하려면 발성 연습은 필수인가.' 했다. 학생들을 자리에서 일으켜 세운 후 시범을 보였다.

"억! 억!"
"까르르르"

시범과 동시에 아이들의 웃음보가 터졌다.

"선생님! 저도 해볼래요, 껵. 껵! 애들아, 난 죽는다…. 껵!"
"윽! 얽! 깔깔깔"

교실이 난리가 났다. 계획에 없던 재미를 얻었지만, '이게 아닌가?' 하는 생각이 들었다. 그 순간, 연극 연수에서 강사님께 들었던 말이 떠올랐다. "멀리 보고 저곳으로 소리를 보낸다고 생각하는 것만으로 효과가 있어요."라는 설명과 함께 직접 시범을 보여주셨다. 분명 소리의 크기는 같았는데 고개를 들고 시선을 멀리하니 소리가 훨씬 멀리 퍼져 나가는 느낌이었다. 전달력도 배는 더 상승했다. 조금 전의 우스꽝스러운 발성 연습 시범의 실패도 다 계획에 있었던 것처럼 애써 침착하게 다시 말했다.

"모두들, 아주 잘했어요. 배에 힘을 길렀으니 이제부터는 소리를 멀리 보내 볼 거예요."
"안녕?"
"안녕? 책상아!"
"안녕? 게시판아!"

나는 사뭇 진지한 표정으로 가까운 곳부터 교실 중간쯤에 있는 책상과 교실 끝 게시판에 학생들을 한 명씩 세우고 직접 바라보며 인사를 건네기 시작했다. 그 모습이 신기했던지 더 멀리에 있는 다른 것에도 인사를 해보자는 학생들의 성원에 힘입어 결국 창문을 열고 학생들과 학교 앞 동 건물을 향해 첫인사를 건넸다. 학교에 전근을 온 지 4년 만이었다.

"안녕? 백제초등학교야!"

학생들도 사방에 인사를 건네며 같은 목소리 크기로도 말하는 사람의 시선과 입이 향하는 방향이 달라지는 것만으로 전달력이 달라진다는 사실을 깨닫고 신기해했다.

🎙️ 입 모양으로 전해요

오래전, 예능 프로그램에서 볼륨이 큰 음악이 흘러나오는 헤드폰을 착용한 채 입 모양만으로 말을 전달하는 게임이 있었다. '라디오'를 전달해야 할 때는 한껏 꼬부라진 혀가 윗니 뒤쪽을 "탁" 치고 나오면서 발음을 만들어내는 모습까지 생생하게 보였던 것이 아직도 기억에 남는다. 감정을 담은 낱말을 말할 때는 눈코입이 따로 살아 움직이며 감정을 드러내는 것처럼 보이기도 했다. 그때는 그 얼굴 모양이 재미있어서 별생각 없이 웃고 즐겼는데 학생들에게 또렷한 말의 전달 방법을 알려줄 아이디어를 고민하다 불현듯 그 프로그램이 떠올랐다. 준비도 재료도 필요 없고, 단 한 가지 목소리를 내지 않고 입 모양만으로 낱말을 전달하겠다는 약속 하나만 있으면 충분했다. 학생들은 입 모양과 표정만으로 낱말을 전달하는 게임을 함께 즐겼다. 게임을 이어가면서 발음과 전달력이 신기할 정도로 많이 개선되었고, 짧은 시간이었지만 드디어 관객에게 들리는 대사를 할 수 있게 되었을 뿐 아니라 덤으로 친구와의 대화, 교사와의 소통도 편안해지는 것을 느낄 수 있었다.

2. 유창하게 읽기를 어려워해요

 선생님을 따라 흉내 내어 읽기

목소리와 말을 선명하게 전달하는 연습이 어느 정도 되었다고 해도, 애드리브 즉흥극으로 이루어진 낭독극을 하지 않는 이상 어느 정도 유창하게 글을 읽는 능력을 기르는 것은 꼭 필요하다. 저학년을 지도해 본 교사라면 이미 익숙해져 있을 일명 '초등 읽기 톤'은 내용 파악을 위한 글 읽기에는 큰 문제가 없지만, 대사를 표현하기에는 확실히 재미와 몰입감을 떨어뜨린다. 연기자처럼 실감 나게는 아니어도 대사나 해설을 자연스럽고 유창하게 읽도록 하는 것은 표현은 물론이고 내용의 정확한 이해를 위해서도 꼭 필요하다. '초등 읽기 톤'으로 읽기는 특유의 억양에 맞추느라 잘 못 띄어 읽거나 띄어쓰기가 된 부분을 의미나 흐름과는 상관없이 무조건 분명하게 띄어 읽는 경우가 많다. 이렇게 읽으면 말의 분위기나 어구의 이해를 방해하는 경우가 생긴다.

저학년, 특히 1학년 학생들 수업을 하다 보면 교사가 먼저 한 문장을 읽고 학생들이 그대로 따라 읽는 경우가 종종 있다. 나는 교육적인 이유로 학생들이 실수를 하더라도 따라 읽기를 종종 활용하는 편이다. 여기에는 몇 가지 이유가 있다. 읽기에 아주 익숙한 학생들이 아니면 많은 저학년 학생들은 문장을 하나의 의미로 받아들이며 읽기보다는 낱말 하나하나를 따로 인식하며 읽고, 그 이후에 머릿속에서 의미를 묶어 이해하는 두 단계의 과정을 거친다. 마치 피아노를 배운 지 얼마 되지 않은 사람이 갑자기 주어진 악보를 초견으로 연주해야 할 때 단번에 전체의 흐름을 파악하지 못하고 한음 한음의 위치를 보며 띄엄띄엄 연주하는 것과 같다. 반복 연습의 과정을 거치면서 점차 음과 음이 이어지는 흐름이 조금씩 보이면서 음표 하나하나가 하나의 음악으로 이어지는 느낌으로 들리도록 하는 진정한 연주가 가능해진다. 이런 식으로 여러 차례 연습하면서 점차 곡의 분위기까지는 알게 되고 표현할 수 있게 되어 강약을 표현하고, 한 음을 연주해도 곡의 느낌에 살리는 터치가 가능한 것과 마찬가지이다. 낱말이나 어구를 일차적으로 이해한 후에 문장 전체의 의미를 이해하는 과정이 이어지겠지만 여기까지는 시간이 필요하다. 또한 앞 문장의 의미를 잘못 이해하는 경우에는 다음 문장과의 연결을 짓는데 어려움을 겪는다.

대사를 유창하게 읽기 위해서는 낱말 하나하나의 의미를 아는 것은 기본이고 문장 안에서의 의미를 이해하며 실제 문장이 사용될 때의 뉘앙스를 잘 이해하는 것이 중요하다. 이때 교사가 먼저 문장을 읽어 주고 따라 읽도록 함으로써 학생들은 보다 빨리 문장을 이해하고 글로 쓰인 대사로서의 문장을 자기 것으로 소화한다. 그러면 상대 역할 다음에 올 나의 대사를 어떤 속도와 분위기로 읽을 것인지, 대사와 대사 사이에 얼마나 쉼을 둘 것인지, 말로 표현되는 의미를 극대화해 줄 비언어적 표현을 어떤 식으로 사용할 것인지를 결정하는 데 큰 도움을 줄 수 있다. 선생님을 따라 흉내 내어 읽기를 할 때는 학생들의 생활과 동떨어지거나 학생들에게 큰 의미를 갖지 않는 문장들로 연습하는 것은 좋지 않다. 학생 수준에서 흥미를 느낄만한 주제의 문장들을 골라 묶거나 실생활에서 자주 사용하는 말 등 학생들의 마음을 사로잡을 만한 문장들을 미리 준비해서 활용하는 것이 도움이 된다.

수준별 문장 읽기 연습 카드 활용하기

연습 문장 예시		
1수준	단순하고 생활에서 많이 쓰이는 아주 익숙한 짧은 문장	
안녕?/안녕하세요?	난 찬성!/난 반대!	야! 저기 좀 봐!
잘 지냈니?	진짜 신기하다!	할머니 김치가 최고예요.
반가워!	어떻게 그럴 수가 있어?	조금만 더 하면 안 돼?
난 이건 별로인데?	진짜야?/진심이야?	하지 마
2수준	짧은 의미표현이 연결되어 다소 긴 1~2개 정도의 의미를 포함한 문장	
내가 전에 같이 하자고 했잖아.	게임 조금만 더 하고 가면 안 돼요?	하아음~ 왜 이렇게 졸리지?
오늘 우리 집에 와서 같이 놀래?	누구야! 너 어제 수학 문제 진짜 잘 풀더라	오예! 신난다! 드디어 물놀이 가는 날이다!
어제 내 꿈에 강아지가 나왔거든?	사실은 제가 그런 게 아니라요	야! 너만 좋은 역할 하면 나는?
아휴! 오늘 숙제가 너무 많아.	아침을 못 먹었더니 너무 배가 고픈데	약 오르지롱~ 나만 먹을 거지롱
3수준	길이가 길고 복잡한 감정 표현이 필요한 1~3개 표현이 연결된 문장	
아... 내가 그러는 게 아니었는데, 왜 그랬을까?	앗! 깜짝이야! 야 너 갑자기 거기서 나타나면 어떡해!	얘들아! 오늘 급식에 후식이 뭔 줄 알아? 바로바로 아이스크림!
누나, 이건 원래 내 거야. 그러니까 손대지 마.	아빠는 너무해. 동생한테만 좋은 거 주고... 나는 이게 뭐야.	우와~ 드디어 오늘이 내 생일이다! 이번 생일 선물은 뭘 달라고 하지?
와 이거 진짜 대박 맛있다. 우리 강아지한테도 조금 줘 볼까?	앗! 큰일 났다. 엄마가 알면 엄청 혼날텐데, 이걸 어떡하지?	아얏. 쓰읍... 너무 아프다. 이럴 줄 알았으면 긴 바지 입고 올걸...

아... 목 말라. 하필이면 오늘 물통을 못 챙겼네	야. 너 형아 것 좀 그만 가져가. 이건 내 거란 말이야.	너한테 실망이야. 너 전에는 안 그랬잖아. 도대체 왜 그래?

🎤 '같은 대사 다른 느낌 릴레이 게임' 하기

〈장사 없다 시리즈〉 '세월 앞에 장사 없다', '땡볕에 장사 없다', '반복에 장사 없다' 중에 내가 요즘 가장 체감하는 것은 '세월 앞에 장사 없다'이고 그다음이 '반복에 장사 없다'이다. 이 '반복에 장사 없다'는 말은 나의 교육 활동에서 긍정과 부정의 두 가지 의미를 동시에 가진다. 학습에서 반복은 확실히 무엇인가를 명확하게 이해시키거나 익숙하게 느끼도록 돕기도 하고, 이해되지 않았던 것을 어느 순간 스스로 깨닫게 하는 등의 마법 같은 효과가 있다. 그렇지만 반복에는 장사가 없는지 학생들을 대상으로 두 번째 반복을 요구하면 호기심과 실천 의지가 힘없이 꺾여 버린다. 여기저기서 야속한 눈빛이 쏟아진다. 그래서일까? 내가 대사를 읽고 학생이 따라 읽는 활동에 대한 학생들의 초롱초롱한 눈망울은 경험상 딱 한 번에 한정되어 있다. 두 번째 따라 읽기를 시작하면 학생들은 '반복 말고 다른 방법은 정녕 없는 것이냐'는 눈빛으로 마구마구 괴로움을 표현한다. 이럴 때 추천하고 싶은 게임이 바로 이 '같은 대사 다른 느낌 릴레이 게임'이다.

4~5명 정도의 학생으로 이루어진 모둠을 만들어 한 모둠당 한 문장을 제시하고 릴레이로 문장을 읽으면서 같은 말이지만 다른 감정으로 표현하도록 하는 것이다. 학생들은 같은 대사를 자신만의 느낌으로 표현할 수 있고, 서너 번 다른 느낌으로 들을 수 있다. 게임에 참여하면서 자

연스럽게 반복해서 문장을 접하는 것이다. 상황에 따라 두 바퀴를 돌 수도 있고 세 바퀴를 돌 수도 있다. 제시하는 문장은 짧고 단순할수록 좋다. 처음에는 정확한 정보나 감정이 들어간 긴 문장보다는 "왜?"나 "정말?", "이리 와 봐"와 같은 짧은 말로 시작하는 것이 좋다. 다양한 표현의 여지가 더 많기 때문에 학생들이 참여할 때 부담을 적게 느낀다. 학생들과 함께한 낭독극 캠프에서 "정말?" 한마디 말로 5명의 학생들이 다른 느낌을 표현하는데 무려 세 바퀴를 돌아가며 15가지의 "정말?"을 표현해내는 것을 보고 그들의 무한한 창의성에 정말 많이 놀랐다. 이 게임이 익숙해진다면 학생들 스스로 제안하게 될 것이다.

"선생님! 제가 말하는 문장으로 해요! 대신 길고 어려운 것 나갑니다!"

학생들이 제안하는 문장은 표현의 범위가 좁은 경우가 많아서 한 바퀴는커녕 두세 명을 거치다 보면 비슷비슷해지는 경우도 많다. 그래도 어떻게든 다양하게 이어나가려는 노력 속에 말도 안 되는 표정과 말투이지만 여전히 문장은 반복되고 학생들은 자연스럽게 그 문장이 입에 붙게 될 것이다. 그러면 교사로서 의도했던 목적은 만족스럽게 달성했다고 볼 수 있으니 된 것이 아닌가?

3. 맞춤법을 어려워해요
맞춤법은 저학년은 물론 중학년과 고학년 모두의 숙제이다. 일상적으로 사용하는 낱말의 경우, 읽기에는 큰 문제가 없지만 쓰기에서는 심심치 않게 오류들이 눈에 들어온다. 직접 대본을 만들어 보거나 학생들이 직접 쓴 짧은 글을 대사로 바꿔보는 각색을 해볼 때에는 내용이 통한다고 못 본 척할 수는 없는 노릇이었다. 받아쓰기를 해서 모르는 맞춤법을 찾아내고 열 번 스무 번 반복해서 써야 했던 어린 시절 맞춤법 교육이 아닌, 자꾸 보고 자꾸 읽으면서 자연스럽게 익혀지는 그런 맞춤법 교육이 낭독극을 통해 가능하지 않을까 하는 생각이 들었다.

맞춤법이 헷갈리는 낱말 리스트를 활용해 대사 만들어 읽기

학생들의 수준에 따라 낱말만 제시하여 자유로운 문장 만들기 활동을 해도 되고, 낱말이 들어갈 자리에 괄호를 넣어 조금 더 쉬운 활동으로 변형도 가능하다. 학생들은 모르는 낱말 뜻을 서로 묻고 답하거나, 스스로 반복 읽기를 통해 자연스럽게 맞춤법을 익히고 실감 나는 대사 읽기에 도움을 받게 된다.

제공 낱말 예시	학생이 만든 대사
앉다 / 얘기	앉아서 얘기 좀 하자.
깎다 / 겉껍질	밤 겉껍질은 두꺼워서 깎기가 어려워.
옆 / 덮다	난 강아지 옆에서 이불 덮고 같이 잘 거야.
옅은 / 짙은	옅은 색보다는 짙은 색이 어울릴 것 같아.
좋다 / 싫다	난 물렁물렁한 복숭아는 좋은데 딱딱한 건 싫어.

중학년을 위한 숨 고르기

초등 중학년은 저학년보다는 개별적인 접근을 추천한다. 중학년은 점차 각자의 개성을 찾아가는 시기라서 개성 표현의 욕구에 한껏 부응해 주면 참여도가 눈에 띄게 상승하기 때문이다. 수업이나 발표 중에도 대부분 비슷한 모범답안을 내놓는 저학년과는 달리, 중학년은 각자의 색깔과 개성이 드러나면서 수업 중에도 변화무쌍하고 예측할 수 없는 돌발 상황이 생기는 경우도 많다. 있는 그대로를 인정해 주며 상황을 즐기고 잘만 활용한다면 저학년보다 훨씬 재미있는 낭독극 활동이 가능하다.

중학년 학생들은 점차 학교생활이 익숙해지면서 어느 정도는 스스로 활동에 참여할 수 있어 세세한 지도는 최소한으로 할 수 있다. 이에 따라 나름대로의 분야에서 자신감이 생기는 시기이기도 하다. 무조건 주인공이나 멋지고 예쁜 배역을 맡기를 원하는 저학년과는 달리, 자신의 성격이나 특징에 맞는 역할을 주고 칭찬을 쏟아부어 준다면 몰입감 있는 낭독극도 가능하다. 조금씩 책임감과 끈기가 생기면서 다소 인내가 필요한 활동도 과감하게 시도해 볼 수 있는 시기이다. 물론, 안 되면 그만이라는 여유 있는 마음가짐을 함께 가져가야 교사와 학생 모두의 정신 건강에 이롭다.

본격적으로 재미있는 낭독극 활동이 가능해지는 시기이지만, 중학년 학생들은 자신의 생각이 생겨나기 시작하고 친구와의 관계와 교사와의 관계에서도 영향을 받아 활동에까지 영향을 미치는 경우가 생겨난다. 개성이 뚜렷해지면서 싫어하는 과목이나 활동에는 처음부터 마음을 닫아버리는 경우가 있다. 또한 지나치게 자기표현에만 집중한 나머지 활동의 본질을 흐리고 분위기를 띄우거나 주목받고 싶은 마음을 참지 못해 수업에 방해가 되는 행동을 하기 시작한다. 마지막으로, 본격적으로 학생들의 학습 수준의 차이가 벌어지는 시기이기도 하다. 개인마다 발전하는 시기와 속도가 다르기 때문에 이에 대한 인정이 필요함과 동시에 또래에 비해 많이 뒤처지는 학생들에 대한 개별적인 지도가 필요해지는 시기이기도 하다.

1. 오늘은 갑자기 참여하기 싫대요.

들여다보면 학생들의 삶도 어른만큼이나 다사다난하다. 친구와 사이가 틀어지거나 동생 때문에 부모님께 아침부터 혼이 난다. 학생이 그날 컨디션에 따라 갑자기 단체 활동에 참여를 부담스러워하거나 거부하는 것만큼 난감한 일도 또 없다. 그래서 모둠이든 학급 전체든 함께하는 활동 계획에는 언제나 여유가 있어야 한다. 약간의 실수가 나오거나 한 사람만 평소와 달라도 바로 티가 난다. 촘촘한 체와 같은 계획을 짜 놓으면 교사도 학생도 수시로 스트레스에 시달린다. 재래시장을 걷다 만날법한 오래된 곡식 가게에 무심히 놓여 있는, 여기저기 삐뚤빼뚤 성글고 터진 곳이 있는 그런 체를 닮은 계획은 모두에게 편안함과 여유를 준다. 저학년이나 중학년 낭독극에서 바로 이 낡은 체 역할을 하는 것이 바로 유동적인 역할이다. 상황에 따라 넣을 수도, 뺄 수도 있는 역할을 만들어 놓거나 여럿이 한꺼번에 말해도 어색함이 없는 역할을 만들면 된다. 뚜렷한 주인공이 아닌 역할에 '~들'을 붙여 놓기만 하면 그 역할은 그 순간부터 한 명이 해도, 다섯 명이 함께 해도 된다. 행인들, 참새들, 친구들과 같은 역할은 언제든지 새로 생길 수 있고 전체적인 진행에 전혀 어색함이 없다는 것을 초반에 알려주면 나중에는 학생들이 오히려 기분이 안 좋아 보이는 친구를 가리키며 '~들' 역할에 넣으면 좋겠다고 챙겨주기까지 한다. 주인공을 맡은 학생이 대사 말하기를 힘들어한다면, 누구든

그때그때 보고 읽기만 하면 되니 여유 있는 계획과 함께 지도 교사의 마음도 성근 체와 같이 여유가 있다면 금상첨화일 것이다.

2. 지나치게 시선 집중시키기에만 몰두해요

 변사를 아시나요?

영어 참관 수업에서 흥미로운 활동을 보게 되었다. 영어 표현을 연습하는 활동에서 그 차시의 학습 내용이 담긴 애니메이션을 틀어주는 대신 무음으로 하고 학생들이 음성 부분을 목소리로 채워 나가는 활동이었다. 물론, 사전에 표현을 충분히 배우고 연습한 후였다. 부모님 세대에 등장했던 변사가 떠올랐다. 변사들은 배우의 입 모양과 행동을 보고 대사를 정확히 맞추느라 연기에 온통 집중해야 했다. 놀라운 것은 우리 반 시선 집중시키기 대왕인 낭만이의 수업참여 태도였다. 온갖 애드리브와 막춤은 자취를 감추고 화면에 집중해서 맡은 역할을 정확히 해내는 데 집중하고 있었다. 그 수업 이후 짧은 드라마의 한 장면을 뽑아 대사를 필사해 나누어주고 원본 드라마를 함께 감상한 후 무음 모드로 재생하면서 우리가 직접 변사가 되어보기로 했다. 같은 드라마지만 배우가 아닌 친구들이 직접 표현하는 대사는 몇 배로 재미가 있었다. 학생들이 교실 앞으로 나와 대사를 읽더라도 관객들의 시선은 오로지 화면에 머물게 되니, 시선을 한데 모으길 좋아했던 학생들이 대사에 집중하고 영상 속 인물의 말하는 속도에 맞추려고 노력하는 모습을 볼 수 있었다. 용기를 얻어 낭독극 연습이 어느 정도 이루어졌을 때 학생들의 모습을 영상으로 찍고 자신들의 모습을 보며 대본 읽기 활동도 해보았다. 영상을 보면서 대본 속으로 파고들 것 같은 고개가 들려지고 스스로 무대 위 자신의 모습을

상상하며 수정해 보기도 했다.

고학년을 위한 숨 고르기

초등 고학년은 내적인 동기유발의 효과를 기대할 수 있다. 여전히 칭찬 스티커나 간식을 좋아하지만 성취감이나 만족감, 도전 의식을 자극시켜 줄 방법을 고민한다면 한층 더 만족스러운 결과를 기대할 수 있다. 학생 스스로 노력하는 것은 물론이고 교사가 생각하지 못했던 아이디어를 제공하기도 한다. 마음이 동할 때는 귀찮음을 무릅쓰고 교사를 도와 학급에 도움을 주고 싶은 학생들이 생겨난다. 전문가나 또래의 공연을 감상하는 것은 아주 쉽고 효과적인 동기부여 방법이다. 전문 낭독극 공연팀을 학교로 초청하거나 공연장에 가서 보는 방법이 가장 좋지만, 인터넷에서 접할 수 있는 영상만으로도 낭독극이 무엇인지를 직감적으로 알 수 있다. 내용(극본이나 각색을 하려고 마음먹은 글의 난이도)이나 공연(연기 표현, 기술적인 부분)의 수준을 단계별로 구분하여 하나하나 정복해 나간다는 느낌을 주는 것도 좋은 방법이다.

고학년 학생들은 표면으로 드러나는 교사의 말이나 행동뿐만 아니라 교사의 의도를 파악하고 결과 등을 예측하여 스스로 활동에 참여할 수 있다. 메타인지가 어느 정도 가능하여 스스로의 활동 결과를 돌아보며 수정하고 발전하려는 노력을 하기도 한다. 각색이나 낭독극 공연의 내용 면에서 보다 수준 높고 현실과 맞닿아 있는 내용 도입이 가능하여, 교감이 가능하고 보다 재미있는 활동이 가능하게 된다.

그렇지만 친구들과의 관계를 중요시하고, 튀고 싶지 않아 하는 고학년의 특성은 자주 교사를 고민에 빠뜨린다. 사춘기에 들어선 학생들이 많아 민감할 수 있는 지적을 부드럽게 돌려 말하거나 내용 자체에 대한 배려가 필수적이다. 그날그날 기분과 개인적인 상황에 따라 참여도가 들쭉날쭉한 경우가 있어 이에 대한 대비와 배려가 필요하다. 또한 내성적인 학생이나 인정욕구가 강한 일부 학생의 경우 본인의 요구를 표현하지 못하고 교사의 안내에 못 이긴 척 따르다가 공연을 앞두고, 또는 활동의 마무리 부분에서 포기해 버리는 일도 있으니 교사가 이에 대한 세심한 관찰이 필요하다.

또 몇몇 경우는 학부모의 요구나 학원 과제의 부담으로 지나치게 학업 부담감을 가진 학생들이 있다. 이 학생들은 낭독극을 불필요한 시간 낭비나 놀이 활동쯤으로 생각하고 참여를 꺼리거나 분위기를 흐리기도 한다. 열정을 가지고 활동을 준비한 교사에게 상처가 아닐 수 없다. 이럴 때 교사의 열정만으로 학생들을 끌고 가기 위해 조급해하거나 조금이라도 강제성을 보이게 되면 학생들로부터 두 가지 정도의 반응을 볼 수 있다. 순응적인 학생들은 활동에 참여하면서도 속으로는 교사와 활동 자체에 대해 좋지 않은 감정이 쌓일 수밖에 없고, 그것은 다음 활동에 어떤 방식으로든 부정적인 영향을 끼치게 된다. 순응적이지 않은 학생들은 그 자리에서 바로 반박을 하거나 일부러 틀어진 태도로 활동에 참여한다. 평소에 대사를 실감 나게 잘 읽었던 학생이 일부러 로봇이 책 읽듯 읽는 모습을 보면서 마음이 평안한 교사는 많지 않을 것이다. 불편한 기류는 교실 공기를 타고 순식간에 다른 학생들에게까지 전달되고 예전의 행복한 낭독극 시간을 되찾기에는 많은 노력이 필요해지는 불상사를 겪을 수밖에 없다.

다른 교육활동도 마찬가지겠지만, 특히 자신의 목소리를 내야만 하고 여러 사람이 함께 가꾸어 나가야 하는 낭독극 수업에서 교사는 어느 때보다 마음의 여유를 가지고 활동을 기획하고 이끌어나가야 한다. 그렇기 때문에 낭독극 공연까지를 생각한다면 가능한 여유 있는 일정으로 준비하는 것이 필수적이다. 공연을 두세 달 앞두고 작품 선택부터 각색, 연습, 무대에 필요한 기술적인 부분까지 쫓기듯이 준비하다 보면 수없이 많은 장점이 있는 훌륭한 활동이 오히려 학생들과의 감정의 골만 깊어지는 최악의 시간으로 변질될 수 있다.

1. 무슨 고민이 있는지 활동에 참여를 거부해요

 돌아가며 해설하기

저학년과 중학년 학생에게 '~들' 역할을 주어 이구동성처럼 함께 대사를 말하는 방법이 고학년에게는 잘 먹히지 않는다. 왠지 어린아이 취급을 받는 것 같기도 하고 뭔가 폼이 나지 않는다고 생각하는 눈치다. 이럴 때는 해설을 활용하면 좋다. 연극과 달리 낭독극에서 해설자의 역할은 매우 중요하다. 일일이 대사로 처리해야 할 장면도 이야기꾼으로 활약하는 해설자의 말 몇 마디면 장면이 부드럽게 이어진다. 해설자는 꼭 한 명일 필요가 없으므로 공연 상황이 아니라면 해설자1, 해설자2.. 등 필요에 따라 늘리거나 줄이면 그만이다. 해설 역할은 다른 역할에 비해 상대적으로 적은 부담을 갖고도 활동에 참여할 수 있다. 실감 나게 말하기가 부담스러운 학생이 있다면 해설 역할이 제격이다. 추가된 해설 역할에 참여한다는 것은 활동에서 아예 빠지는 것과는 전혀 다른 의미이다. 학생은 자신의 순서를 잘 맞춰 읽기 위해 다른 학생들의 대사를 눈으로 따라가야 하고, 내용을 함께 이해하며 친구들의 낭독을 눈으로 귀로

함께 즐긴다. 낭독극에서 해설은 대사와 같은 중요성을 갖는다. 때로는 한 장면을 해설로만 묘사할 정도로 매우 중요하고 집약적인 내용의 전달 방법이다. 학생들은 해설이라는 중요한 역할을 맡아 참여하면서 친구들과 함께한다는 소속감을 느끼고 그러다 용기가 나면 자연스럽게 다른 역할에도 도전할 수 있는 나름대로의 준비 기간을 가질 수 있다.

💡 내성적인 학생과 완벽주의 성향의 학생들이 참여에 너무 소극적이에요

내성적인 성격 탓에 자신이 남에게 어떻게 보일지를 항상 고민하며 활동에 매우 소극적으로 참여하는 학생들은 어느 학급에나 있게 마련이다. 또 완벽한 모습이나 결과가 아니면 나서기를 주저하는 학생들도 종종 만나게 된다. 이 학생들은 눈에 띄지 않고 자기표현을 특별히 하지 않아 특별히 열정도 보이지 않지만 큰 어려움 없이 차근차근 잘 따라오고 있는 것으로 착각하기 쉬운 학생들이다. 이때 필요한 것이 바로 교사의 섬세한 관찰과 라포(rapport) 형성이다. 특히 낭독극을 교과로 들여왔을 때 교사들은 모든 학생에게 필수적으로 매 차시 참여를 요구하게 되는 경우가 많다. 교과수업에는 평가가 꼭 이어지고, 학생이 좋은 평가를 받고 스스로 만족감을 얻도록 하기 위해서라도 계획한 것들에 잘 참여해 주기를 원하는 마음이 드는 것이다. 그럴수록 교사는 수업 목표에 집중하게 되어 겉으로 드러나지 않는 고민을 가진 학생들에게 마음을 기울이지 못하는 경우가 생긴다. 다른 활동도 마찬가지겠지만 특히 낭독극의 경우에는 학생들의 자발적인 참여 의지와 긍정적인 마음가짐이 가장 중요하다. 억지로 참여하는 낭독극에서 얻어지는 것은 몰랐던 낱말의 뜻 몇 가지와 책 읽기의 유창성이 조금 향상되는 정도밖에 되지 않을 것이다.

이런 학생들을 돕기 위해서는 많이 알려져 있는 연극놀이 활동이나 관련된 게임을 활용하는 것이 효과적이다. 예를 들면 한 단어를 동시에 말해서 어떤 단어인지 맞히는 '이구동성 게임'이나 '정지동작으로 시작해서 움직이는 동작, 나아가 대사를 넣은 동작' 순으로 힌트를 주며 알아맞히는 활동도 좋다. 또 '몸으로 말해요', '발음 연습 게임' 등 함께 즐길 수 있는 다양한 활동을 하며 각자 잘하는 것이 무엇인지 깨닫고 서로 칭찬할 기회를 주어도 좋다.

🎙 책 읽기 톤도 좋고 흉내를 내도 좋아.

자신의 연기를 걱정하며 참여 자체를 어려워하는 학생들에게는 과감하게 언어 전달에 초점을 두어 지도하는 것도 나쁘지 않다. 감정을 넣지 않아도 좋으니 또렷하게만 읽어도 괜찮다고 말해주면 많은 학생들은 한결 편안해하면서 활동에 참여한다. 여유를 가지고 학생들을 기다리다 보면 자연스럽게 스스로 실제에 가깝게 말하기를 시도해 보는 학생들의 모습을 발견하게 될 것이다. 이보다는 '조금 적극적으로 연기를 하고는 싶은데 어떻게 표현해야 할지를 모르겠다.'라며 묻는 학생들도 종종 만나게 된다. 아무리 괄호 안에 지문을 꼼꼼하게 채워 넣는다고 해도 완벽한 표현이 아니면 실패한 연기이고 부끄러운 것이라고 생각하는 학생들에게는, 상상만으로 표정을 만들어내고 목소리를 조절하는 것이 참 막막하고 부담스러울 수 있다. 전문 연기자가 아니니 당연하다. "일단 해 봐라."는 교사의 격려는 별 소용이 없다. 그럴수록 점점 더 움츠러들고 아예 포기하려는 학생들도 생겨난다. 그래서 배우 흉내 내기를 해보았다. 아예 배우들의 목소리 높낮이 표정 몸짓들을 복사기처럼 그대로 흉내 내기를 하는 것이다. 연기 대본을 그대로 필사한 후 나누어 주고 영상을 보며 연기자들의 목소리와 표정을 그대로 참고할 수 있도록 했더니, "아하!" 하면서 답답함이 풀렸다는 반응을 보이기도 했다. 처음부터 학생 스스로 상상력을 발휘해서 다양한 인물을 표현해 내기를 바라는 것은 분명히 교사의 욕심이다. 대사를 읽어 극의 흐름을 이어주는 것도, 흉내를 내는 것도 충분히 훌륭하고 멋진 모습임을 인정해 주니 학생들은 점점 자신감을 얻었다. 결국 스스로 나만의 표현에 도전해 보겠다며 용기를 내준 고마운 학생들도 생겨났다.

2. 학업에 대한 부담감으로 낭독극 활동은 시간 낭비라고 하네요

고학년이 되면서 학생들이 많이 듣는 말이 있다. "6학년으로 올라가면 수학이 많이 어려워지니 5학년 때 잘 배워 놔야 한다. 수학이랑 영어는 지금 잘 배워 놓지 않으면 중학교 올라가서 따라잡기 힘들다."는 말이다. 저학년과 중학년 때는 그저 건강하게 잘 뛰어놀고 친구랑 사이좋게 잘 지내면 최고였는데 등교를 하자마자 시무룩한 표정으로 다가와서는 "선생님 저 피아노 학원 끊었어요.", "합기도 학원 계속 다니고 싶은데 엄마가 수학 학원 다니래요."라며 울상을 짓는 학생들이 늘어난다. 수업 시간에는 내내 질문 하나 없던 학생이 "학원 숙제를 못 하면 끝장"이라며 수학 문제집을 들이밀고 제발 좀 알려달라고 하기도 한다. 학교가 끝나고 난 후 친구들이 모두 하교한 교실에 혼자 남아 영어 단어를 외우고 영어 문법을 반복해서 중얼거리며 끙끙댄다. 학생들은 이런 분위기 속에서 자연스럽게 문제를 푸는 데 도움이 되는 수업은 가치가 있고 그렇지 않은 수업은 아까운 시간만 잡아먹는 시시한 것쯤으로 생각하기도 한다. 교사는 문제 풀이에서 얻지 못하는 배움을 주기 위해 더 새롭고 창의적인 교육 방법을 연구하려고 애쓰지만 안타깝게도 이런 노력은 일부 학생들이나 학부모에게 외면받는 경우가 많다. 학업 스트레스에서 벗어나 편하게 쉬어가는 시간, 참여를 해도, 하지 않아도 되는 자투리 시간쯤으로 여기거나 심지어 공부에 도움도 되지 않는 불필요한 낭비의 시간으로 여겨지기도 한다.

나도 낭독극은 아니지만 교과서 밖의 수업과 활동들을 고민하고 실천해 오면서 이런 분위기를 느끼고 있던 터라 올해 6학년 학생들과 일 년 동안 함께 해나갈 낭독극을 어떻게 소개할 것인지 고민이 많았다. 우선 학교로 초대된 낭독극의 가치부터 명확히 인식하고 공감할 수 있도록 도와야 한다는 생각이 들었다. 낭독극이 단순히 공연을 위한 실감 나게 말하기 수업 정도로 느껴지지 않도록 해야 했다. 학교에서의 낭독극 활용은 학예회 공연을 위한 어린 배우들의 반복된 대사 연습이 아니다. 낭독극의 시작부터 끝까지의 일련의 과정에 참여함으로써 문해력을 기르고 학습 효과를 높이고 교사의 의지에 따라서는 민주시민의 자질을 키우며 자존감도 향상시키는 등 초등교육에서 추구하는 수많은 목표와 많은 부분이 맞닿아 있다. 이러한 생각이 지도하는 교사의 마음속에 언제나 함께해야 학생들도 혼란스러워하거나 불안해하지 않는다. 교사는 낭독극과 함께 해나갈 곧은 방향을 가지고 있음을 학생들에게 명확히 알려줘야 한다.

낭독극 대본이 완성될 때까지 학생들은 낭독극 교육 활동에 잘 따라온다. 그런데 빠르면 2분기, 3분기 즈음 낭독극 작품이 확정되고 대본이 나오면 갑자기 방향을 잃고 공연을 위한 연습 시간으로 생각해 버리기가 쉽다. 이런 일이 없도록 하기 위해 교사는 처음부터 끝날 때까지 펼쳐질 큰 줄기를 잡고 이를 함께할 학생들과 공유하는 과정이 반드시 필요하다. 그렇게 함으로써 학생도 교사도 학예회나 공연 연습을 위한 반복 연습으로 치부되는 일을 막을 수 있게 된다.

나는 올해 초에 낭독극에 대한 나의 열정과 낭독극의 매력을 학생들에게 소개하면서 일 년간 낭독극과 함께 걸어갈 중심이 되는 큰 흐름을 공유했다. 1학기와 2학기를 반으로 나눠 4분기로 정하고 각각의 기간 동안의 최소한의 목표를 제시했다. 목표를 달성하기 위한 구체적인 활동은 몇 가지를 제외하고는 학생들의 아이디어를 함께 모아가며 진행해 나갈 것이라고 말했다. 처음부터 학생들의 아이디어를 구하기에는 낭독극에 대해 아는 것이 전혀 없었기 때문이었다. 1분기를 지나면서 학생들은 낭독극이 어떤 것이고 그 무한한 활용에 대해서 점차 느끼게 되었다. 그런 후에는 특정 과목에 활용하거나 학급에서 의견을 모을 때, 상담할 때도 활용하자는 등 자발적으로 자유롭게 의견을 제시해 왔다. 안내판에 게시한 낭독극 운영의 큰 가지 아래 비어있던 구체적인 목표는 계속 추가되고 수정되면서 바뀌어 갔지만, 한 해를 두고 단계적으로 함께하는 과정에서 어떤 배움이 있을 것이고 어떤 배움의 즐거움이 있을 거라는 큰 줄기만은 변함없이 유지되었다.

그렇게 11월 낭독극 한마당 공연과 학예회, 또 학부모를 초청해 선보일 12월 학급 낭독극 공연 행사까지 무려 세 개의 공연이 계획되어 있었다. 이 계획의 멋진 마무리를 꿈꾸며 학생들과 즐거운 여정을 함께할 수 있을 것이라는 확신이 생겼다.

3. 슬슬 낭독극에 흥미가 떨어져요

🎙 상황 즉흥 낭독극 하기

그야말로 상황만을 툭 던져주는 것이다. 예를 들면 '학교에 왔는데 담임 선생님이 갑자기 현장체험학습을 가자고 한다.'는 상황을 던져주고 학생들이 즉흥적으로 생각해서 간단한 대사로 창의적인 이야기를 만들어나가는 식이다. 물론 쉬운 활동은 아니다. 상황을 이어가는 도중 한 학생의 대사로 갑자기 상황이 종료되는 경우도 있고, 이야기가 완전히 산으로 가는 경우도 많다. 이럴 때는 교사가 재치를 발휘하여 새로운 상황을 끼워 넣어 즉흥극을 이어가게 할 수도 있다. "그런데 갑자기 비가 온다."라던지 "여행이 4박 5일이 되었다." 등의 즉흥 상황을 끼워 넣고 역할을 맡을 학생을 보태면 학생들은 엉뚱하고 기발한 아이디어로 이야기를 이어나간다. 대부분 서 있는 상태에서 연기해야 하는 연극과는 달리 앞에 준비된 의자에 앉아서, 원한다면 얼굴 반쯤은 보면대에 숨어서 말만으로 하는 즉흥극이기 때문에 다소 내성적인 학생들에게도 부담이 적었는지 잘 참여해 주었다.

🎙 즉흥 마임 하기

낭독극 공연도 필요에 따라 자리에서 일어서거나 위치를 바꿔가면서 연극 무대에서처럼 연기하기도 하지만, 기본적으로 대본을 암기하는 과정이 없는 만큼 대본이 있는 보면대 앞에서 앉아 대사를 하는 것이 기본일 때가 많다. 그렇지만 오로지 말만으로 대사를 표현하기보다는 얼마든지 손을 활용할 수도 있고 몸의 방향과 머리의 움직임 등 대본을 보는 위치에서 비언어적 표현을 통해 전체적인 내용 전달에 도움을 얻을 수 있는 경우도 많다. 나는 낭독극을 통해 마치 오디오북처럼 대본의 내용에 더 집중하기를 원했기 때문에 지나치게 많은 동작이나 과장된 몸짓을 추천하지는 않았다. 그렇지만 전달력과 표현의 극대화를 위해 도움이 되는 경우도 많았기에 군데군데 손짓이나 제스처가 있었으면 좋겠다는 생각을 경우가 있었다.

우리 사용 설명서도 대본으로 만들어 볼까?

학생들과 함께 만들어 볼 수 있는 극본의 종류와 학습 형태는 크게 다음의 다섯 가지로 나눌 수 있다.

1	2	3	4	5
하나의 극본 등장인물 한 명	모둠별 극본 등장인물 한 명	하나의 극본 등장인물 여럿	모둠별 극본 등장인물 여럿	개인별 극본 등장인물 한 명

이 중에서 세 번째가 가장 기본적인 형태이고 학생들과 낭독극 공연을 하기로 마음먹었다면 가장 무난하게 활용이 가능하다. 그렇지만 상황과 내용에 따라서는 다른 형태들이 기본적인 극본의 형태보다 오히려 더 효과적인 경우도 많다.

저학년과 중학년을 위한 대본 만들기

학생들은 즉흥 연기의 달인들이다. 교과서에 나오는 한 장면의 그림만으로도 연습도 하지 않고, 대본도 없이 용감하게 교실 앞으로 나와 마구마구 말과 동작들을 뿜어낸다. 교과서 속 그림을 던져도 주제가 산으로 가든 말든 아무 말이나 해도 즐겁고 아무 행동이나 해도 까르르 웃음이 터진다. 1~3학년과 4~6학년을 반으로 나누어 운영하는 방학 낭독극 캠프를 계획하면서는 수준에 맞게 대본을 제시하면 무엇이든 다 된다는 무대뽀 정신을 가지고 있었다. 그런데 캠프가 다가오고 막상 세상 자유로운 영혼들에게 정해진 대본을 주고 얌전히 자리에 앉아 읽도록 시키는 것이 상상이 되지 않았다. 하물며 '글씨 쓰기도 어려워하는 학생들이 스스로 대본을 만든다고?' 내가 계획했지만 내가 황당했다. '무대뽀 정신이라는 것이 이렇게 휘발성이 강한 것이었나?' 다른 사람이 되어 버린 나는 깊은 고민에 빠졌다. 계획은 계획일 뿐. '그냥 애초에 없었던 것처럼 쉽고 재미있는 활동으로 채워볼까?' 하는 유혹이 꼬리를 물었다. 학생들에게 인내심을 필요로 하는 활동을 시키는 것을 끔찍이도 싫어하고 어려워하는 나였기에 더더욱 시도조차 하지 못할 것이라는 확신이 들었다. 그런데 불현듯 가수 이적의 어머니인 여성학자 박혜란 님이 쓴 책의 제목이 떠올랐다. 『믿는 만큼 자라는 아이들』, 그래 믿어보자. 아이들은 언제나 내가 상상하지도 못했던 것들을 보여줬으니까.

고학년과 따로 시작해서 결국은 함께하는 각색 이야기

☞ 문학작품을 재료로 각색하기

문학작품을 각색하는 것은 단순히 극본 하나를 얻는다는 의미는 아니다. 각색하는 과정에서 글을 정확하게 읽게 되는 것은 물론이고, 각색에 필요한 과정을 거치다 보면 자연스럽게 다양한 각도로 글을 이해하게 된다. 사건이 왜 이렇게 흘러가는 것인지, 이 내용이 앞에 나오는 내용과 어떤 연관이 있는지를 생각해서 장면을 분리하거나 하나로 묶는다. 감정과 행동을 묘사하는 지문을 만들면서 인물을 깊이 생각하게 된다. 기존에 있는 작품을 활용하여 각색하기를 해보면 생각보다 어렵지 않다는 반응이 대부분이다. 특히 대사가 많은 동화책의 경우에는 인물들의 대화 내용을 그대로 대사로 옮기고 해설 부분만 조금 추가하거나 지문을 보충하는 것만으로도 충분히 대본의 느낌이 난다. 긴 작품을 각색한다면 장소의 변화나 사건의 흐름 등 학생들이 생각한 이유에 따라 장면을 나누면서 학생들은 자연스럽게 작품의 구조를 떠올리며 대하게 된다. 다음은 학급 도서 신청을 하라기에 우연히 신청했던 『으라차차 뚱보 클럽』이라는 작품을 각색한 내용의 일부이다. 여전히 완성되어가는 중이지만 학생들은 얼른 다음 부분을 낭독극으로 표현하고 싶어 아침마다 묻는다.

"선생님, 전에 낭독극 한 것 다음 내용 좀 쓰셨어요?"

조금은 부담스럽지만 동시에 기쁨이 되는 고마운 관심이다.

으라차차 뚱보클럽

원작 전현정
각색 주재연

등장인물: 고은찬, 엄마, 할머니, 예슬, 영대, 준영, 김 코치, 역도부 주장 철민 형, 최 PD, 의류회사 사장, 아빠

#1 운동장

[해설] 뙤약볕이 쨍쨍 내리쬐는 운동장 한 가운데, 아이들의 줄다리기가 한창
이었다. 은찬이가 화장실에 갔다 나오는데 멀리서 은찬이와 눈이 마주
친 친구들이 손짓을 하며 급하게 오라며 불렀다.

[은찬] 으아..가만히만 있어도 땀이 줄줄 흐르는 날씨에 저놈의 줄다리기는 왜
들 하는 건지...

[영대] 은찬아! 고은찬! 빨리 뛰어와, 빨리! 야, 십인분! 빨리 좀 와보라니까!

[은찬] (일어서며) 내 이름은 고은찬. 5학년 2반. 키 159센티미터에 몸무게는
79킬로그램이다. 피자 라지 한 판, 치킨은 한 마리쯤은 기본이고 좀 출
출하다... 싶으면 삼겹살 십인분 쯤은 먹어줘야 배가 좀 차는구나.. 싶은
나는 학교에서 '은찬'이라는 이름보다 '십인분'으로 더 잘 통한다. (앉음)

[준영] 야! 십인분! 너 일부러 천천히 오는 거지? 빨리 좀 오라고!

[은찬] 어어.. 알았어.. 가고 있잖아.

[영대] 자, 드디어 은찬이 등장이요!

[준영] 오케이! 승부는 이제 시작이다! 다들 줄 잡았지?
(잠시 숨을 고르고 긴장된 표정으로 줄을 잡고 힘껏 당기는 시늉) 하나! 둘! 셋!
당겨~~!

[다같이] (힘을 주는 듯 하다가 곧 힘이 풀려버리는 밧줄에 당황하며)
영!......ㅊ, 에엥?

[준영] 이겼다!! 와!! 우리가 세 명이나 적었는데 고은찬 오자마자 기~냥 이겨
버리네! 하하하

[영대] 그거야 당연하지! 은찬이가 힘으로는 우리 동네 짱 먹을걸?
(잠시 생각에 잠기더니) 야야, 내 생각엔 1대 10도 될거 같은데, 안 그러냐?

[준영] 야, 웃기지마. 아무리 고은찬이라도 혼자 무슨 수로 열 명을 이겨? 에
에..말도 안돼.

[영대] 야, 방금 은찬이 실력 못 봤어? 좋아! 오늘 고은찬이 1대 10으로 이기면
　　　내가 떡볶이 쏜다!

[다같이] 우와~~!

[준영] 자, 다들 준비됐지? 준비, 하나, 둘, 셋!!

[해설] 은찬이는 제일 앞 자리에 서서 밧줄을 단단히 쥐었다.
　　　조금 전과는 달리 손 끝에 느껴지는 묵직함의 정도가 차원이 달랐다.
　　　팔목을 돌려 밧줄을 주먹 전체에 단단히 휘감고 숨을 크게 들이쉰 후
　　　끄응! 하고 아랫배에 힘을 주어 당기는 순간! 닭꼬치 조각들이 쏙쏙 입
　　　으로 빨려 들어오듯 상대팀 아이들 10명은 은찬이 앞으로 딸려와 맥없
　　　이 고꾸라졌다.

(점심시간 종소리)

[은찬] 앗. 점심시간이다. (냄새 맡는 시늉) 음~냄새로 보아하니 오늘 메뉴는
　　　오므라이스구만! 야호! 맛있겠다~!
　　　이 순간에 필요한 건 뭐다? 바로 스피~드!
　　　(신나는 발걸음으로 잽싸게 달려서 퇴장)

🔖 말하기 쉬운 대본으로 다듬어가기

『으라차차 뚱보 클럽』에 대한 학생들의 반응은 뜨거웠다. 각색한 작품을 기다리는 학생들의 성화에 두어 쪽을 완성하면 바로 읽어보고, 다음 날에 해볼 두어 쪽을 추가하고 하는 식이었다. 가장 큰 장점은 대사의 자연스러운 표현에 대한 피드백이 바로바로 이루어진다는 것이다. 몇 번 낭독을 해보면서 입에 붙지 않는 대사가 나오면 각자가 알아서 자연스러운 말로 바꾸어 수정을 제안한다. 말하기 쉬운 대본으로 다듬어가

는 일은 각색하는 사람이 혼자 끌어안고 끙끙대는 것보다 역할을 맡은 학생들이 한 번 읽어보는 것이 훨씬 효율적이다. 처음에는 원작의 내용이 마음에 들어서 나 혼자 시작한 각색이지만 시작만 혼자였을 뿐 과정은 결코 혼자가 아니었다. 학생들은 작품을 나만큼이나 애착을 가지고 대해 주었다. 대사는 물론이고 인물의 등장과 퇴장 시점과 추가적인 이야기 제안까지, 계획하지 않았지만 우리 반 학생들과 함께하는 각색이 되어가고 있다.

🎙 실제 작품의 흐름을 내가 원하는 낭독극의 흐름으로 바꿔가기

『으라차차 뚱보 클럽』이라는 작품 안에는 다양한 인물의 이야기들이 나온다. 주인공과 엄마, 예슬이의 아픔과 극복기를 담은 작품이기에 장면과 주인공이 수시로 바뀐다. 처음에는 책장이 넘어가는 그대로의 흐름으로 각색을 했지만 하면 할수록 뭔가 복잡해진다는 느낌을 받았다. 한마디로 분리된 〈장면〉이 너무 많아졌던 것이다. 암전에 암전을 거쳐 '장면13'이라는 숫자를 적고 나서야 '이건 아니다'라는 생각이 들었다. 제대로 될까 조금 망설여졌지만 과감하게 뭉텅뭉텅 앞뒤의 조각들을 이어붙여 나갔다. 인물별로 겪게 되는 사건들을 묶거나 너무 작은 부분의 대사는 해설을 활용해서 삭제했다. 불필요하게 나뉘었던 '장면'들이 모아지니 전체적으로 훨씬 정돈되고 깔끔한 느낌이 들었다. 학생들도 그제서야 솔직한 마음을 이야기했다.

"선생님, 전에는 솔직히 좀 정신이 없었는데 지금이 훨 나아요"
"그려 솔직하게 말해줘서 고맙다. 하하하"

이제 본격적으로 공연 연습을 해 볼까?

인물 분석하기

낭독극 대본이 확정되고 역할을 맡기 전에 인물을 함께 분석해 보는 활동을 하면 학생들이 스스로 각자에게 어울리는 역할을 찾는 데 큰 도움이 된다. 주요 인물별로 몇 가지 중심 사건을 제시해 주고 상황을 요약하여 보다 깊게 인물을 탐구해 보면 역할에 대한 표현력이 좋아질 수밖에 없다. 인물을 분석하는 것은 또 다른 효과가 있다. 낭독극은 글에 나오는 인물에 대한 공감, 이해력을 높이는 효과적인 도구이다. 낭독극을 활용한 수업을 통해 이런 표정, 이런 몸짓은 어떤 감정을 나타내는지 생각해 보고 배울 수 있어 상대방에 대한 이해심과 민감성 등을 키울 수 있다. 말과 행동으로 표현된 인물의 감정에 대해 이해해 보려고 애쓰는 활동 자체가 좋은 인성교육이 될 것이다.

인물 분석 활동지(예시)

상황 요약	
감정	알맞은 목소리
기쁨, 슬픔, 당황 분노, 기대, 불안 설렘, 사랑, 원망 행복, 즐거움 두려움, 신남 ( )	확신에 찬, 당당한, 떨리는, 화가 난 설레는, 슬픔에 찬, 놀란, 생각에 잠긴 따뜻한, 서글픈, 밝은, 간절한, 어두운 거만한, 얄미운, 힘겨운, 꿈꾸는 듯한 긴장된, 신나는, 간절한, 소심한, 대범한 ( )
나이	알맞은 목소리
유아( ) 10대( ) 20~30대( ) 40~50대( ) 60대 이상( )	빠른, 어눌한, 느린, 여유 있는, 또박또박 분명한, 귀여운, 목이 쉰 듯한, 어른스러운, 해맑은, 밋밋한, 톡톡 튀는 ( )
특히 강조해서 표현하고 싶은 부분	

인물 소개지(예시)

1모둠 (발표자:) 나이표현 ( ) 감정표현 ( )	상황: 감정: 나이:
	감정표현 ( )( )상황에서 ( )마음을 가진 ( )대 ( )

자연스러운 몸짓 활용하기

입 모양과 표정만으로 의미를 전달하는 게임을 하다 보니 몇몇 학생들의 눈에 상대편 친구들이 손짓과 몸짓을 활용하는 모습이 포착되었나 보다. 게임을 시작하면서 별다른 동작 활용에 관한 말을 하지 않았고

승부를 가르는 게임이다 보니 예리한 학생들이 지체 없이 제동을 건다.

> "야 너 반칙 쓰지 마. 몸이랑 손은 가만히 있고 표정이랑 말로만 전
> 달하는 거야."
> "목소리만 안 나오면 되는 거 아냐? 이렇게 손으로 표현하면 더 쉽
> 단 말이야."

고개를 끄덕이며 가만히 듣고 있으니 슬쩍 나의 눈치를 보던 학생들의 입에서 언제나처럼 정답이 나왔다. '맞다.' 손과 몸을 활용할 수 있다는 꿀팁을 확실히 전달한 이후에는 오히려 입을 꾹 다물고 '몸으로 말해요' 게임을 하는 학생들이 생겨나 여러 번 웃음보가 터지기도 했다. 그렇지만 말에 알맞은 행동을 따로 지도하거나 가르쳐 주지 않아도 알아서 자신에게 맞는 제스처를 찾아가는 과정이 굉장히 흥미롭고 기특해 보였다. 그렇지만 게임 하나로 모든 학생들의 문제가 해결된다면 그보다 쉬운 것이 어디 있겠는가? 여전히 딱딱하게 굳어있는 자세에서 벗어나지 못하는 학생들이 많아 고민 끝에 학교로 출강하시는 연극 강사님의 조언을 구했다. "실제 배우들도 손을 자유롭게 사용하는 것을 어려워한다"는 말씀과 함께 구체적인 방법을 제시해 주셨다. "학생들에게 최대한 겨드랑이에서 팔을 떼라고 해보세요." 팔짱을 끼거나, 허리춤에 손을 올리거나, 머리를 긁적이거나, 손에 쥘 수 있는 소품을 활용하여 가능하면 차렷 자세에서 벗어날 수 있도록 유도해 보라는 것이다. 나는 고민 없이 다음 수업에서 바로 학생들에게 이 방법들을 적용했다. 특별한 제스처가 없을 것 같은 상황에서도 무조건 겨드랑이에서 팔을 떼어보라는 주문을 했다.

처음에 학생들은 어색해서 어쩔 줄 몰라 하다가도 겨드랑이만 집요하게 째려보는 내 눈빛을 이기지 못하고 고육지책으로 팔을 겨드랑이에서 떼면서도 마음의 안정을 찾을 수 있는 고정 자세를 찾아가기 시작했다. 사과하는 학생이 허리춤에 손을 얹는다든지, 팔짱을 낀 채 허리를 숙여 인사를 한다든지 우스꽝스러운 장면이 연출되긴 했지만 신기하게도 점차 차렷 자세를 하는 학생들이 줄어들기 시작했다. 간단한 제스처를 제안할 때도 확실히 이전보다 부담 없이 시도해 보는 모습들이 보였다. 특히 효과가 있었던 것은 손에 쥘 수 있는 소품을 활용하는 것이었다. 역할과 관계가 있는 소품도 좋겠지만 특별히 역할에 구애받지 않는 것들, 예를 들면 탱탱볼 하나를 팔 사이에 끼고 있다든지 스마트폰이나 손수건 등 어느 누구의 손에 들려 있어도 어색하지 않은 물건들을 손에 쥐여주니 자신도 모르게 그 물건을 흔들거나 들어 올리며 자연스러운 제스처를 보여주었다. 소품을 찾는 것조차 귀찮다면 그냥 A4 이면지 한 장을 둘둘 말아 한 손에 쥐면 그만이었다.

또 한 가지 조언해 주신 방법은 대본을 화면에 띄우는 것이다. 처음에는 보면대조차 미리 구해 놓지 못해 학생들마다 대본을 손에 들고 읽었다. 그때는 아이들을 지도하는 나도 손이나 몸의 사용을 전혀 생각하지 못했던 상황이어서 그것이 얼마나 학생들의 자연스러운 몸짓과 표현을 방해하는지 깨닫지 못했다. 이후에 보면대를 준비하고 대본을 손에서 놓으니 부끄러울 때는 자연스럽게 얼굴을 손으로 가리기도 하고, 무릎을 '탁' 치거나 상대 역할의 친구를 소심하게나마 가리키기도 하면서 몸짓을 활용하는 학생들이 하나둘 생겨났다. 그렇지만 보면대에 대본을 놓고 읽어야 하기 때문에 자연스럽게 보면대와 몸의 거리는 아주 가까울 수밖에 없었고 손이나 몸의 움직임이 조금만 커도 보면대에 부딪히거나 자기도 모르게 동작을 줄여버리는 상황이 발생했다. 그래서 연극 선생님의 조언대로 대본을 화면에 띄우고 보면대를 모두 치우니 자연스럽게 학생들의 등이 펴지고, 고개가 위로 들리고, 손과 발이 자유를 찾게 되었다. 물론 낭독극 공연 때 활용할 수 있는 방법도 아니고 교실에 설치된 화면은 보통 좌측 상단에 위치해서 학생들이 모두 왼쪽 하늘을 바라보는 우스꽝스러운 장면이 연출되긴 했지만, 손동작과 제스처의 활용을 연습하기 위해 정해진 일부 차시만큼은 화면에 대본을 띄우는 방법을 활용해도 좋을 것이라는 생각이 들었다.

등장과 퇴장 연습

짧은 여름방학의 1/4인 한 주를 기꺼이 투자해서 뮤지컬과 연극 연수를 들었다. 그때 실제 배우와 연출가로 활동하는 강사가 강조했던 말이 있다. 배우의 모든 움직임은 무대에 등장한 순간부터 모습이 보이지 않을 때까지, 그러니까 연기는 물론이고 등장과 퇴장도 모두 연기의 한 부분이라며 직접 예시를 보여주었다. 실제로 감정이 절정에 다다른 연기 끝에 '연기가 끝났으니 얼른 나가야지' 하는 듯 무미건조하게 걸어서 퇴장하는 모습을 보니 마치 코미디의 한 장면처럼 여기저기서 웃음이 터져 나왔다. 다음으로 대사의 마지막 음성이 온몸과 발끝에 옮겨진 듯 퇴장하는 모습을 보고는 나도 모르게 "와!" 하는 탄성이 나왔다. 낭독극은 시종일관 목소리 외에는 특별한 몸짓 연기를 하지 않기 때문에 입장과 퇴장을 아무 생각 없이 하기 쉽다. 입·퇴장을 분량이 작지만 귀한 몸짓 연기라고 생각하고 가능하면 내용과 이어지는 모습으로 등장과 퇴장을 할 수 있도록 신경 써야 한다. 또 한 가지 중요한 점은 등장과 퇴장의 타이밍이다. 대사가 모두 끝났는데 어설프게 앉아 있다가 눈치를 받고 퇴장하거나 제때 들어오지 못해 흐름이 끊겨 버린다면 순간적으로 내용에 대한 집중력이 흐트러지면서 재미와 감동이 반감된다. 이러한 실수를 줄이기 위해서는 퇴장 전 대사와 퇴장의 행위를 하나로 묶어 연습하는 것이 중요하다. 잘되지 않는다면 퇴장 전 마지막 대사 뒤에 괄호를 만들어서 퇴장의 모습까지도 지문으로 만들어 적어주는 것이 많은 도움이 된다.

우리 낭독극 공연에 놀러 오세요!

학예발표회 준비나 각종 발표회 등을 준비하면서 전체적으로 무엇이 필요한가, 학생 연출자는 어떻게 교육해야 할까, 큐시트는 어떻게 마련할까 등 연출 고민을 해본 교사들은 누구나 공감할 것이다. 첫째도 꼼꼼, 둘째도 꼼꼼, 셋째도 꼼꼼히 답이라는 것을 말이다. 나처럼 빈틈이 많고 대강대강 흘러가듯 사는 쪽을 택하는 사람도 학생들을 공연에 올리려고 마음먹는 순간, 내 안에 숨어있던 또 다른 자아가 눈을 번쩍 뜨는 느낌이다. 공연이 망하면 '눈에 넣어도 아프지 않을 보석 같은 내 아이를 보러 온 학부모가 실망할 텐데…'의 문제가 아니다. 학생들에게 일 년에 한 번 누리는 뿌듯함과 자랑스러움을 공연 성공의 기쁨과 함께 패키지로 안겨주고 싶다는 갈망은 아마 모든 교사의 공통된 마음일 것이다. 성공하지 못한 공연도 과정이 의미 있었다면 충분히 가치가 있고 훌륭한 것임을 누구나 알지만 그래도 아쉽고 씁쓸한 결말은 그 누구도 원하지 않는다. 전문가의 공연은 또 다른 이야기겠지만 적어도 학예회에 올라가는 공연에는 난이도가 존재한다. 내가 생각하기에 '난이도 하' 공연은 빵빵한 BGM이 받쳐주는 단선율 합창이나 악기 연주이다. 이 공연에서는 두어 명쯤 립싱크를 해도, 혼자서 애국가를 부른다고 해도 진실은 본인만 안다. 실수와 무대를 두려워하는 학생도 조금만 용기를 내면 함께할 수 있는 참 자비로운 공연이다. 공연팀의 규모가 작아질수록 난도는 높아진다. 여기에 청각이 아닌 시각적인 공연 요소를 더한다면 난도가 쭉 올라가고, 결정적으로 BGM이 빠진다면 난이도는 급상승한다. 초등학교 학예발표회에서 이 난이도 최상급 공연의 대표가 바로 연극 공연이다. BGM 따위는 없는 적막 속에 학생 한 명 한 명의 대사가 핀 마이크를 통해 고스란히 울려 퍼지고 손동작처럼 작은 행동 하나하나까지 고스란히 관객의 눈과 동영상에 저장된다. 천만다행으로 낭독극은 대본을 가지고 무대에 올라가는 것이 가능하다. 연극 공연의 가장 큰 어려움이 해소되는 것이다. 그렇지만 관객이 마주하는 모든 시각과 청각적인 표현들이 오롯이 학생들로부터 나와야 한다는 사실은 변함이 없다.

자리 배치 팁(상황별 배우 배치 아이디어)

『으라차차 뚱보 클럽』이라는 작품을 각색하면서 며칠이나 한 줄도 못 쓰고 고민에 빠졌던 적이 있다. 그것은 바로 주인공이 등장해 있는 채로 돌아가신 아빠와 어린 시절 본인의 추억을 회상하는 '장면7'이었다. 분명 현재의 주인공이 무대 위에 나와 있는데 평면인 무대에서 이 세 명을 어떻게 등장시키면 좋을지 도대체 방법이 떠오르지 않았다. 관객들이 혼란스러워하지 않으면서도 모두를 꼭 등장시키고 싶었다. 그렇다고 배 위에다가 대문짝만하게 '은찬', '돌아가신 아빠', '어린 은찬'이라고 적는 방법은 영 별로였다. 고민 끝에 '싸부님'이라고 부르는 나의 첫 낭독극 선생님께 조언을 구했다. 감사하게도 두 가지 방법을 알려주셨는데 자리 배치를 활용하는 방법과 조명이나 음향 효과를 활용하는 방법이었다. 나는 이 모두를 활용하기로 마음먹었다. 무대 한가운데에는 현재의 은찬이 서서 회상하는 대사를 하고 무대 왼편 약간 뒤쪽에 아빠와 어린 은찬이의 자리를 마련했다. 조명을 활용해서 각각의 장면을 따로 비추되, 회상 장면은 조금 어두운 파랑을 사용하기로 했다. 전체적으로 회상과 어울리는 배경음악을 깔았더니 제법 그럴 듯했다. 복도를 지나가는 선생님을 멈춰 세우고 다짜고짜 장면을 보여 드렸는데 대번에 내용을 이해할 수 있다고 하셨다. 조마조마하던 학생들과 나는 기쁨의 환호를 질렀다.

"얏호! 성공이다!"

#7 아빠와의 목욕탕

[영대] 야, 은찬아! 우리 아빠가 냉면 사준데, 얼른 가자.
[은찬] 아, 싫어, 너나 먹어
[영대] 에에, 그러지 말고 같이 먹자! 우리 아빠가 사준데!
[은찬] 아 글쎄 싫다니까,
[영대] 야, 저~~기 우리 아빠 보이지? 너도 같이 오라고 손 흔들잖아, 얼른 가자!
[은찬] 나 냉면이 젤루 싫어. 안 먹으니까, 너나 실컷 먹어.
(냉면이 싫다며 거절하는 은찬을 두고 영대는 시무룩하게 퇴장한다)

[은찬] (회상에 잠긴 표정) 일요일 아침마다. 아빠랑 난 손을 꼭 잡고 이 목욕탕에 왔었지.

그 때... 아빠가 내 등이랑 허리를 양손으로 떠받쳤었어..아빠 손이 정말 따뜻했는데...

(은찬쪽 조명 조금 어두워짐)

(무대 오른 쪽 어린 은찬과 아빠가 앉아 있는 쪽으로 푸른 색 조명이 켜짐)

[아빠] 쉬..쉬 괜찮아..괜찮아..은찬아. 뭔가 느껴지지? 자..이제 마음을 가라앉히고 그 기운에 네 몸을 맡겨 보는거야 천천히..

(조명 어두워짐)

(은찬 쪽 조명 밝아짐)

[은찬] 이불 위에 누울 때처럼 가만히 힘을 빼자 갑자기 내 몸 전체가 풍선이라도 된 것처럼 가벼워졌었어. 아빠 배 위에 누워있을 때처럼 기분이 참 좋았어.(조명 어두워짐)

(어린 은찬과 아빠쪽 푸른 색 조명 밝아짐)

[아빠] 은찬아, 고은찬, 이제 천천히 눈을 떠봐

[어린은찬] 우와..아빠 내가 물에 떴어. 내가 꼭 해파리가 된 것 같아.

[아빠] 그래그래, 우리 아들 은찬이 멋지다. 하하하

(은찬 쪽 조명 밝아짐)

[은찬] 목욕을 끝내고 아빠와 내가 마지막으로 향하는 곳은 언제나 이 냉면집이었어. 목욕을 끝내고 아빠랑 먹는 냉면 한 그릇은 꿀맛 그 자체지. 물론 꼭 한 그릇은 아니었어.

아빠와 나는 각자 냉면 한 그릇에 세 번이나 면을 추가해서 눈 깜짝할 사이에 그릇을 싹싹 비우고 나오곤 했어.

(어린 은찬과 아빠쪽 푸른 색 조명 밝아짐)

[아빠] 아들, 내일 아빠 시합 끝나고 우리 맛있는 거 먹으러 갈까?

[어린은찬] 응 좋아.

[아빠] 우리 아들이랑 오랜만에 외식하는데, 어떤 맛난걸 먹으러 가나?

[어린은찬] 냉면! 냉면 먹자!

[아빠] 애걔..겨우 냉면이야? 뭐 더 근사한거 없어?

> [어린은찬] 난 세상에서 냉면이 제일 좋아.
> [아빠] 짜식, 그래 좋아, 아빠 내일 시합 끝나고 나면 냉면 먹으러 가자.(아빠가 은찬의 머리를 흐트러뜨리며 다정히 퇴장)
>
> (은찬만 남은 무대-은찬 조명이 밝아진다)
>
> (전화벨 소리)

대본 준비하기

대본을 연습할 때 보는 것과 무대 위에서 보는 것은 많은 차이가 있다. 학생들이 무대 위에서 대본을 보는 모습은 두 가지로 갈린다. 아예 대본에 고개를 박고 정확성을 택하거나 그래도 대화하는 인물을 흘끔흘끔 보며 최대한 실감 나는 표현을 위해 노력한다. 어느 쪽이든 주어지는 대본의 상태는 매우 중요하다. 내가 생각하는 최악의 대본은 양면 복사를 하고 좌측 상단에 스테이플러를 박아 묶은 형태이다. 첫 번째 페이지는 문제가 없지만 두 번째 페이지부터 바로 혼돈의 카오스가 열린다. 한 장을 넘기고 뒤로 돌려 제대로 2쪽을 보는 학생, 쿨하게 그대로 한 장을 넘겨 3쪽을 보는 학생, 두 장이 넘어가 4쪽이나 5쪽을 보고 태연히 읽어 내려가는 학생 등 즉석 코미디가 되어버린 무대를 보면서 학생들은 깔깔거리고 웃느라 정신이 없다. 그제서야 낭독극 연수 강사님께서 깔끔하게 정리된 대본을 건네며 강조했던 말씀이 떠올랐다.

"대본은 꼭 단면으로 출력해서 클리어 파일에 끼워 준비하세요."

'이래도 되고 저래도 되지 원칙이 어디 있어?'라며 나를 구속하는 말들에 반문하길 좋아하는 나도 단 한 번의 진한 실패의 경험으로 이건 무조건이라는 생각을 굳혔다.

음향 활용 팁

어느 정도 꼼꼼하고 완성도 높은 준비 시간이 허락된다면 초등 낭독극에서 음향은 다다익선이다. 부족한 감정 표현도 음악이 있다면 상당 부분 보완이 되고 적재적소에서 감성을 자극해 관객들의 몰입도를 극대화시킬 수도 있다. 뿐만 아니라 실감 나는 음향효과는 밋밋한 극 전체에 재미를 더해준다. 특히 장면이 바뀜을 알려주는 암전 중에 특징적인 짧은 음악을 사용하는 것은 필수적이다. 대사도 없고 조명도 없는 컴컴한 무대에 침묵만이 흐르는 것은 의도하지 않았던 긴장감을 줄 수도 있고 오히려 극의 흐름을 방해할 수도 있다. 앞의 사건이 주는 분위기를 자연스럽게 이어주는 용도로 음악을 깔아도 좋고 시작될 장면을 준비하는 음악을 깔아도 좋다. 그렇지만 초등학생은 물론 교사도 공연 전문가는 아니기에 음향효과의 활용은 신중해야 한다. 극의 중간중간 분위기를 살린답시고 무분별하게 배경음악을 많이 넣으면 자칫 볼륨이나 타이밍 조절에 실패해서 학생들의 대사가 음악에 묻혀버리거나 순서가 뒤바뀌어서 극 전체를 망칠 수도 있다. 어설픈 효과음을 잘 못 사용했다가 오히려 민망한 웃음만 주고받게 되는 경우도 여러 번 보았다. 그렇다고 다른 시간을 아껴 음향에 투자해서 완벽을 기하는 것 또한 정답은 아니다. 교육적 측면에서의 효과음 사용에 대해서는 솔직히 '어설프면 좀 어때?'라는 생각이 더 크다. 전문가 같은 완벽한 공연을 만들어야 하는 것은 아니기에 오히려 과감하게 음향 제작을 학생들에게 맡기는 것도 큰 의미가 있다. 실제로 교사가 미리 준비한 무난하고 실수 없는 음향효과보다 친구들과 고민하고 노력해서 직접 만든 결과물을 훨씬 더 마음에 들어 했다. 온갖 실패를 거듭했던 순간들을 함께 보내고 결국 상상했던 소리와 비슷한 것을 찾아내어 녹음에 성공했다는 기쁨에 너무나 만족해하는 모습이었다.

선생님! 다른 과목 수업도 낭독극으로 해요!

초등학교 교육에 낭독극을 활용하기로 마음먹었다면 그 범위는 그야 말로 끝이 없다. 그 이유는 낭독극의 중심에 읽기가 있다는 사실이다. 배워야 할 것이 말로 표현될 수 있는 것이라면 무엇이든 가능하다. 말은 글로 표현할 수 있고 글은 읽을 수 있기 때문이다. 그렇기 때문에 낭독극의 활용이 꼭 교과목에만 한정된 것도 아니다. 교과목끼리의 통합은 물론이고 진로교육, 상담, 계기 교육 등 그 무엇도 시작한다면 가능하다. 처음 3학년 학생들과 낭독극을 시작했을 때 나는 국어 교과서에 있는 극본을 다른 극본으로 대체했을 뿐이었다. 자연스럽게 낭독극은 국어 시간에만 하게 되었고 연습 시간이 조금 더 필요하거나 학생들이 원하면 아침 활동 시간과 점심시간도 조금씩 활용하였다. 그런데 우연히 교사들의 정보 나눔 사이트에서 극본을 얻을 수 있게 되었고 사회 시간에도 한 차례 역할을 정해 대본을 읽을 기회가 생겼다. 그 이후에 깨달음은 학생과 나에게 거의 동시에 왔던 것 같다.

"오, 다른 시간에도 적용할 수 있겠구나"

하고 생각하던 바로 다음 도덕 수업 시간에 한 학생이 말했다.

"선생님! 도덕도 낭독극으로 해요"
"네 맞아요! 선생님! 과학도 낭독극으로 해요!"
"그럼 영어랑 음악이랑 미술이랑 체육도 싹 다 낭독극으로 해요!"

신이 난 학생들의 입에서 오만가지 종류의 낭독극이 마구마구 뿜어져 나오던 그때였다.

"야야! 그래도 체육은 안돼!"
"하하하 맞다, 맞아. 체육을 책상 위에서 하는건 안될 말이지!"

사회 낭독극 해요!

6학년 1학기 사회는 '우리나라 정치의 발전'으로 시작한다. 4·19혁명을 비롯하여 시대를 따라 펼쳐졌던 민주주의 발전과 시민의 참여에 관한 많은 사건에 학생들은 큰 관심을 보인다. 워낙 충격적인 사건이 많기도 했지만, 그 시대를 살았던 사람들의 아픔과 희생을 담은 이야기들을 접하면서 학생들은 지금은 상상도 할 수 없었던 시대에 함께 분노하고 당시 사람들의 마음에 공감하며 응원한다. 교과서에 실린 사진들과 간단하게 검색만 해도 쏟아지는 영상 자료들이 너무나도 많았지만, 학생들이 그 시대의 인물이 되어 직접 대화를 나누고, 간접적이지만 상황 속으로 들어갈 수 있다면 그보다 더 좋은 교육은 없겠다 싶은 생각이 들었다.

교사들의 자료 공유 사이트에서 눈에 띈 자료는 〈할머니의 5월〉이라는 극본이었다. 4쪽짜리 5.18 민주화 운동의 아픔을 지닌 가족의 이야기를 담은 짧은 극본이었지만, 내용을 읽어보니 그 당시 상황을 꽤 자세하게 묘사하고 있었고 인물들의 마음도 충분히 공감할 수 있을 듯했다. 이제 막 낭독극을 접한 학생들이었지만 평소 역할극 등 대사 읽기에는 익숙했으므로 대본을 통한 역사교육을 해보겠다 마음먹었다. 다만 다소 호흡이 긴 듯한 부분을 짧게 수정하고 학생들이 말하기 쉽도록 몇 군데를 다듬은 후 바로 모둠과 역할을 정하고 나누어 읽어보았다. 역시 예상대로 학생들은 줄거리를 따라가면서 역사적 사건의 흐름을 이해하는 동시에 슬픔과 분노, 안타까움 등 다양한 감정을 공감하고 있었다. 그날 한 학생은 사회 수업을 회상하며 지금까지 사회 수업 중에 제일 특별했고 기억에 많이 남는다고 일기에 적었다.

2학기 사회 수업에도 낭독극이 또 한 번 등장했다. 이번에는 경제 이야기였다. 기업들의 공정한 경쟁에 대한 내용이었는데 이번에는 학생들이 직접 극본을 만들어 보겠다고 했다. 한 모둠이 공정한 기업과 그렇지 못한 기업 사장님의 대화를 창작하고, 다른 모둠은 공정하지 못한 경쟁 속 소비자의 모습을 창작해서 선보였는가. 두 모둠 모두 교과서에서 강조하는 내용들을 꼼꼼히 담아 생생하게 잘 표현해 주었다. 고민해서 만든 학습지를 활용하고 인기 많은 영상 자료를 준비해서 보여줬다 한들 이보다 더 좋은 배움이 일어날 수 있었을까?

수학 낭독극 해요!

🎙 수학 역사 동화 활용하기

학교 도서관을 살피다가 우연히 우리 조상들의 수학과 관련한 삶을 소개하고 알려지지 않은 역사적 수학 관련 일화들, 조선의 수학자 등의 이야기를 재미있고 간결하게 소개한 책을 발견했다. 제목이나 내용이 꽤 신선했지만 수학이나 역사에 특별히 관심이 있는 학생이 아니면 군이 골라 읽을 것 같지도 않은 책이었다. 그런데 책의 내용을 훑어보다 보니 학생들에게 꼭 전해주고 싶은 내용이 많이 들어 있었다. 그중의 하나가 '중국의 수학자를 놀라게 한 조선의 수학자'라는 내용이었다. 나도 우리나라 수학자라고 하면 홍대용 정도밖에 떠오르지 않았는데 주제 자체가 신선했고 궁금증을 불러일으켰다. 숙종 때 홍정하, 유수석이라는 수학자의 일화를 소개하는데 마침 일화가 등장인물들의 대화로 표현되어 있어 낭독극으로 한 번 활용해 보고자 마음먹었다. 그렇지만 대사 자체에 이런저런 계산법과 원리들이 들어 있어 일반적인 대사를 읽듯 하다가는 이도저도 아닌 것이 되어 버릴 것 같았다. 그래서 대사 사이사이에 지문을 넣고 수학자 역할을 맡은 학생들이 칠판에 적으며 설명할 자료들을 추가하여 '조선의 수학자'라는 제목으로 짧은 낭독극을 해보았다. 이 낭독극이 끝나고 학생들은 '조선 시대에도 수학자가 있을 거라는 생각 자체를 못 했는데 신선했다.', '우리나라 수학자들이 중국 수학자 앞에서 보여준 태도를 보고 자부심과 환희를 느꼈다.', '이야기를 통해 수학 문제를 접하니 한 문제를 해결하는 데 시간은 많이 들지만, 원리를 이해하는 것도 쉬웠고 오래 기억에 남을 것 같다.'는 긍정적인 반응을 보였다.

짬뽕 낭독극

    하나의 낭독극 공연을 준비하는 과정에는 참으로 다양한 학생들의 끼를 필요로 한다. 음악과 소리에 관심이 있는 학생들은 함께 학교를 돌아다니며 소리를 만들고, 꼼꼼한 학생과 짝을 이뤄 제때 소리를 내주는 음향감독이 된다. 손재주가 있는 학생들은 친구들과의 소통을 통해서 초대장을 만든다. 무대 전체를 볼 줄 아는 눈을 가진 학생은 조명감독으로서 역할을 놀라울 정도로 톡톡히 해낸다. 낭독극이라는 매개체 하나로 저마다의 능력을 가진 다양한 학생들이 축제를 즐기듯 일 년을 함께한다. 이러한 모습들을 생각하며 주책없이 감동이 밀려왔던 어느 날 조금은 거창하지만 진지하게 소감을 말했더니 엉뚱한 남학생 한 명이 우리들의 낭독극 여정에 새로운 별명을 붙였다. "우리가 하는 게 뭔지 알아? 바로 짬뽕 낭독극이야!"

우리들의 특별한 이야기

"이것들은 뭐야?"

    학생들과 함께 지금까지의 낭독극 여정을 지나오면서 느낀 것은 두 가지이다. 첫 번째, 가장 좋은 아이디어는 학생의 머리에서 나온다는 사실이다. 교과서에 나오는 역할극의 틀에서 벗어나지 못하고 국어과에서만 활용하려고 했던 나의 틀을 학생들이 먼저 깨 주었다. "사회 시간에도 낭독극 해요! 음악, 미술 시간에도 낭독극 해요!"라고 거침없이 제안하는 학생들의 소리에 귀를 기울였기에 낭독극을 배움의 전반에서 활용할 수 있겠다는 용기를 얻었고 실제로 다양한 실천을 통해 많은 학습 효과와 잊지 못할 추억을 얻을 수 있었다. 두 번째는 학생의 변화는 내가 알아차리지 못하는 사이에 우연인 듯 자라나고 그 결과는 불시에 눈에 띈다는 사실이다. 그렇기 때문에 교사는 조급해하거나 억지로 무엇인가를 요구하지 않아야 한다. 아니, 그러지 않아도 된다.

아이들과의 시간에서 최근 가장 기억에 남는 기쁜 장면이 무엇인지를 누군가 묻는다면 망설임 없이 대답할 한 가지가 있다. 바로 우리 반 낭보(가명)의 생생한 목소리를 듣게 된 사건이다. 학생의 목소리를 들은 일을 사건이라고 표현하다니 무슨 일인가 싶겠지만 나에게는 지금 생각해도 가슴이 벅찰 정도로 커다란 사건이었다. 3월 첫날, 기대 반 걱정 반으로 마주하게 된 가장 몸집이 작은 아이. 귀여운 학생들 사이에서도 눈에 띄게 작고 귀여운 외모를 가진 학생이었다. 코로나 때문에 마스크로 얼굴을 다 가리고 눈만 빼꼼 나와 있었지만 커다란 눈망울은 쏟아질 듯했고, 이국적인 두꺼운 눈썹과 긴 속눈썹은 한동안 나의 시선을 사로잡기에 충분했다. 그런데 문제는 당최 목소리를 들려줄 생각이 없어 보였다는 것이다. 3월을 기다리고 4월이 가기도 전에 내 마음속에는 돌팔이 의사의 진단서처럼 근거는 없지만 진단명 하나가 박혀버렸다.

'아무래도 저 아이, 선택적 함묵증 같아.'

종일 한마디도 하지 않고 앉아서 당시 엄청난 인기를 끌었던 게임의 장면들을 그려 내려간다. 수업 시간에도 쉬는 시간에도 점심시간에도 예외는 없었다. 3월 말이 되자 대화 한 번 나누지 않은 나와도 조금 친해졌다고 느꼈는지 대뜸 다가와서는 종이를 쓰윽 내민다. 점심시간을 이용해서 밀린 일을 조금이라도 처리해야 했기에 컴퓨터 화면에 한껏 집중했던 터라 적지 않게 놀란 나는 인사 한마디 건네지 못하고 "어우 깜짝이야. 이게 뭐야?" 하고 비명 같은 반응을 보였다. 내 반응에 실망했는지 놀랐는지 그대로 종이를 가지고 돌아가려는 낭보를 보고 정신을 차린 나는 그제야 미안한 마음으로 그림에 집중하며 칭찬을 쏟아냈다. 게임 캐릭터와 맵을 그린 그림들이기에 꽃과 자연과 같은 고전적인 아름다움을 좋아하는 40대 아줌마인 나의 정서와는 거리가 멀었지만, 한눈에 봐도 관찰력과 섬세한 표현력이 대단해 보였다. "와~ 낭보 그림 실력 대단하다!"를 시작으로 당시 아들을 통해 게임에 대해서 대강은 알고 있었기에 아는 체를 하며 어떻게든 첫 대화의 물꼬를 트려고 노력을 했지만 내 칭찬 릴레이가 마무리되자 마스크 속으로 내 칭찬에 만족할랑말랑 하는듯한 애매한 느낌만 풍긴 채 자리로 돌아가 버렸다.

그렇게 5월 6월을 거쳐 여름방학이 지나고 가을이 오고 겨울이 올 때까지도 낭보와 대화는커녕 제대로 된 발표 목소리조차 들어볼 수 없었다. 수업 시간에 화장실이 급하면 내 옆으로 바짝 붙어 귓속말을 했다. "선생님, 화장실…." 목소리에 바람만 가득해서 그토록 궁금했던 음색을 당최 알아챌 수가 없었다. 나중에는 약이 오르고 '정말 목소리 숨기기에 진심이구나…'라고 자포자기할 정도로 바람 소리만 들려주던 낭보. 이러다가는 '학년이 끝날 때까지 목소리를 모르고 헤어지겠구나.' 하던 차였다. 낭독극 시간에도 그림에만 몰두했기에 역할을 제대로 맡은 일도 없었다.

그렇게 낭보를 영원한 관객으로 두고 차근차근 공연 준비를 하던 차에 낭보에게 아주 작은 역할이라도 맡겨봐야겠다 싶었다. 당연히 하지 않겠다고 도리도리를 해 보였지만 나의 의지도 만만치 않았다. "낭보야, 정하기 싫으면 아무 말도 안 해도 되지만 선생님은 낭보도 같이 했으면 좋겠어." 며칠간의 끈질긴 설득 끝에 드디어 허락을 받아 냈지만 그렇다고 해서 대사를 소리 내어 읽겠다는 뜻은 아니었나 보다. 교실 앞 작은 무대에 친구들과 나란히 앉아 홀로 꿋꿋하게 묵독을 하며 연습에 참여하는 모습도 나에게는 충분히 고마웠다. 그러던 중 그 '사건'이 터졌다. 낭보가 해야할 대사는 친구들과 동시에 하는 대사를 제외하고는 단 한 마디였다. 어느 날 갑자기였다. 학생들도 나도 당연히 그 부분 대사는 묵음으로 처리된 줄 알고 있었는데, 처음 들어보는 우렁찬 소리가 교실을 통째로 뒤흔들었다.

"이것들은 뭐야?"

모두들 약속이나 한 듯이 입을 벌리고 멍한 표정으로 낭보를 바라봤다. 아무 일도 없었다는 듯 대본을 보고 있는 낭보를 보며 아이들이 하나둘 입을 뗐다. "야, 이거 실화임?" 실화였다. 무려 3월부터 9개월 가까이 기를 모은 듯 낭보의 목소리를 또렷하고 우렁찼다. 예상대로 톤이 높은 맑은 목소리였다. 너무나 반갑고 놀란 마음에 낭보를 칭찬해 주고 박수도 함께 보내주고 싶은 마음이 가득하였지만 낭보의 성격을 알기에 꾹 참았다. 그날부터 낭보는 기적처럼 낭독극 활동에서 한 번도 빠짐없이 목소리를 들려주었다. 물론 다른 수업이나 쉬는 시간, 점심시간에는 평소와 다를 것 없이 입을 꾹 닫았지만 가끔 친구들과 놀이를 할 때 "야, 나도 할래" 하는 귀한 백만 불짜리 목소리를 듣는 행운이 찾아왔다. '낭독극 하길 정말 잘했어.' 이후로 나의 낭독극 사랑은 깊이를 더해갔다. 알지도 못했던 보물을 캐도록 빛을 비춰 준 소중한 랜턴처럼 느껴졌다.

'고맙다! 우리 낭보(가명) 목소리를 듣게 해줘서.'

지나고 나서 생각해 보니 낭보의 목소리를 듣게 된 것은 낭독극 활동 자체가 가진 이중성 때문이었을지 모른다는 생각이 들었다. 드러내지만 그렇게 티 나게 드러나지는 않는 특성 말이다. 남들 앞에서 대사를 말해야 하지만 몸짓과 표정을 통한 표현의 부담도 훨씬 적고, 앞에 있는 보면대와 대본이 주는 편안함은 생각보다 정말 큰 것이라는 확신이 들었다. 교실 중앙에 나와서 이야기할 때 몸 앞에 교탁이 있고 없고는 마음에 안정감이 다름을 여러 번 느꼈다. 비록 철제로 기둥만 있는 가냘픈 교탁의 다리가 내 불안한 다리의 종종거림을 가려주지는 못하지만, 무엇인가 내 앞에 있다는 것이 의지가 된다. 게다가 학생들에게 이야기해 줄 교과서나 지도서, 자료들이 시선만 조금 내리면 바로 대기하고 있다는 사실은 정말 큰 위안이 아닐 수 없다. 학생들도 같은 것을 느낀 것 같다. 단지 외우지 않아도 된다는 편리함이 아니라 공식적으로 허락된 무언가가 앞에 있어도 된다는 느낌 자체가 별것 아니지만 '별것'이라는 생각이 든다.

눈코입의 움직임이나 존재감을 극대화하려고 애를 쓰는 분장을 하고 대본을 외워 연극을 하는 상황과 보면대 위에 얹어져 있는 대본 뒤 의자에 앉아 대사를 하는 상황은 전혀 다르다. 교실에서 흔하게 만날 수 있는 소극적이고 자신을 드러내고 싶지 않은 학생들에게는 둘도 없는 자기표현의 기회가 될 수 있다.

마동석 스타일 할머니

호랑이를 맡은 학생의 연극 분장이나 의상은 험상궂거나 우람하고 갈색과 검정 줄무늬의 조화가 눈에 띄는 거의 똑같은 모습이 떠오른다. 옆집 할머니 목소리는 가늘게 떨리는 듯 따뜻하고 무해한 느낌이거나 김수미의 억세고 무대뽕 느낌의 익숙한 목소리가 들리는 듯하다. 물론 교실에서 하는 역할극이나 간단한 공연 준비를 위한 소품이나 분장은 조금만 노력하면 이러한 고정관념에서 얼마든지 벗어나 준비할 수 있다. 그렇지만 학예발표회를 생각한다면 의상 대여 전문점에서 천편일률적인 캐릭터의 의상과 소품으로 꾸밀 수밖에 없다. 몸빼와 꽃무늬 블라우스, 지팡이를 짚은 할머니의 대사를 듣지 않아도 들리는 것 같은 느낌이다.

그렇지만 아예 이 모든 것을 빼 버린다면? 물론 장르로써 연극과 비교해 본다면 볼거리가 부족한 아쉬움이 있다. 그렇지만 그 단점이 오히려 장점이 될 수도 있다. 목소리만으로 표현하는 호랑이의 모습은 관객의 상상 속에만 존재한다. 갓 태어난 강아지보다 더 작고, 귀엽고, 보듬어주고 싶은 목소리의 호랑이라면 관객들은 금세 혼란을 극복하고 사랑스러운 호랑이를 상상해 내며 극을 즐긴다. 소매치기범을 한 방에 제압해 버리는 할머니의 목소리와 대사를 들은 관객들의 머릿속에는 마동석이 들어 있을 수도 있다.

원작을 읽어보기 전에 소설이나 만화를 원작으로 만든 영화를 감상하는 사람은 바보라는 말도 이러한 이유에서 나왔을 것이다. 초등학생들이 연기를 위한 분장을 하고 재료와 소품을 준비하고 때로는 배경까지 마련해야 하는 일은 상당히 많은 시간과 노력이 필요하다. 그렇다고 업체의 힘을 빌리자니 캐릭터가 뻔해지고 직접 제작하자니 수준 낮은 일회용

이상의 것을 만들기는 거의 불가능하다. 이처럼 관객은 둘째치고 낭독극을 통해 학습하는 학생들에게 자유롭고 창의적인 생각과 표현의 자유를 선물한다는 점에서 낭독극은 헤어나올 수 없는 무한한 매력 덩어리다.

같지만 다른 교실, 공간 변화 이야기

교실 공간을 앞, 뒤, 오른쪽, 왼쪽으로 나눈다면 공간의 꽃은 뭐니 뭐니해도 '앞'이라고 할 수 있을 것이다. 칠판이 있는 교실 앞 공간은 하루 대부분의 시간에 학생들의 시선이 머무는 곳이고 교사가 준비한 것들을 소개하는 곳이다. 학생들의 노력이 발표되는 곳이기도 하다. 이 공간은 특별한 계획이 없는 한 교사를 위한 공간이다. 교사가 직접 활용하는 공간이기도 하지만 앞에 나와서 하는 학생들의 발표나 활동은 대부분 교사가 계획하고 실천한 과정의 결과물이다.

낭독극 활동을 하면서 이 공간의 주인공은 학생으로 바뀌었다. 학생이 자유롭게 자신을 표현하는 공간이 되었고, 문해력 향상을 위해 활용하는 공간으로 변화되었다. 학생들은 전보다 교실 앞 공간에서 생활하는 시간이 눈에 띄게 늘었다. 그만큼 친숙해졌다는 의미일 것이다. 보드게임을 해도 전에는 대부분 교실 뒤쪽 공간을 활용했다면 이제는 내가 교실을 드나들기 어려울 정도로 교실 앞 공간에 진을 치고 있다. 별다른 공간 배치의 변화가 없는데도 학생들은 전보다 교실 앞 공간을 넓고 효율적으로 활용한다. 사실 물리적으로 교실 앞 공간은 오히려 전보다 좁아졌다. 앞에 나와 낭독을 하는 학생들의 목소리를 더 잘 듣기 위해, 표정을 더 잘 보기 위해 책상 배열 자체가 전체적으로 점점 앞으로 이동했다. 교사 책상에서 앞문을 연결하는 교사 전용 공간이 거의 사라졌다는 불편함도 있지만 한편으로는 보기 좋고 흐뭇한 변화이다. 가끔 도저히 안 되겠다 싶을 때는 마음에도 없는 잔소리를 섞어가며 책상을 뒤로뒤로 옮겨 보지만 하루 이틀만 지나면 책상들은 어느새 슬금슬금 앞쪽으로 자리를 잡는다.

나의 이야기

교사로 첫 발령을 받고 교육과정 재구성, 통합적인 교육과정 운영 등 교과서를 벗어난 창의적인 수업 연수를 참 많이도 받았다. 그렇지만 그때마다 남의 이야기 같았고 '주어진 교육과정을 운영하기도 벅찬 내가 무슨 재구성씩이나'라고 생각하면서 이를 실천하는 선생님들을 우러러봤었다.

그런데 길은 생각지도 않은 곳에 있었다. 다른 선생님들의 재구성 아이디어는 나에게 맞는 옷이 아니었던 것이다. 낭독극은 나에게 그런 의미에서 교사로서 새롭게 힘과 용기를 준 고마운 존재였다. 이전에는 전혀 시도할 생각도, 계획도 없었던 교육과정 재구성과 융합 교육과정 구성을 나만의 방식으로 나만의 열정으로 시작하게 된 것이다. 드디어 나에게 맞는 활용도 좋고 가성비 좋은 옷을 발견한 느낌이었다. 몸에 착 감기는 편안함은 물론이고 이리 보고 저리 봐도 마음에 쏙 들었다. 아껴서 오래오래 입고 싶은 그런 옷. '청바지랑 매치해 볼까?', '스커트랑은 어떨까?' 이런저런 아이디어가 샘솟는 그런 옷을 찾은 짜릿함이었다.

처음으로 나는 내가 고민하고 연구해서 내가 연출하는 무대에, 나만의 수업이 올라가게 된 것이다. 조금 더 영양가 있는 교육을 위한 낭독극의 활용, 구체적인 교육과정 재구성의 필요성은 낭독극을 한 번만 접해봐도 바로 느끼게 된다. 단순히 재미있는 글 읽기가 아니라 문해력을 향상시킬 수 있는 우리 학급에 딱 맞는 수업과 활동들을 연구하고 실천했을 때의 성취감은 다른 것과 비교할 수 없을 정도로 크다. 교사는 학생들이 목표에 도달하도록 계속해서 디딤돌을 놓아 주어야 한다. 어떤 학생은 보폭과 점프력이 커서 디딤돌 하나만으로도 목표에 도달할 수 있지만, 또 다른 학생은 좁고 촘촘하게, 꼭 있어야 할 제자리에 신경 써서 놓아주지 않으면 앞으로 나아가지 못한다. 나는 지금 낭독극이라는 재료로 정성껏 만든 디딤돌을 하나씩 하나씩 학생들 앞에 놓아주며 목표를 향해 나아가는 중이다. 생각보다 느리고 때로는 불안하기도 하지만 꾸준히 한발 한발 내딛는 그 작은 발걸음을 크게 응원하고 많이 사랑한다.

앎과 삶을 잇는 낭독극 수업

김미선 송남중학교

철들면서부터 오늘도 학교에 다닌다. 중학생 나이를 몇 차례 돌고 돌아도 여전히 학교만 다니고 있다. 친구나 동료들이 명예퇴직으로 교단을 떠나가도 여전히 출근 중이다. 천생 교사인 동료들이 수업을 떠나고 있다. 각양각색의 상황을 성찰하며 그 이유들에 전적으로 공감한다. 그럼에도 불구하고 여전히 출근하고 있는 이유는 수업의 매력 덕분이다. 수업으로 만날 수 있는 해맑은 10대의 모습은 퇴직 시기를 계속 미루게 만들고 있다. 무한한 가능성을 지닌 희망찬 세대, 특히 역동적인 10대와의 만남은 삶의 큰 행운이다.

학생이 주인공이 되는 수업

동아리 활동으로 연극반을 지도했다. 연극 활동을 지도하면서 학생들이 눈에 띄게 성장하는 모습을 지켜보았다. 학급 교실에서는 독립한 작은 섬처럼, 주위의 어수선한 흐름과 종일 한 마디도 섞이지 않는 어느 학생은 대본을 손에 잡은 순간 전혀 다른 사람이 되어 무대의 주인공이 되었다. 자신이 맡은 역할로 변신했으며, 연극 대회에서 연기상도 받았다. 연극 동아리 활동을 통해 학생들이 성장하는 모습을 지켜본 경험이었다.

학창 시절부터 잠자고 있었던 관심이 계기가 되어서 창의적 체험활동 동아리 '연극반'을 개설했더니 학생들이 모여들었다. 그러나 연극반을 운영하기 위해서는 역량과 경험이 필요하다. 교사의 열정은 있었으나 전문 역량은 부족하다고 판단하여 '예술 강사 지원 사업'에 '연극 강사'를 신청하여 협업으로 이런 문제들을 해결했다. 코로나19 시기에는 동아리 시간이 비대면 원격수업으로 운영되면서 실시간 비대면 수업으로 학생들과 대본을 짰다. 방학 시간에 집중적으로 연습하였으며 처음 참여한 지역대회는 무관중으로 어렵게 진행되었다. 그러나 두 번째 대회 때는 더 세련되고 계획성 있게 연극반 활동을 할 수 있었다.

'삶이 연극이다.'라는 경구를 실감한 과정이었다. '갓난아이가 앓고 나면 영리해진다.'는 말처럼 열병을 앓듯이 신명 나게 연극제를 마치고 나면 학생들은 몰라보게 성장해 있었다. 연극 활동 수업은 학생들이 학교 수업에서 배워야 하는 많은 것들을 종합적으로 경험하게 해 주었고 참여를 통해 스스로 성장하게 해 주었다. 참으로 멋지고 보람이 넘치는 교육활동이었다.

수업도 동아리 활동처럼 신명 나게 하고 싶었다. 그러나 평가의 벽은 높았고 시·공간의 한계에 부딪히곤 했다. 학생들이 주도성을 발휘할 수 있는 수업 설계는 쉽지 않았다. 수업을 마치고 교실을 나올 때마다 뒤통수에 따라붙는 아쉬움과 불만족스러움은 경력만큼 쌓여갔다. 다행스럽게도 평가의 벽이 열려 있는 동아리 활동으로 이런 아쉬움을 해소해 왔다.

학기 말 학습 이완기를 여유롭게 활용했고, 방과 후와 방학 기간을 활용하여 공연 관람 체험학습과 연계한 융합 독서 수업을 기획했다. 희망 학생이 모이면 책을 읽고 작가와 소통한 후 체험학습까지 병행하는 프로그램을 진행했다. 코로나19 때는 줌을 활용 비대면 실시간 쌍방향 방법으로 작가 초청 프로그램을 진행하기도 했다. 책에서 알았던 내용을 현장 체험학습으로 견문을 넓히며 학생들이 주인공이 되는 수업을 찾아 나섰다.

수업에 연극을 접목하니 '낭독극 수업'이 탄생하다

2022년도 학년 말 학습 이완기 때의 경험은 아주 특별했다. 코로나19로 인한 배움의 공백을 메꾸고 싶은 욕망은 교사와 학생 서로를 뭉치게 했다.

안중근과 만난 겨울이었다. 중학교 시절 잊지 못할 멋진 추억 하나를 만들어주고 싶다는 소망이 계기가 되었다. 영웅 안중근을 교실로 호출하여 그를 부활시켰다. 연극반 학생들과 함께 독서 교실 희망 학생들을 모집하였다. 안중근 위인전[2]을 미리 읽고 뮤지컬 '영웅' 관람 체험학습을 다녀온 후에 독서 교실을 열었다. 단체 관람한 '영웅'의 감동은 교실에서 되살아났다. 학생들은 '영웅'의 장면에서 인상 깊은 감동을 말하며 즐거워했고, 감동에 꽂혀 안중근 자서전[3]까지 만났다. 핵심어 찾기, 자신이 만든 주제로 친구들과 토의 토론하기, 독서퀴즈를 만들어 함께 풀며 내

---

2 「세계 평화를 꿈꾼 민족의 영웅」 김 진 著, 해와 나무, 2009.
3 「안중근 의사 자서전」 안중근 著, 종합출판범우, 2014

용을 익혔다. 안중근 의사의 발자취가 묻은 지도를 보며 지리적 상상력을 키웠다. 학생들은 스스로 안중근이 되기를 원하였고 '낭독극 수업' 발표를 통해 안중근이 되었다.

안중근이 되는 방법은 간단하였다. 위인전을 각색하여 안중근 역할을 맡으면 되었다. 자신들이 원하는 역할을 정하고 글을 각색하고 창작하여 모둠별로 낭독극 형식으로 발표하였다. 대본을 보며 낭독하는 수업 활동이므로 학생들은 쉽게 참여했다. 읽고 쓰고 말하기와 듣기 활동이 한 번에 실현되었다. 그래서 낭독극 수업에 주목하게 되었다.

수업에서 학생들이 주인공이 되게 하는 방법은 간단하다. 낭독극 수업을 실시하면 된다. 역할을 돌아가면서 맡을 수도 있어서 모두가 주인공 경험을 할 수 있다. 학생들을 말하게 하고, 움직이게 하고, 웃게 할 수 있으므로 잠자는 교실을 깨우는 수업이다. 교실 문을 나서는 교사도 보람을 느끼며 행복감을 맛볼 수 있는 수업이다. 교과서에 실린 글뿐만 아니라 어느 글이든 각색 창작하면 낭독극으로 공연할 수 있다. 여기에 덧붙여 교육과정 이완기나 방학 기간을 이용하여 독서 활동을 삶과 연계시키는 체험학습을 한다면 금상첨화다.

연극반을 운영하며 학생들의 변화와 성장을 발견한 기쁨을 살려서 수업에 연극을 접목하였더니 '낭독극 수업'이 탄생하였다. 어렵기만 했던 교과 교육과정 재구성이 저절로 새롭게 이루어지는 순간이었다.

'낭독극 수업 활동'이 수행평가로 진화하다

연극 활동에서 대본 창작 과정은 꽤 힘들다. 그래서 기성 희곡을 사용하기도 한다. 그러나 기성 희곡을 사용하지 않고, 각색 재구성하거나 창작극 수업을 해 왔다. 좌충우돌 성장기의 청소년들에게 상상력은 무궁무진하기 때문이다. 먼저 주제를 제시하고 이야기 만들기부터 시도한다. 모둠끼리 주제에 대해 토의하고 토론한 결과를 대본으로 작성하여 즉흥극으로 시작한다. 배역을 정하여 초연하고 나면 첨삭과 재구성의 과정을 거쳐 대본이 수정된다. 연극반 창체 동아리 시간을 4차시 정도 활용하면 낭독극 발표가 가능하며, 글을 읽을 수만 있으면 동화 구연에 익숙한 학생들 모두 참여하는 활동이다. 역할 분담도 단순하고 글을 각색하는 과정도 쉬워서 학생들이 즐겁게 수행하는 좋은 수업 방법이다. 이런 낭독극 수업 경험을 살려 정규수업에 적용, 수행평가로 실시하기 시작했다.

먼저 교과 교육과정을 재구성하여 수업에 적용하였다. 교과과정에 있는 소설을 각색하여 활동하는 그림자극과 독서 활동을 융합하여 낭독극본 창작하기 수행을 평가했다. 동아리 활동과 방과후 독서 활동 수업을 통해 쌓은 경험들이 수업으로 진화한 순간이었다.

학생들은 교사의 말뿐만이 아니라 표정과 태도로부터 더 많이 배운다고 한다. 잠재적 교육과정이 중요한 이유다. 교사의 몰입은 학생들에게도 투사되어 학습자의 주도성을 이끌어냈다. 연극지도로부터 시작한 낭독극 수업은 학생들에게 교실과 사회현실을 연결해준다. 미래 사회를 살아갈 학생들이 자기 주도성을 갖고 배움에 몰입할 때 정보의 홍수에 떠내려가지 않고 뭍으로 헤엄쳐 나오게 해 주는 디딤돌이다.

사유하는 교사와 성장하는 학생

가장 쉬운 수업은 주어진 수업이다. 출판사에서 제공한 체계와 자료를 따라 읽기와 듣기 위주의 수업은 서로 익숙하고 편안하다. 특별한 고민을 하지 않아도 된다. 영역에 따라 명시되어 있는 성취 기준과 성취 목표를 약간만 비틀어 적용하면 된다. 평가 계획도 전년도의 문서를 재편집하여 사용하면 빠르고 효율적이다. 그러나 그러면 재미가 없다. 역동성도 없다. 그래서 교사는 재미있는 수업, 역동성 있는 수업을 고민하고 계획한다. 역동적이고 다양한 방향성을 지닌 10대와 가장 많이 만나는 존재가 교사이기 때문이다. 수업 활동이 '앎'에만 머무르지 않고 '삶'의 현실에 닿아 학생들의 성장을 도우려면 교실은 재미와 역동성으로 시끄러워야 한다. 단원을 배우고 나서 적용하는 낭독극 수업이 이런 것들을 가능하게 했다. 한 학기 한 권을 제대로 읽고 감상하기, 담화와 의사소통 능력 향상을 위한 낭독극 수업 활용, 학교폭력예방교육 활동과 연계한 낭독극 수업 등은 웃음과 재미뿐만 아니라 학습자 개개인의 주도성을 키워 모두가 수업 활동에 참여하도록 해 주었다. 몇 가지 사례를 소개해 보겠다.

낭독극 수업과 글쓰기 창작 수업의 융합

낭독극 수업을 실연할 때 두 과정으로 진행했다. 첫 과정은 모둠별 낭독극 발표 단계이고, 두 번째 과정은 개인 단위 대본 창작활동이다. 모둠 활동으로 발표한 즉흥성을 창의적인 글쓰기 과정으로 연계시켰다. 학생들은 모둠별로 수행평가를 실시할 경우 민감하게 반응하는 편이다. 교사보다도 더 자신들의 개인 차이를 구별하고 있어서 개인 평가와 병행해야 신뢰도가 올라간다. 시 활용 낭독극 수업에서는 제시한 시에서 한 편을 골라 모둠끼리 이야기를 만들고 배역을 정하여 발표하도록 한다. 4~5차시의 시간이 필요하다. 시 감상 수업에서는 낭독극에 앞서 암송하도록 지도해 왔다. 시를 암송하면 운율과 내용을 더 쉽게 이해할 수 있기 때문이다.

〈예시〉 시 활용 낭독극 수업 수행평가 (10차시)

평가 문제	시의 내용을 상상하여 이야기를 만들고 극본 창작하기			
평가 문항	채점 요소	배점		채점 기준
시를 활용하여 낭독극본 창작하기	㉠ '먼 후일'을 암송함 ㉡ '봄 길'을 암송함 ㉢ '먼 후일'이나 '봄 길' 중 한 편을 각색하여 낭독극본으로 창작함.	30	30	㉠~㉢ 모두 우수하게 수행함
			25	㉠~㉢중 일부만 우수하게 수행함
			20	㉠~㉢중 두 가지를 수행함
			15	㉠~㉢중 한 가지를 수행함
			10	㉠~㉢ 모두 수행하지 못함

㉠시 '먼 후일'을 암송함. (○, ×)
㉡ 시 '봄 길'을 암송함. (○, ×)
㉢ 두 시 중에서 한 편을 각색하여 낭독극본으로 창작하여 낭송하기(모둠 협력학습)
㉢-1. (모둠활동) 모둠끼리 이야기를 만들어 낭독극으로 발표하기 (4차시)

ⓐ 우리 모둠에서 선택한 시는 ( )입니다.
ⓑ 시를 읽고 상상하여 이야기를 만들어 보세요.
– 내가 상상하여 만든 이야기:
* 각자가 만든 이야기를 바탕으로 모둠끼리 모여 하나의 이야기로 융합하기
– 우리 모둠이 상상하여 만든 이야기:
– 우리 모둠의 이야기를 정리하기

제목 :
등장 인물 분석 : 해설, ( ), ( ), ( ), ( ) 〈예시〉 먼 후일 : 해설, 나, 당신, 나의 친구 등등 　　　　봄 길 : 해설, 봄길을 걸어가는 사람, 멈추는 사람, 떠난 사람

정리하기 〈먼 후일 : 4장면으로〉〈 봄길 3장면으로〉

제 1 장 :

(   ) :

(   ) :

ⓒ 정리한 이야기를 바탕으로 극본을 써서 발표하기

제목 : 등장인물(역할) : 때 : 장소 : 제1장	제2장 제3장

ⓓ 경청 메모 : 모둠별로 내용이해, 표현력, 분량 지키기를 기준으로 평가한다.(동료평가)

ⓒ-2. (개인활동)위 ⓒ-1 모둠활동 활동지와 발표내용을 참고하여 낭독극본을 창작합니다.

ⓐ 제시된 조건에 맞게 창작합니다. (2차시)

〈조건〉

1. 두 시 중에서 하나를 선택합니다.
2. 선택한 시의 주제를 살려 자유롭게 상상하여 창작, 각색합니다. *맘에 드는 시구 인용 권장
   (떠난 당신을 못잊는 그리운 마음 / 시련을 이겨내어 사랑을 베풀기 위해 노력하는 삶의 태도)
3. 이야기를 대본 형식으로 서술합니다. (낭독극본 창작하기)
4. 모둠활동과 수업시간 친구들이 발표한 내용을 참고로 융합시켜도 됩니다.
5. 분량 : 3개 이상의 장면 A4 1쪽 분량 / 창작 부여 시간 : 40분 ± 20분
6. 참고 : 아래 〈 대본 예시〉 & 국어교과서 77쪽을 참고하여 '대본'으로 작성합니다.

ⓑ 〈예시 대본 : 교사 창작〉

제목 : 먼 미래에도 당신은 내 마음에
등장인물(역할) :
때 : 2033년
장소 : 브라질

제1장 브라질 해변
  00은 브라질 **대학에서 교환교수로 근무하고 있다. 오늘은 한국어 시간에 시를
가르치게 되었는데 자신도 모르게 김소월의 시 '먼 후일'을 선택하였다. 각양 각색
의 국가에서 온 **대학생들은 시를 통하여 한국어를 배우기에 열성적이다.
00: 이 시를 낭독하고 싶은 학생 있어요?
$$: (한국에서 온 $$은 자신있게 손은 들고 말한다.) 교수님, 제가 낭독하겠습니다.
00: (흐뭇한 표정으로) 그래 줄래요? $$.
$$: (슬픈 표정과 감정으로 낭송한다.) 먼 훗날 당신이 찾으시면 / 그때에 내 말이 잊
었노라. 당신이 속으로 나무라면 / '무척 그리다가 잊었노라.'
그래도 당신이 나무라면 / '믿기지 않아서 잊었노라.'
오늘도 어제도 아니 잊고 / 먼 훗날 그때에 잊었노라.'
00 : 박수!!
    학생들은 박수를 열심히 친다. .... $$의 감성 섞인 낭독과 학생들의 반응
    에 취해 교수는 청소년 시절 ♥♥를 떠올리며 자신의 추억에 빠져든다.

제2장 00중학교 2학년 교실 / 00과 ♥♥의 추억
중학생 00 :
중학생♥♥ :

제3장 브라질 **공항
00 :

ⓒ ⓑ의 예시 대본의 형식을 모방하여 창작합니다.

제목 : (학생 창작) 등장인물(역할) : 때 : 장소 : 제1장	제2장 제3장

ⓓ 평가 : 모둠활동 반영 정도, 참신성, 분량 지키기를 기준으로 평가한다.(교사 관찰
    평가) (A4 2쪽 분량의 수행평가지 제공)

위 '시 활용 낭독극 수업 수행평가(10차시)' 예시 활동에서 보듯이 ㉢-1의 모둠별 낭독극 발표 수업은 수행평가 ㉢-2의 예행연습 활동이 된다. ㉢-1의 낭독극 수업 과정은 자유롭고 즉흥적이며 부담 없이 즐겁게 진행된다. 학생들은 즐겁게 공동창작하여 공동으로 발표하며 즐거워한다. 시끌벅적하게 모두가 참여해야 하므로 책상에 엎드려 쉴 틈이 없다. 열심히 활동해도 수업 시간이 부족하다고 아우성이다. 교사는 수업 전에 준비하느라 바쁘고 학생들은 수업 중에 수행하느라 바쁘다. 왁자지껄 ㉢-1 활동이 끝나면 이를 바탕으로 차분하게 ㉢-2의 활동을 시작한다. 낭독극 수업으로 수행평가를 실시할 때는 항상 이런 형식으로 수업을 진행했다.

소설 단원 낭독극 수업과 수행평가도 이 패턴을 반복하여 실시했다. 다른 주제도 마찬가지다. 다만 소설 수업 때는 학생들을 소설 구성의 5단계처럼 다섯 개 모둠으로 편성하여 진행한다. 자신의 생각을 거침없이 표현하는 학생들은 모둠 짜기 활동에 거의 한 시간을 할애한다. 제비도 뽑고, 좌석대로 선택할 때도 있다.

소설을 배울 때는 읽기 활동에 4~5차시를 활용한다. 우선 묵독으로 읽게 하고 묵독의 장단점을 찾게 한다. 다음으로 윤독하며 읽은 후 윤독의 장단점을 찾는다. 마지막으로 낭독극 수업을 한다. 학생들은 낭독극 수업의 장점으로 '재미'를 꼽는다. 단점으로는 발표 준비 시간이 오래 걸린다고 말한다. 그래도 막상 멍석만 펼쳐주면 학생들은 활동지를 빽빽이 채워 나간다. 소설을 활용한 낭독극 수행평가는 교과 교육과정에 나오는 '그림자극' 창의융합 활동으로 실시했다. 학생들의 동의하에 그림자극 대신에 낭독극으로 발표하고 창작하여 수행했다.

〈예시〉시 활용 낭독극 수업 수행평가 (12차시)

평가 문제	소설 '이상한 선생님' 각색하여 낭독극 형식 발표하고 극본 개인 창작하기			
평가 문항	채점 요소	배점		채점 기준
소설을 각색하여 낭독극본 창작하기	㉠ 소설 '이상한 선생님'을 모둠끼리 그림자극 대본으로 각색하여 낭독함. ㉡ 자신의 역할을 책임감있게 수행함. ㉢ 글의 일부를 각색하여 낭독극본으로 창작하여 분량에 맞게 제출함. ㉣ 각색의 의미를 알고 적용할 수 있음.	40	40	㉠~㉣ 모두 수행함
			35	㉠~㉣중 세 가지를 수행함
			30	㉠~㉣중 두 가지를 수행함
			25	㉠~㉣중 한 가지를 수행함
			20	㉠~㉣ 모두 수행하지 못함

㉠ (모둠활동) 소설 '이상한 선생님'을 모둠끼리 (그림자극) 대본으로 각색하여 낭독하기 (4차시)
㉠-1 자신의 역할을 책임감있게 수행함.

ⓐ 우리 모둠의 소설 구성 단계는 (   )입니다.
ⓑ 나의 역할은 (   )입니다.
　– 우리 모둠의 이야기를 정리하기

단계 : (   )
등장 인물 분석 : 해설, (   ), (   ), (   ), (   ) 〈예시〉 박 선생님, 나
정리하기　〈3~5분 분량으로 재구성 또는 각색하기〉 제 1 장 : (   ) : (   ) :

ⓒ 정리한 이야기를 바탕으로 극본을 써서 발표하기

제목 : 등장인물(역할) : 때 : 장소 : 제1장	제2장
	제3장

ⓓ 경청 메모 : 모둠 발표를 듣고 별점을 주어 평가한다.(동료 평가)

모둠(장)	시간3분☆ 창의성☆ 협동심☆ 참여도☆ 연기력(재미)☆	칭찬하고 싶은 부분
1		
2		
3		
4		
5		

ⓒ-2. (개인활동)위 ⓒ-1 모둠활동 활동지와 발표내용을 참고하여 낭독극본을 창작합니다.
ⓒ-1 각색의 의미를 알고 적용할 수 있음.

ⓐ 제시된 조건에 맞게 창작합니다. (2차시)

〈조건〉 1. 소설을 희곡(대본)으로 바꿔보는 활동을 할 수 있는가?
 (*각색 : 희곡이 아닌 글을 희곡으로 바꾸는 것. 희곡의 서술 방법은 '대사와 지시문'이
 며 시나 소설 등을 상상하여 해설, 대사, 지시문으로 서술하는 것을 말합니다.)
 (해설: 때, 곳, 등장인물, 무대장치 설명하는 부분
지시문 : 장면 설명이나 등장인물의 행동과 표정 등의 비언어적, 반언어적 표현을 서술하
 는 것.
대사 : 대화, 독백, 방백으로 등장인물이 하는 말(언어적 표현)
 2. 3장면 이상을 표현하며, 소설'이상한 선생님'의 내용을 주제로 서술해 주세요.
 (*. 자신의 개성과 창의성이 드러나도록 소설의 내용을 일부 변용해도 됩니다.)

ⓑ 〈예시글 : 교과서 소설과 모둠활동 활동지 참고〉
ⓒ ⓑ를 활용하여 낭독극 대본으로 창작합니다. (A4 2쪽 분량의 수행평가지 제공)

제목 : 등장인물(역할) : 때 : 장소 : 제1장	제2장 제3장

ⓓ 평가 : 모둠활동 반영 정도, 참신성, 분량 지키기를 기준으로 평가한다.(교사 관찰
 평가)

발단-전개-위기-절정-결말로 나누어 교과서의 글을 낭독극 수업으로 배우고 발표를 마치고 나서 대본 글쓰기를 배워나간다. 소설을 낭독극으로 읽으며 등장인물의 생각과 느낌을 만난 부분이나 인상 깊게 읽은 부분을 선택한 후 자신의 상상력을 더해 창작 각색하는 활동이 평가의 주요 내용이다.

문학, 특히 시와 소설 작품을 재미있게 감상하고 창의적으로 재구성

'낭독극본 창작하기' 수행평가〈예시〉 (국어과 2학년 00중학교)

수행평가	낭독극본 창작하기			
평가 영역	(문학/쓰기) 개성적 발상과 비판적 표현			
교육과정 성취기준	[9국05–09] 자신의 가치 있는 경험을 개성적인 발상과 표현으로 형상화한다.			
평가 요소	• 운율, 반어, 역설, 풍자의 원리와 효과를 이해하기 • 자신의 개성을 살려 문학작품을 각색하여 낭독극본 창작하기			
평가 방법 평가 방법	■서술·논술　■구술·발표　■포트폴리오 ■체크리스트 평가　■학생 자기성찰 평가　■학생 동료평가			
유의 사항	학생 자기성찰 평가는 개별적 학생에게 제공하는 피드백 자료로만 활용한다.			
평가 문항	채점 요소		배점	채점 기준
개성적 발상과 비판적 표현하기	㉠ 글의 내용을 비유로 표현하기 ㉡ 글의 내용을 반어나 역설로 표현하기 ㉢ 풍자를 이용하여 자신의 생각을 개성있게 표현하기		30	㉠~㉢ 모두 우수하게 수행함 (30)
				㉠~㉢중 일부만 우수하게 수행함 (25)
				㉠~㉢중 두 가지를 수행함 (20)
				㉠~㉢중 한 가지를 수행함 (15)
				㉠~㉢ 모두 수행하지 못함 (10)
시를 활용하여 낭독극본 창작하기	㉠ '먼 후일'을 암송함 ㉡ '봄 길'을 암송함 ㉢ '먼 후일'이나 '봄 길' 중 한 편을 각색하여 낭독극본으로 창작함.		30	㉠~㉢ 모두 우수하게 수행함 (30)
				㉠~㉢중 일부만 우수하게 수행함 (25)
				㉠~㉢중 두 가지를 수행함 (20)
				㉠~㉢중 한 가지를 수행함 (15)
				㉠~㉢ 모두 수행하지 못함 (10)
소설을 각색하여 낭독극본 창작하기	㉠ 소설 '이상한 선생님'을 모둠끼리 그림자극 대본으로 각색하여 낭독함. ㉡ 자신의 역할을 책임감있게 수행함. ㉢ 글의 일부를 각색하여 낭독극본으로 창작하여 분량에 맞게 제출함. ㉣ 각색의 의미를 알고 적용할 수 있음.		40	㉠~㉣ 모두 수행함 (40)
				㉠~㉣중 세 가지를 수행함 (35)
				㉠~㉣중 두 가지를 수행함 (30)
				㉠~㉣중 한 가지를 수행함 (25)
				㉠~㉣ 모두 수행하지 못함 (20)

하여 표현하는 활동으로 최적화한 수업이 낭독극 수업이다. 교과 교육과정을 재구성하여 평가와 수업을 융합할 수 있는 사례가 바로 '낭독극본 창작하기'였다. 이런 수업 활동을 통해 학생들은 글을 이해하는 데 그치지 않고 자신들 삶의 이야기랑 버무려 창작하는 체험을 한다. '낭독극 수업과 극본 창작하기 수행평가'[4]는 학생들의 앎과 삶을 연계시키는 융합 수업과정이다.

한 학기 한 권 읽기와 낭독극 수업

학기 초가 되면 학생들과 읽을 책을 선정한다. 권장 도서 중에서 지정해 주기도 하고 학생들과 함께 정할 때도 있다. 우리 지역의 위인 중에서 선정하거나 문학작품에서 정하는 경우도 있다. 학생들은 도서관에서 읽고 싶은 책을 자유롭게 읽기를 선호한다. 학습 독서보다 취미 독서 위주다. 그러나 교사는 수업 시간에는 한 권을 온전히 재미있게 읽히기 위해 고민한다. 이런 고민을 토의 토론 수업과 낭독극 수업이 해결해 주었다.

'한 학기에 한 권 읽기'는 창의융합 독서 활동이다. 다채로운 활동을 할 수 있다. 책을 한 권 선정하여 읽기 과정을 거친 후 수행평가와 세부특기사항 기록으로 마무리한다. 실제로 이렇게 수업을 진행했다.

<예시> 융합 독서 낭독극 수업 활동지

00 중학교 ( )학년 ( )반 ( )번 이름 (   )

1. 책 선정하기 – 소설, 위인전, 등의 이야기책 읽기

1-1 모둠별 책 선정

---

4 '낭독극본 창작하기' 수행평가〈예시〉 (국어과 2학년 00중학교)

1-2 책 선정 이유

2. (독서중활동) 선정한 책을 읽고 독서 일지 쓰기 (①~④회 반복 : 4차시)

읽은 날짜		읽은 부분	
월 일		쪽 ~ 쪽	
읽은 부분의 내용			
자신의 생각이나 느낌			
인상 깊었던 장면			
읽으면서 생긴 질문			

3. (독서후활동) 글 전체의 내용을 구체적으로 요약하기 위한 '내용 파악하기' 활동

① 어휘공부(모둠) : 새롭게 알게 된 이 책의 핵심 어휘들의 뜻을 풀이하고 익힙니다. (50개 이상)

② 독서 퀴즈로 내용 파악하기(30개)

– 개인별로 퀴즈 만들기 – 학급별로 모아서 – 모둠별로 상의하여 풀기

③ 책의 내용으로 토의 또는 토론하기 : 모둠별로 만든 토의 · 토론 주제 중에서 뽑아서 진행함

– 모둠별로 토의 · 토론하고 싶은 주제 만들기 : 2개씩 *5모둠 = 10개 중에서 2개 뽑음

토의 주제	– 토론 주제

③-1 토의활동

주제	주제에 대한 나의 생각	주제에 대한 친구들의 생각들(경청하고&기록하기)
토의주제		

③-2 토론활동 :

@ 토론 형식과 토론 방법 알기: 토론 형식과 과정(방법)
1. 토론 형식 : 주제(찬반으로 대립가능한 문제), 사회자, 찬성입장의 토론대표,
반대입장의 토론대표, 방청객
2. 토론 과정
 ①입론쓰기(주제에 대한 자신의 주장을 근거를 들어 서술)=기조 발언(찬성입
장-반대입장)
 ②토론하기: 반박(응답) 또는 질의(응답)
   → 찬성입장의 토론자가 반대입장의 토론자에게 반박또는질문 - 반대입장
토론자의 응답
   → 반대입장의 토론자가 찬성입장의 토론자에게 질문- 찬성입장 토론자의
응답 …. 반복
 ③최종발언(입론=기조발언과 토론과정을 거친 후 자신의 최종 입장을 거듭
강조함)
3. 사회자의 역할 : 중립의 입장에서 토론을 진행하며, 발언자들의 의견을 요
약 정리하여 이해를 도움
ⓑ 토론활동
 - 주제 정하기
 - 토론하기

입론 쓰기(기조발언) - 토론 주제에 대한 나의 주장과 근거	토론하기		최종 발언 - 토론 주제에 대한 나의 주장과 근거
	나의 주장과 다른 토론자의 주장을 경청하고 메모하기	- 상대방의 주장에 반박하거나 질문 하기	

④ (독서토의토론후활동) 독서감상문 쓰기

④-1. 독서일지의 내용과 토의·토론활동을 통하여 나와 다른 친구

의 생각을 경청하며 새롭게 알게 된 내용, 그리고 자신의 생각과 느낌이 종합적으로 드러나는 독서감상문을 완성합니다. 20줄 이상

독서감상문 제목 : (   )

	1
	2
	3
	4

⑤ 창의 융합 활동 : 낭독극 활동

⑤-1. 인상 깊은 구절이나 장면을 '낭독극' 형식으로 각색하여 공연하기

- 우리 모둠의 모둠장 ( ), 모둠원 (   )
- 우리 모둠에서 선정한 인상 깊은 구절 또는 장면
- 낭독극 대본으로 창작하기(5분 분량)

해설 :
등장인물 A :
등장인물 B :

⑤-2. 역할 정하여 연습하기

사회자:				

⑤-3. 낭독극으로 발표하기 : 모둠별

⑤-3. 낭독극 발표 보고 경청& 메모하기

순서(모둠)	발표를 보고 칭찬하고 싶은 내용을 메모해요	낭독왕 추천 1명
	– –	

4. 한 권 활용 수업활동

한 권 읽기 독서활동 수행평가

<table>
<tr>
<td>평가 요소</td>
<td colspan="4">• 등장 인물의 상황이나 감정에 공감하며 책을 읽고 표현 방법과 글쓴이의 의도 파악하여
• 한 권의 책을 읽고 나서 독후 경험 나누기(토의·토론)
• 적절한 표현 방법을 활용하여 다양한 독후 활동하기</td>
</tr>
<tr>
<td>평가 방법
평가 방법</td>
<td colspan="4">■서술·논술 ■구술·발표 ■토의·토론 ■포트폴리오
■교사 관찰 평가 ■학생 자기성찰 평가 ■학생 동료평가</td>
</tr>
<tr>
<td>유의 사항</td>
<td colspan="4">• 학생 자기성찰 평가와 동료평가는 학생에게 제공하는 환류 자료로 활용한다.
• 독서활동 산출물 발표는 평가의 객관성을 위해 녹화하거나 칠판에 게시하여 공개할 수 있다.</td>
</tr>
<tr>
<td>평가 문항</td>
<td>채점 요소</td>
<td>배점</td>
<td colspan="2">채점 기준</td>
</tr>
<tr>
<td rowspan="4">독서 활동</td>
<td rowspan="4">㉠ 책을 읽고 독서 일지 4회 이상을 기록함
㉡ 완독 및 낯선 어휘를 50개 이상 익힘
㉢ 인상 깊은 구절을 기록하고 낭독극으로 재구성하는 소집단활동에 잘 참여함.</td>
<td rowspan="4">20</td>
<td>20</td>
<td>모두 우수하게 수행함</td>
</tr>
<tr>
<td>15</td>
<td>셋 중 일부만 우수하게 수행함</td>
</tr>
<tr>
<td>10</td>
<td>두 개를 수행함</td>
</tr>
<tr>
<td>5</td>
<td>하나 이하를 수행함</td>
</tr>
<tr>
<td rowspan="6">독서 후
다양한 표현
활동</td>
<td rowspan="6">㉠ 독서 후 엽서를 만들고 발표함
㉡ 다양한 표현을 사용하여 감상문 1편 쓰기
㉢ 인상 깊은 부분의 내용을 발췌 재구성하여
 낭독극본으로 창작함
㉣ 감상문(엽서) 내용이 풍부하고 분량을 지킴
㉤ 구성 형식을 갖추고 어문규정에 맞게 작성함</td>
<td rowspan="6">50</td>
<td>50</td>
<td>모두 우수하게 수행함</td>
</tr>
<tr>
<td>45</td>
<td>다섯 중 일부만 우수하게 수행함</td>
</tr>
<tr>
<td>40</td>
<td>네 개를 수행함</td>
</tr>
<tr>
<td>35</td>
<td>세 개를 수행함</td>
</tr>
<tr>
<td>30</td>
<td>두 개를 수행함</td>
</tr>
<tr>
<td>25</td>
<td>하나 이하를 수행함</td>
</tr>
<tr>
<td>영역 만점</td>
<td>100</td>
<td colspan="3"></td>
</tr>
</table>

문법과 낭독극 수업

낭독극 수업은 어떤 주제나 단원이든지 가능하다. 학기 말 문법 단원 '담화의 개념과 특징'을 배운 다음 이어서 '의미 공유 과정으로서의 듣기·말하기'를 배웠다. 이 두 영역을 융합하여 '학교폭력예방-사이버언어폭력예방'을 주제로 '낭독극 수업'을 실시했다. 1~2주(6~7차시)의 수업을 할애하였다. 소설 구성 5단계로 뽑아 모둠 구성하기 1차시, 학급의 주제 정하기 1차시, 주제 맞는 이야기 짜기 2차시, 연습하기 1차시, 발표(낭독극 공연)하기 1차시의 과정이다.

수업의 설계와 진행 과정은 문학 수업이나 독서 교육의 단계와 같다. 담화 상황을 설정하여 이야기를 만들어 발표하면 곧바로 낭독극이 된다. 3개 학급에서 실시했는데, 학급 구성원의 개성과 관심사에 따라 대본은 제각각으로 산출되었다. 학생들은 상황극 발표에는 능숙하다.

학생들은 이제 이야기와 인물이 등장하는 발표 수업은 '낭독극 형식'이려니 여긴다. 반복하다 보면 재미로 의미를 알고, 앎에서 삶을 읽으며 학생들은 스스로 성장할 것이다.

10대와의 만남은 교사의 행운이다

학기 초에 글을 윤독하고 있었다. 일종의 학생들과 소통 시간인 셈이다. 잘 진행되다가 어떤 학생의 차례가 되었다. 그 학생은 벙어리처럼 침묵하며 글을 읽지 않았다. 주변 학생들이 교사가 당황할까 봐 변호해 주었다. "선생님, 00이는 1학년 때부터 수업 시간에 한 번도 책을 읽지 않았어요.", "뭐라고? 그래요?", "네, 그냥 넘어가요." 학생들은 당연하게 그 학생을 건너뛰라고 했지만 조금 기다려줬다. 끝내 그 시간에는 그의 목소리를 들을 수 없었다. 수업을 마치고 따로 얘기를 나눴다. 수업 시간에 목소리를 내는 것에 대해 두려움을 갖고 있었다. "그렇구나, 알겠어요." 다독여 줬다. 그러나 모둠별로 발표하는 '낭독극 수업'에서 그 학생은 목소리를 냈다. 전율이 왔다. 비록 "네."라는 한 마디 대사의 미미한 역할이었지만 낭독극 수업에서는 말하듯이 자신의 두려움을 깨뜨렸던 것이다. 교사의 보람을 느끼는 순간이었다. 이후 그 학생은 어떤 사건에 대한 자초지종을 길게 설명할 수 있고, 방학 지낸 이야기를 술술 말할 정도로 말문이 터졌으며 이젠 수업 시간에 책도 곧잘 읽는다.

낭독극 수업은 현재의 자화상이고 미래의 나침판이다

지능정보화 사회는 정보의 홍수가 넘쳐나는 불확실성의 시대이다. 디지털 매체에서 쏟아지는 정보의 소용돌이는 불확실성을 더욱 증가시킨다. 지능정보가 평준화되어 미래 방향을 찾기란 더욱 어렵다. 교사들은 학생들이 이런 시대를 슬기롭게 헤쳐나가도록 어떻게 도와야 할까? 앎과 삶을 잇는 교육활동을 전개하여 학습자 주도성을 어떻게 키울 수 있을까?

우선 자료와 정보 활용 능력을 키워야 한다. 도서관과 스마트폰 속에는 무한대의 지식과 정보가 쌓여 있다. 이는 과거를 객관화하여 현재를 보여주는 자화상이고 미래의 길을 알려주는 나침판이다. 미래를 개척했던 위인들에 대한 글은 더욱 그러하다. 그래서 교사는 교실에서 스승으로 위인들을 학생들과 만나게 해 주어야 한다. 위인전을 독서 텍스트로

삼는 까닭이다. 위인전을 읽히고 이와 관련된 자료와 정보들을 다양한 매체에서 검색하여 재구성하는 수업 활동이 꼭 필요하다. 낭독극은 수집한 정보들을 아이들 스스로 재구성하여 발표하는 즐거움을 느끼게 해주는 좋은 방편이다.

재구성 활동을 통해 아이들은 사고력과 통찰력을 키워 문제해결 능력을 기를 수 있다. 낭독극본은 어느 정도의 분량이 필요하다. 스토리텔링이 되어야 한다. 혼자가 아니라 소집단 협력 학습의 형태를 갖춰야 한다. 때로는 읽은 책을 펴놓게 하고 각색 과정만 거쳐 낭독할 수도 있다. 그러나 수업을 진행해 보면 학생들의 무한한 상상력이 튀어나온다. 성장기에 있는 학생들답게 좌충우돌의 과정을 거쳐서 이들의 생각은 집단지성으로 모아져 출구를 찾는다. 통찰력의 발견이다. 그러다 보면 학생들은 길을 찾고 일체감을 맛본다. 낭독극본의 완성, 즉 문제가 해결된 것이다. 낭독극이 독서 활동을 즐겁고 쉽게 수행하도록 도와준다. 글에서 시작하여 낭독극으로 완성되는 낭독극 수업은 창의력과 융합 능력을 키우는 지름길이다.

수업은 소통을 통한 성장이다. 글쓴이와 읽는 학생 독자들과의 소통이고, 학생들과 학생들, 교사와 학생들의 성장 과정이다. 그래서 수업은 역동적으로 움직여야 하고 말하게 해야 하고 마지막으로 행복한 웃음으로 끝나야 할 것이다. 이를 가장 잘 실현할 수 있는 수업, 독서 낭독극을 추천한다.

다음 수업의 기대감과 설렘에 여전히 수업하러 출근해요.
매시간 수업을 마칠 때마다 뒤끝의 맛은 천차만별이며 감정이나 기분

상태에 따라 수업 만족도는 롤러스케이트를 타는 것 같다. 학생들의 반응과 성취도도 마찬가지다. 특히 올해 근무한 학교의 학생들은 수행평가를 더 잘한다. 일회성 지필 평가보다 매시간 수행에 더욱 공들인다. 학기를 마무리하며 수업 성찰의 시간을 가졌다. 즉흥성을 발휘하여 참여하고 활동하는 수업과 인내심을 갖고 배경 지식을 꾸준히 쌓아야 한다는 과제를 발견했다.

낭독극 수업은 배경 지식이 바탕이 되어야 한다. 그래서 읽고 이해하고 배경 지식을 재구성해야 발표와 표현활동이 가능하다. 무에서 유가 나올 수 없기 때문이다. 또 낭독극 수업은 즉흥성과 참여도가 있어야 한다. 즉 배움의 융합 활동인 셈이다.

배움의 핵심은 간접 경험인 독서와 체험이라고 생각한다. 교실에서 이뤄지는 대부분의 수업은 간접 경험이므로 현실의 삶을 다루기에 거리감이 있다. 그러나 인생 이야기와 담화를 주요 내용으로 전개하는 낭독극 수업은 앎과 삶을 연결해준다. 즉 낭독극 수업은 학생의 성장을 돕는 학습방법인 것이다.

낭독극 수업은 무궁무진하고 변화무쌍한 수업이다. 교사 누구나 이것으로 가르칠 수 있고 학생 누구나 역동적으로 참여할 수 있다. 낭독극 수업이 있어서 내일이 기다려지고 설레며 그래서 여전히 출근하고 있다.

낭독극 쉽게 도전하기

김연미 인지중학교

나는 교직 생활 23년째를 맞이하고 있는 국어교사이다. 다른 직업군에서는 10년 차 이상이면 전문가 소리를 들을 법한데 아직도 학교 공개수업이나 학부모 공개수업을 한다고 하면 자신이 없어지고 움츠러들게 된다. 초임 시절에는 여러 연수를 다니며 그 연수에서 배운 모든 내용을 수업에 적용하였다. 성공한 수업도 있지만 실패한 수업도 다수이다. 하지만 그 당시의 나의 모습은 다른 선생님들과는 달리 새롭게 무언가를 하는 나의 모습에 흠뻑 취해 자만심으로 가득 차 있었다. 새로운 수업 방법만을 생각하고, 기기를 잘 다루고, 그래야만 앞서나가는 교사란 생각이 들었다. 하지만 경력이 쌓이면서 과연 수업을 잘하는 교사란 어떤 교사인지 의문점이 들었다. 확실한 건 교사는 일타강사가 아니라는 것이다. 일타강사와는 다른 무엇인가가 있어야 할 텐데, 이 책을 읽는 선생님들과 그 부분에 대해 생각을 같이 공유해 봐야 할 듯하다. 그래도 교사로서 수업을 할 때 학생들의 가슴 속에 지식이 아닌 다른 무엇 하나 정도는 넣어 줘야 하지 않을까?

아직도 매번 문학작품이 나올 때마다 고민을 한다. 작품을 어떻게 지루하지 않게 읽힐 수 있을까? 학생들이 이 작품을 자기의 삶 속으로 어떻게 녹여 낼 수 있을까? 하지만 항상 답은 없고 어느 것 하나 녹록하지는 않다. 학생들에게 문학작품의 줄거리를 집어넣기에 바쁘고 시험 문제를 내기 위한 수단으로 전락해 버렸다. 이렇게 문학작품을 감상하면 안되는데, 아이들에게 좀 더 깊이 있게 다가가야 하는데 잘 해결되지 않는다. 초임 시절 잠시 교사극단에 들어가 연극을 한 적이 있다. 그 당시에는 연극에 매료되어 모든 수업 시간에 어떻게든 연극적 요소를 집어넣어 수업을 전개하였다. 하지만 대다수의 학생들은 부담스러워하였고 왜 굳이 선생님은 이렇게 수업을 하냐며 푸념을 하는 학생들도 많았다. 그러면서 수업에 대한 자신감도 떨어지고 굳이 아이들이 싫어하는데 해야 하나란 생각이 지배적이었다. 활동 중심의 수업을 전개한다는 것이 쉬워 보일 수 있으나 절대 그렇지 않다는 것을 모든 선생님들은 알고 있을 것이다. 준비 기간이 생각보다 길고 또한 예상할 수 없는 결과들로 시간소비가 어마어마하다. 이렇게 투자하여 얻은 결과물이 고작 학생들의 불평불만뿐이었다.

그러던 중 낭독극 연수를 받았고, 어쩌면 '이 낭독극으로 학생들이 좀 더 적극적으로 문학작품을 대할 수 있겠구나'라는 생각을 하였다. 연극적인 요소는 있으나 다소 부담감이 없는 이 낭독극이 발표하기를 꺼리는 학생들이나 부끄러움을 많이 타는 학생들도 할 수 있는 아주 좋은 수업 도구라는 생각이 들었다. 연극은 대사와 행동을 외워서 해야 하는, 정말 연기를 잘해야 돋보이는 것이지만 낭독극은 짧은 시간에 학생들이 바로 문학작품을 자기의 것으로 만들 수 있는 좋은 수단인 것이다. 그래서 낭독극을 수업에 접목시키기 시작했다. 물론 실패도 하고 '이게 뭐지' 하는 생각이 드는 모둠도 있었지만 대체로 학생들이 만족하였고 "한 번만 더 하면 잘할 수 있어요." "선생님! 다음에 또 언제 해요."라는 말을 하는 학생도 있었다. 서툴지만 지금까지 했던 수업자료를 공유하며, 어느 광고 카피처럼 "야, 너도 낭독극 할 수 있어."라고 선생님들께 외쳐본다.

교과서 속 소설로 낭독극 하기

소설 제목만이라도 기억해 줄래

초등학교 때 학생들이 제일 많이 독서를 한다. 독서 인증제나 독서기록장 등 다양한 활동으로 독서를 하다가 초등학교 고학년을 거치면서 학생들의 독서량은 현저히 떨어진다. 중학교에 입학한 학생들에게 초등학교 때 배운 소설이 뭐냐고 물어보면 잘 대답하지 못한다. "그럼 인상 깊게 읽은 책은 뭐야?" 하고 되물어 보면 "제목이 뭐였더라. 그거 있는데……."라는 대답이 돌아온다. 분명 많은 책을 읽었음에도 책 제목조차 기억을 못 하는 것이다.

중학교 교과서에는 여러 작품이 들어 있다. 그러나 학생들에게 바로 와 닿는 문학작품보다는 일제강점기 또는 1970년대의 시, 소설들로 가득 차 있다. 물론 그 당시의 현실 상황을 문학작품을 통해 알아야 하고 그것을 가르치는 것이 마땅한 일이다. 하지만 학생들은 우선 그런 이야기에 흥미를 느끼지 못하는 것은 사실이다. 옛날이야기이지 지금 현실과는 맞지 않는다는 것이다. 빠르게 변하는 시대에 교과서 속 작품은 지금의 현실을 잘 반영하고 있지 않아 학생들의 흥미를 끌지 못하고 있다. 단지 시험 문제를 내기 위해, 그 시험 문제의 정답 맞히기로만 된 것이다. 그래도 "중학교 국어 시간에 나 이런 문학작품 배웠어. 이 작품에서 난 이런 것을 느꼈지." 이 정도라도 알았으면 좋겠다.

어쩌면 낭독극이 답일 수도 있어

학생들이 최소한 문학작품의 제목이라도, 등장인물이 누구였더라, 배경은 언제였지 정도만이라도 알았으면 하는 마음에 "어떻게 수업을 하면 될까?" 여기저기 책도 찾아보고 남들이 좋다고 하는 수업도 다 해봤지만, 여전히 제자리였고 매번 실패였다. 그러다 여러 고민 끝에 찾은 해결방안이 바로 낭독극이다. 소설을 희곡으로 각색하며 자기들 나름대로 문학작품을 여러 번 읽고 그 내용을 이해하려고 노력하고 등장인물이 이 상황에서 어떤 말을 했을까 상상도 하면서 소설의 내용을 깊이 있게 탐구할 수 있는 낭독극! 그리고 대본을 보고 연극을 한다는 큰 장점, 연습을 오래 하지 않아도 목소리나 약간의 제스처 정도로 그 인물을 표현하는 것에 그리 부담도 느끼지 않아 가장 적합한 수업 방법이었다. 그리고 이 수업을 할 때는 아무도 자는 사람이 없는 협력적이고 배움 중심인 수업이 되는 것이다. 낭독극으로 수업을 하고 나면 최소한 요즘 말로 웃프지만 그래도 학생들이 중학교 시절 배웠던 문학작품의 제목, 자신이 맡았던 배역의 이름은 기억을 한다.

낭독극 이대로 따라 해 보세요.

중학교 1학년 비상 교과서에 수록된 문학작품 중 1학기에는 『자전거 도둑』(박완서)과 2학기에는 『빨간 호리병박』(차오원쉬엔)이 실려 있다. 이 작품을 묶어 많은 시간을 할애하여 수업하였다. 그중에서 외국소설인『빨간 호리병박』을 낭독극을 하기 위해 어떻게 수업을 전개했는지 정리해 보겠다.

1. 줄거리 파악하기

우선 소설의 줄거리를 파악하기 위해 모둠별로 정해서 각자 정해진 부분까지 읽고 각자 등장인물의 표정을 그리도록 했다. 그리고 각 인물의 성격이 드러나는 부분의 대사나 문장을 쓰도록 하고 그 후 모둠별로 돌아가면서 설명한다. 그러면 줄거리를 같이 읽을 때보다 훨씬 줄거리를 잘 파악할 수 있다. 읽고 난 후 각자 등장인물에 대해 세 개의 질문을 작성하고 그 인물에 해당하는 통에 집어넣는다. 모둠원들은 등장인물 중에서 한 명을 선택하여 캐릭터를 그린 후, 왜 그렇게 그렸는지를 작성하고 학생들 앞에서 발표한다. 발표가 끝난 후 해당 인물의 질문지 통에 든 질문을 꺼내서 질문에 대한 답을 한다.

2. 대본 작성하기

낭독극에서 가장 중요한 것이 대본이다. 이 대본만 완성되면 낭독극은 90% 완성되었다 해도 과언이 아니다. 하지만 이 대본을 쓰는 과정이 쉽지 않다. 중학교 1학년 학생들은 초등학교의 연장 선상이라고 생각하면 된다. 그래서 더욱 어려워했다. 중학교 1학년인 경우는 교사가 어쩔 수 없이 개입할 수밖에 없다. 이에 소설 전체를 두 부분으로 나누고 모둠별로 선택하였다. 모둠별로 장면을 3~4장면으로 설정해주고 1장면 정도는 대본을 교사가 직접 써서 예로 보여주는 것이 좋다. 예를 들어주면 학생들 나름대로 분석하고 따라 하였다. 좀 자신감이 붙으면 교사가 예를 들어준 부분까지 아이들이 삭제, 수정하는 모둠도 있었다. 그리고 교과서 속 소설 내용에 덧붙여서 뒷부분을 모둠 구성원들끼리 상상하여 각색하였다. 신기하게도 대부분의 모둠이 뒷부분 이어쓰기를 하였고 즐거워하였다. 대본을 작성하면서 소설의 줄거리뿐만 아니라 작가의 의도까지 파악하였고 나름대로 결말을 지어내면서 문학작품을 더욱 재미있게 즐기는 모습을 볼 수 있었다. 이것이야말로 학습자 중심 수업이 아닐까? 교사 혼자 이끌어 가는 수업이 아닌 학생들이 문학작품 속에 들어가 자기 나름대로 해석하는 모습을 볼 수 있다. 교사는 단지 학생들이 모두 참여할 수 있도록 독려하고 잘 진행이 되지 않는 모둠에게는 '이렇게 하면 어떨까?'라는 힌트만 제공할 뿐이다.

3. 낭독극 하기

대본을 보면대에 놓고 보면서 하기 때문에 많은 시간이 필요하지 않다. 1시간 정도의 연습 시간만 있으면 충분하다. 부끄러움이 많은 학생들은 해설로 참여하게 하여 모든 아이들이 참여할 수 있도록 하는 것이 중요하다. 목소리로 등장인물의 성격을 나타내고, 필요하면 자리에서 일어나거나 잠시 앞으로 나오거나 약간의 동작만으로도 충분하다.

대본이 완성되었다면 등장인물의 성격에 맞게 역할을 분배한다. 해설이 너무 많다면 해설은 2명으로 정해도 좋다. 모둠 역할을 분배할 때 배경 그림과 배경음악을 담당할 학생들도 설정한다. 모둠은 6~8명 정도가 적합하며 작은 배역이라도 모든 학생들이 참여하도록 한다.

배경 그림은 그리 거창하지 않아도 괜찮다. 예를 들어 학교를 배경으로 한다면 칠판에 '학교'라고 써도 되고 학교 사진을 출력하여 붙여도 된다고 설명한다. 배경음악은 글의 분위기에 맞는 음악으로 설정하고 너무 많이 넣지 않도록 한다. 3~4번 정도 넣는 것을 추천하고 그 이상 넣은 것은 차라리 안 넣는 것이 낫다.

교사가 준비할 것으로 보면대와 마이크를 꼭 준비하고, 필요하다면 독서등, 음악파일철 등을 구비하면 더욱 좋으나 없다면 생략해도 극을 하는데 크게 지장을 주지 않는다. 등장인물 간의 관계도를 꼭 학생들에게 그려보게 하는 걸 추천한다. 그래야만 자리를 배치할 때에도 가까운 인물끼리는 가깝게, 심리적 거리감이 있는 인물끼리는 멀게 설정할 수 있다. 해설을 맡은 학생들은 가장 가장자리에 위치하는 것이 좋다. 당연히 주인공이 무대의 중앙에 위치하게 하고 양옆으로 주인공과의 관계에 따라 자리를 배치한다. 보면대 앞에 등장인물의 이름을 붙여 놓으면 관객들이 극의 내용을 이해하기가 한결 수월해진다. 무대를 보면서 일렬로 배치해도 좋고 약간 타원형으로 배치해도 무리가 없다. 대본을 놓고 자신의 의자를 가지고 나와서 하는 방법이 가장 현실적일 것이다.

4. 상호 평가하기

낭독극을 하고 나서 학생들의 자기평가 및 상호평가를 하고 가장 잘한 모둠에게는 '최우수 작품상', '최우수연기상'을 시상하였다. 대부분 학생들의 평가에는 '힘들었지만 재미있었다.', '다음에도 또 해요.' 이런 답변이 대다수였다. 물론 '다시는 안 했으면 좋겠다.', '힘들었다.' 등의 답변도 나왔으나 긍정적인 내용이 훨씬 많았다는 것에서 굉장히 고무적이다. 시상을 할 때는 진짜 상장 용지에 출력해서 주었더니 생각보다 학생들이 좋아하였고 박수를 쳐주며 서로 격려해 주었다. 특히 '최우수연기상'을 수상할 때에는 학생들의 환호와 함께 그 배역 이름을 외쳐주었다.

1년이 지난 지금도 그때 학생들은 낭독극을 했던 문학작품의 제목을 기억하고 있다. 심지어 작품에 나오는 등장인물의 이름까지도 안다. 낭독극이 답인 것이다.

학습지 1 - 줄거리 파악하기

• 발단 (처음~157:20)

1. (　　　)에게 관심을 보이는 (ㄴ ㄴ　　) - 큰 (　　　)을 사이에 두고 마주 보고 있는 뉴뉴와 완의 집 - 근사하게 (　　　)을 치는 완을 바라보는 (　　　) - 완이 수용하는 모습에 (　　　) 뉴뉴 - (　　　)를 의식하며 수영을 하는 완 - 수영을 하다가 갑자기 사라진 (　　　)을 걱정하는 (　　　)

그림으로 표현하기 (등장인물 그리고 등장인물의 마음을 가장 잘 드러내는 구절이나 대사 쓰기)		
	뉴뉴	완
인물의 표정 그리기		
성격이 드러난 대사나 구절 쓰기		

학습지 2 - 등장인물 그리기

★ 빨간 호리병박 ★

1학년 (   )반 (   )번 이름 (   )

• 등장인물 파헤치기

1. 책을 읽고 각 인물에게 하고 싶은 질문을 세 개 이상 작성하세요.

	뉴뉴	완
질문	1. 2. 3.	1. 2. 3.

2. 등장인물 캐릭터 그리기
- 모둠원들과 상의하여 등장인물의 성격이 드러나도록 그려봅시다. 또한 그렇게 그린 이유도 작성하세요.

3. 등장인물이 되어 답하기: 질문지 통에서 질문을 뽑고 답을 해 봅시다.
4. 질문에 답해주기 : 뉴뉴와 완을 맡았던 각각의 모둠은 그 질문에 답을 합니다.

5. 다른 모둠원들의 설명을 듣고 아래 칸에 등장인물의 성격이 어떠한지 작성하세요.

	뉴뉴	완
성격		

6. 등장인물의 성격과 내용을 토대로 이 글이 우리에게 주고자 하는 것은 무엇일까요?

7. '빨간 호리병박'의 주인공들처럼 서로 오해하고 어떤 일을 겪으면서 본인이
성장했다고 느낀 적이 있나요? 그런 경험담을 이야기 해 봅시다.

학습지 3 - 학생 작품 (등장인물 그리기)

학습지 4 - 대본 작성하기

〈 빨간 호리병박 1팀 〉 대본쓰기

모둠원 (   )

☆ 주요 내용

장면 1	내용	뉴뉴와 완이 서로를 의식하며 지켜보는 장면
	등장인물과 배역설정	뉴뉴 ( ) 완 ( ) 해설 ( ) 엄마 ( )
장면 2	내용	마름열매를 따주며 서로 말을 하게 된 뉴뉴와 완
	등장인물과 배역 설정	뉴뉴 ( ) 완 ( ) 해설 ( )
장면 3	내용	물놀이를 하며 즐겁게 노는 뉴뉴와 완
	등장인물과 배역 설정	뉴뉴 ( ) 완 ( ) 해설 ( )

[장면 1 대본]

해설: 대문만 나서면 뉴뉴는 언제나 완이라는 남자아이가 선명한 빨간 호리병박을 품에 안고 헤엄치는 모습을 볼 수 있었다. 이 고장의 아이들은 항상 햇볕에 잘 말린 커다란 호리병박을 손에 쥐고 헤엄을 쳤다. 그것을 말하자면 도시 아이들이 사용하는 튜브와도 같은 것이었다. 실수로 물에 빠졌을 때를 대비하기 위해서였다. 호리병박에 새빨간 칠을 해 놓은 것도 눈에 잘 띄어 쉽게 찾도록 하기 위해서였다. 완이 헤엄치는 모습은 근사했다. 두 손으로 힘껏 물살을 헤쳐 나갈 때면 하늘 높이 물보가가 튀어 올랐고 재빨리 몸을 틀어 커다란 포문이 일면서 물결이 둥그렇게 그를 감싸 안았다.

뉴뉴: 오늘도 완이 나와 있네. 어쩜 저렇게 수영하는 모습이 멋있을까?

완: 저 아이가 또 나를 지켜보고 있군. 좀더 멋있게 수영을 해야 겠어.

　　(멋있게 수영을 하며)어푸 어푸!

해설: 그런 완을 뉴뉴는 지켜보고 있었다. 뉴뉴는 언제나 완을 보고도 못 본 척
　　했다. 집을 나선 뉴뉴의 눈에 완의 모습이 들어오면 그녀는 고개를 돌려
　　울타리를 기어 올라가는 오이 덩굴이나 작은 나뭇가지에 매달린 새집에
　　눈길을 주곤 했다.

뉴뉴: (당황하며)어떻게 하지? 완과 눈이 마주쳤어. 어떻게 하지? 어떻게 해.
　　다른 데를 얼른 봐야지.

완: (당황하며)어떻게 해. 그 여자아이와 눈이 마주쳤어. 그럼 더 멋진 모습을
　　보여줘야지.

해설: 완은 앞으로 멋지게 헤어쳐 오면서 휘 하고 등을 구부려 물 속으로 곤두
　　박질쳐 들어갔으나 그만 물 속에 머리를 박고 말았다. 그 모습을 지켜보
　　던 뉴뉴는 웃음을 터뜨렸다. 멋진 모습을 보이려 했으나 실패한 완은 다
　　시 한번 천천히 잠수를 하더니 자취를 감추어 버렸다. 그러나 한참을 기
　　다려도 완은 나오지 않고 빨간 호리병박만이 보일 뿐이었다.

뉴뉴: (큰 목소리로)엄마! 엄마!

뉴뉴 엄마: (놀란 목소리로)뉴뉴, 왜 그러니?

뉴뉴: (손으로 강을 가리키며)엄마! 걔가......어머!!!

해설: 연잎 사이로 미소 띤 얼굴 하나가 불쑥 솟아올랐다. 완이었다.

뉴뉴 엄마: 뉴뉴, 왜 그러냐니까? 무슨 일이니?

뉴뉴: (뒤를 돌아보며)아냐. 엄마!

[장면 2, 3 대본] 위의 대본을 참고하여 모둠끼리 작성해 보세요.

학습지 5 - 평가하기

( )학년 ( )반 ( )번 이름 ( )

- 아래 평가기준을 바탕으로 평가해 봅시다. 객관적이고 진실된 평가를 해 주세요.

◈ 평가 기준 ◈
① 갈등상황이 명확히 드러나는가?   ② 문학작품을 희곡으로 잘 각색하였는가?
③ 자신이 맡은 역할에 충실하였는가?   ④ 적극적인 자세로 낭독극에 참여하였는가?
⑤ 등장인물의 성격이나 갈등이 잘 드러나도록 낭독극을 하였는가?

◉ 개별 평가
낭독극을 하면서 어려웠던 점과 잘한 점을 이야기해 봅시다.

어려웠던 점/ 힘들었던 점/ 아쉬웠던 점	잘한 점/ 좋았던 점/ 배운 점/ 칭찬하고 싶은 점
낭독극을 하면서 느낀 점은?	

◉ 우리 모둠 평가(자기 자신도 포함하기)

이름	별점	역할 및 기여도를 구체적으로 써 주세요. [예] 배경 그림을 잘 그려 극을 돋보이게 했고 배우로서 최선을 다해 연기했다.]
	☆☆☆☆☆	
	☆☆☆☆☆	
	☆☆☆☆☆	
	☆☆☆☆☆	
	☆☆☆☆☆	

⊙ 상호 모둠 평가

다른 모둠의 낭독극을 보고 위 평가기준에 맞추어 평가를 해 봅시다.(본인 모둠 제외)

모둠	잘한 점	아쉬운 점	별점
			☆ ☆ ☆ ☆ ☆
			☆ ☆ ☆ ☆ ☆
			☆ ☆ ☆ ☆ ☆

- 최우수 작품상은 (   ) 모둠입니다.

  왜냐하면 (   )이기 때문입니다.

- 최우수 연기상은 (   )입니다.

  왜냐하면 (   )이기 때문입니다.

학습지 6 - 시상

최우수 작품상

(   )학년 (   )반
(   )팀

학년   반 낭독극에서 위 모둠은 소설의 내용을 잘 각색하였고 글의 분위기를 잘 살려 낭독극을 하였기에 이 상장을 수여합니다.

년   월   일
국어교사 000

최우수 연기상

(   )학년 (   )반
(   )팀

학년   반 낭독극에서 위 학생은 본인이 맡은 배역을 실감나게 표현하여 극의 재미를 살렸고 연기가 우수하기에 이 상장을 수여합니다.

년   월   일
국어교사 000

교과서 속 시로 낭독극 하기

이런 거 왜 하는 거예요?

올해는 중학교 3학년을 담당하게 되었다. 3년 정도 낭독극을 하면서 가장 해 보고 싶었던 것은 시를 희곡으로 각색하여 낭독극을 하는 것이었다. 중학교 3학년 국어 단원에는 '주체적 감상과 쓰기' 〔9국05-07〕 '근거의 차이에 따른 다양한 해석을 비교하며 작품을 감상한다.'라는 성취기준이 들어있다. 이를 바탕으로 학생들이 나름의 근거로 들어 시를 주체적으로 감상할 수 있는 수업을 하고 싶어서 '극을 만들어 낭독극을 해야겠다.'라고 생각을 한 것이다.

그러나 이번 학생들과는 이상하리만치 잘 맞지 않았다. 젊고 예쁜 교사는 아니나 나름 재미있는 교사로 대부분의 학생들이 국어 시간을 싫어하지는 않았다. 그러나 이번 학생들은 자꾸만 작년 국어 선생님과 비교하거나 말을 함부로 하는 학생들도 많고 가끔 수업 교체로 국어가 2시간인 날은 짜증을 내기 일쑤였다. 경력이 20여 년이 지나도 상처받는 건 여전하고, 나도 이 학생들과 무엇을 하나, 그냥 진도만 나가야 하는 것인가, 어쩌면 학생들이 이걸 더 좋아하는 건 아닌가 생각이 들기도 하였다. 그래서 올해는 낭독극 수업은 하지 말아야겠다라는 생각을 했다가 평가기준안 때문에 어쩔 수 없이 하게 되었다.

올해 학생들과는 무슨 수업을 하든 잘 알아듣지 못하는 것 같기도 하고 소통이 힘들었다. 이렇게 말하면 저렇게 하고 저렇게 하라고 하면 이렇게 하는 등 잘 이해를 못 하기도 하였다. 왜 이럴까 생각을 해 보니 역시 문해력이었다. 문해력이 낮다 보니 상대방의 말이나 글을 잘 이해하지 못해 말하고도 다른 사람들이 왜 상처받는지를 알지 못한다. 우리 반 어떤 학생의 말에 기분이 나빠 그 학생을 붙들고 "네가 이렇게 말하니까 선생님이 너무 기분이 좋지 않아."라고 말하니 그 학생의 대답은 "그게 왜요? 왜 기분 나빠요. 그냥 한 말인데." 이렇게 말하는 것이다. 이런 학생들에게 어떠한 수업을 한들 재미가 있겠는가? 그 평가기준안만 아니면 긴 시간이 드는 시극을 하고 싶지 않았지만 어쩔 수 없이 도전하기로 마음먹었다.

어떻게 하는지 모르겠어요.

우선 교과서의 시(이성부 〈봄〉, 공광규 〈얼굴 반찬〉)를 수업한 후 '봄'과 관련된 시 10편, '가족'과 관련된 시 10편을 학생들에게 나누어 주었다. 사실 나의 의도는 교과서 시 한 편과 유인물로 나누어준 시 중에서 한 편을 골라 두 편을 묶어 '봄'처럼 희망찬 내용이 담긴 극 또는 가족의 사랑이 담겨있는 극을 쓰길 원했다. 하지만 학생들이 너무 어려워하여 교과서의 시와 학습지의 시 중에서 본인이 소설로 쓰기에 적당한 시를 선택하여 쓰라고 했다. 하지만 또 어려워하여 잠시 쉬는 시간 10분 동안 예를 들어줄 글을 직접 썼다. 내가 예로 든 시는 유병록의 〈식구〉로 밑줄 친 부분이 시구를 활용하여 글을 작성한 예이다.

우리 가족은 엄마, 아빠, 나, 동생 이렇게 네 식구가 살았다. 어려웠던 나의 어린 시절, 밥상에는 변변치 않은 반찬이었지만 그래도 매일 함께 식구들끼리 둘러앉아서 때마다 밥을 먹었다. 반찬 솜씨가 좋으셨던 엄마는 변변치 않은 식재료도 아주 맛있는 반찬으로 뚝딱 내 오셨다. 지금 생각해 보면 그

때 엄마가 만들어주시던 두유, 찹쌀떡, 호떡의 그 맛을 형용할 수가 없다.
어느 날, 엄마는 나에게 좀 더 큰 곳으로 가서 공부를 했으면 좋겠다며 할머니와 할아버지가 계시는 대전으로 전학을 보냈다. 나 혼자 덩그러니 떨어진 기분, 정말 외롭고 우울한 날의 연속이었다. 친구 하나 없는 초등학교, 중학교 졸업 그리고 고등학생이 되었다. 중학교 때까지는 곧잘 공부를 잘하는 아이였다. 특히 수학을 좋아해서 수학교사를 꿈꾸게 되었다.
처음 중간고사 시험을 치르고 경악할 만한 일이 일어나고 말았다. 잘 볼 줄 알았던 나의 수학시험이 한 번도 맞아본 적 없는 40점인 것이다. 몇 개 틀리지 않았을 거라고 믿었는데 시험지에서 계속 내리는 빗줄기. 이 성적표를 들고 할아버지에게 들고 갔더니 "이게 성적이 뭐냐." 하시며 나의 성적표를 창문 밖으로 버리셨다. 나는 너무 화가 났고 나의 성적표를 찾으러 사방팔방 뛰어 다녔지만 어느 곳에도 없었다. 침울해진 나는 집에 들어왔다. 더 이상 살고 싶지 않았다. 눈물이 하염없이 흘렀다. 간장에 절인 깻잎을 집는데 두 장이 달라 붙어 떨어지지 않아 애먹고 있는데 나머지 한 장을 떼어내어 주려고 젓가락 몇 쌍이 한꺼번에 달려들던 그 밥상의 짜지도 싱겁지도 않은 내 식구들의 얼굴들이 스쳐 지나갔다. 엄마와 아빠, 그리고 동생에게 유서를 썼다. 정말 진지하게... 할머니, 할아버지에게도 감사의 인사를 전하며 나는 떨리는 손으로 면도칼을 들었다. 그 면도칼로 나의 손목을 그었다. 하지만 너무 아팠다. 크게 소리도 못 지르고 혼자 아파 나도 모르게 엉엉 울었다. 계속 울고 또 울고 밥상에 있던 그 얼굴 반찬들이 계속 나의 머리 속에 맴돌았다. 미안한 마음과 죄책감. 이렇게 죽는 것인가. 스르르 눈이 감긴다. 안녕!!!
그 다음날 눈이 떠졌다. 내가 살아있는 것인지 꿈속인지 모르겠다. 분명 거울 속에 나의 얼굴이 보인다. 난 살아있는 것이다. 나의 옆에는 면도칼과 눈물로 얼룩진 유서들이 놓여 있었다. 당혹스럽다. 잽싸게 그것들을 치워버렸다. 아무렇지 않게 거실로 나갔다. 할머니와 할아버지가 밥상에서 말씀하신다. "얼른 와서 밥 먹어." "네, 할머니." 난 생각한다. 사는 것이 정말 행복하다고... 그리고 나에게는 짜지도 싱겁지도 않은 나의 식구들이 있다고...

이렇게 학생들에게 예시를 보여주니 훨씬 이해하기가 쉬웠는지 열심히 시를 고르기 시작했다. 그 시를 골라 어떤 내용으로 쓸 것인지 개요를 작성하게 하고 다 된 학생들은 소설을 쓰라고 했다. 처음에는 왜 이런 걸 하냐고 투덜거리더니 소설을 쓰면서 "선생님, 저 작가 해야할 것 같아요.", "너무 재미있어요.", "다음 내용을 어떻게 하면 좋을까?" 하며 서로 이야기도 주고받고 혼자 피식 웃어가며 이야기를 써 내려갔다. 물론 어떻게 쓰는 건지 몰라 아무것도 못 쓰고 있는 학생들도 있다. 그때에는 계속 학생에게 끊임없이 질문을 던진다.

- 이 시의 화자는 어른일까? 어린 아이일까?
- 이 시의 화자는 남자일까? 여자일까?
- 시인은 이 시를 어떤 마음으로 썼을까?
- 계절은 언제인 것 같아?
- 시인은 어떤 일을 겪어서 이 시를 썼을까?
- 화자는 몇 살 정도일까? 학교에 다닌다면 몇 학년일까? 그럼 학교에서 이 학생은 어떤 학생일까?
- 화자의 집안 환경은 어떨까? 부모님은 어떤 일은 하실까?
- 너라면 기분이 어땠을까?

위와 같은 질문으로 이야기를 이끌어냈다. 물론 어디서 많이 본 드라마나 영화 내용 같기도 했지만 자기 나름대로 시를 바탕으로 한 소설을 창작하였다. 그중 말수가 거의 없고 친구 관계로 문제를 겪었던 남학생이 자신의 경험이 들어가게 시 〈봄〉(김기림)으로 창작한 소설이다.

지나가니 별것도 아닌 것

3학년 허OO

나는 작년 방학 어느 날, 게으른 표범처럼 누워서 반 배정이 나와 있는 핸드폰의 화면을 뚫어지게 바라보았다. 그리고 내 이름이 어디 있나 한 번씩 들러보니 소름이 끼쳤다. 친한 친구들은 전부다 같은 반에 몰려있고 나 혼자 덩그러니 다른 반에 뚝 떨어져 있는 것이다. 그걸 본 순간 뇌가 멈춰버렸고 말문이 턱 막혀서 몇 분간 가만히 앉아 있었다. 그렇게 며칠의 시간이 지나고 개학을 하여 나는 학교에 갔는데 맨 뒷자리에 앉아 학교가 끝날 때까지 계속 앉아만 있다가 집에 왔다. 그리고 부모님에게 학교를 다니기가 힘들다고 말을 하였으나 조금 더 다녀보라고 말을 해서 꾹 참고 다녀보았지만 쉽지 않았다. 한동안 나는 학교에 나가지 않았다. 그 시간 동안 생각도 많이 하고 여기저기 상담도 받았다. 시험기간인데도 나는 시험을 보지 않고 집에만 있었다. 그렇게 시간만 흘러갔다. 그러던 어느 날, 담임선생님이 반을 바꿔주면 학교에 오겠느라는 말에 용기를 얻어 처음 반이 바뀌는 날 학교에 갔다. 떨리기도 했지만 그래도 기쁜 마음으로 학교를 마치니 좋았다. 그렇게 1년을 보내고 3학년이 되었다. 3학년에 올라와서 생각해보니 참 많이 후회가 된다. 특히 시험도 안 봐서 안 그래도 낮은 점수인데 더 망해버렸다. 그러나 이미 지난 일이니 다 잊고 잘 지내보련다. 주춤거렸던 나의 1년, 성큼 나는 겨울을 뛰어 넘는다.

물론 엄청나게 잘 쓴 글은 아닐 수 있으나 시를 가지고 얼마나 생각을 하고 자신의 경험을 그대로 녹여낸 모습을 지켜보며 대견하기도 하고 이 글을 읽으며 힘들었겠구나 공감도 되는 부분도 있었다.

또 다른 이야기로 학교에 거의 오지 않고 말도 하지 않는 한 학생이 있다. 아침에 잠시 와서 담임선생님을 만난 후 사라진다. 집안 형편도 좋지 않아 전혀 집에서도 관리가 되지 않는다. 말을 걸어도 대답도 하지 않고 눈물만 뚝뚝 흘려 전혀 소통이 되지 않는다. 거의 상담실에 가 있어 그 학생의 얼굴을 보기가 힘들다. 학생을 볼 기회만 있으면 평가를 해야 하니 그래도 한 줄이라도 적어달라고 사정하며 이 학생에게 시 몇 편과 작성할 종이를 주었다. 그랬더니 이 아이가 시 〈콩나물 가족〉(박성우)을 바탕으로 다음과 같이 소설을 써서 가지고 왔다.

애써 참아보는 거야
3학년 정00

우리 가족은 오늘따라 기분이 안 좋아보인다. 아빠한테 "아빠, 무슨 일 있어요?" 물어봤더니 아빠는 "오늘 회사에서 물먹어서 기분이 엉망이니 말시키지 말고 가서 숙제나 해. 흐음." 이러신다. 아빠가 기분이 안 좋으신 모양이다. 이번에는 엄마에게 "엄마, 오늘 무슨 일 있어요?" 물어보기가 무섭게 혼나고 말았다. 홈쇼핑에서 물먹어서 안그래도 화가 났는데 왜 말을 거냐는 것이다. 난 눈물이 나오려고 했지만 꾹 참고 누나한테 갔다. 하지만 누나한테도 말을 못했다. 딱 봐도 시험을 망쳐서 기분이 별로인 것 같았다. 나는 가서 아빠 말대로 숙제나 해야겠다. 다들 왜 물먹어서 기분이 안 좋다는 건지 모르겠다. 근데 우리는 물먹어야 살 수 있는 거 아닌가.. 그러니 다들 물 먹어서 씩씩하고 용감하게 지냈으면 좋겠다. 아무리 기분이 안 좋아도 애써 참는다고 보는 게 맞을 수 있겠지만 말이다. 이래야 가족이 모두 행복해질 수 있을 것이다. 난 그게 전부다.

시의 구절을 있는 그대로 옮겨 짧게 썼지만, 글을 읽고 나도 모르게 뭉클해졌다. 사실 이유를 잘 모르겠다. 아이의 딱한 사정도, 학교를 잘 못 다니는 이유도 잘은 모르지만 이 글에서 왠지 느껴지는 것 같았다. 이렇게 모든 학생이 시 1~2편으로 소설을 창작하였고 1차 수행평가도 끝이 났다.

선생님, 하나가 끝나니 하나가 있고 갈수록 태산이네요

각자 시를 바탕으로 한 소설을 가지고 모둠으로 이동하였다. 모둠은 뽑기로 하여 같은 숫자가 적힌 학생들끼리 모였다. 모둠끼리 각자가 쓴 소설을 돌려 읽고 그중 가장 마음에 드는 작품, 즉 갈등이 명확히 드러나고 등장인물이 적당히(4~5명 정도) 있고, 학생들이 관심을 가질만한 글로 뽑으라고 했다. 학생들끼리 돌려가며 읽으면서 "이 부분을 잘 썼네.", "이게 뭐냐, 오글거린다." 등 서로 글을 보며 피드백도 하면서 읽는 시간은 그 어떤 유명한 소설을 읽을 때보다 가장 진지하게 재미있게 읽었다. 그러고 나서 한 편을 뽑고 이를 희곡으로 작성하기 위해 적당히 분배하라고 했다. 그랬더니 역시나 그 글을 그대로 옮겨 적어 놓았다. 그래서 또 시범을 보여주었다. 시범은 정말로 중요하다. 그래서 학생들과 함께 내가 예로 든 소설을 참고로 어떻게 희곡으로 쓰면 좋을까 상의하며 작성하였다.

〈 교사가 쓴 글을 희곡으로 작성한 예 〉

해설: 우리 가족은 엄마, 아빠, 나, 동생 이렇게 네 식구가 살았다. 어려웠던

나의 어린 시절, 밥상에는 변변치 않은 반찬이었지만 그래도 매일 함께 식구들끼리 둘러앉아서 때마다 같이 밥을 먹었다.

나: 역시 엄마는 못하는 반찬이 없어요.
동생: 진짜 엄마가 해주는 이 김치찌개가 최고라니까...
엄마: 변변찮은 반찬이라도 이렇게 잘 먹어주니 너무 고맙다. 많이 먹어.

해설: 반찬 솜씨가 좋으셨던 엄마는 변변치 않은 식재료도 아주 맛있는 반찬으로   뚝딱 내오셨다. 지금 생각해 보니 그때 엄마가 만들어주시던 두유, 찹쌀떡, 호떡의 그 맛은 어떻게 표현할 수 없을 정도로 맛있었다.

엄마: 정수야. 너 여기말고 좀더 넓은 곳으로 가서 공부할래. 여기는 시골이라서 공부하는 조건이 별로 좋은 것 같지 않구나. 할머니 할아버지가 계시는 대전으로 전학가는게 어떨까?
아빠: 그래, 나도 찬성이다. 여기보다는 더 좋을 것 같은데.
나: 싫어요. 가기 싫어요. 나 그냥 여기서 공부하면 안 돼요?

해설: 결국 정수는 할머니와 할아버지가 계시는 대전으로 전학을 갔다. 덩그러니 떨어진 기분, 정말 외롭고 우울한 날의 연속이었다. 친구 하나 없는 초등학교, 중학교 졸업 그리고 고등학생이 되었다. 중학교 때까지는 곧잘 공부를 잘하는, 특히 수학을 좋아해서 수학교사를 꿈꾸는 그런 아이로 자랐다.

이렇게 보여주고 나면 이해하는 학생과 이해하지 못하는 학생이 절반 정도씩 나온다. 그러면 시간이 걸리더라도 학생들이 쓴 소설 중 일부를 가지고 와서 칠판에 같이 상의하며 작성해 보는 것도 좋다. 어떤 학생이 이렇게 소설을 처음 시작을 해서 아이들과 함께 희곡으로 바꿔 본 예이다.

> **나는 그녀를 처음 본 순간 관심이었고, 두 번째 봤을 때는 호감으로 바뀌었다.**
> - 희곡으로 바꾸기
>
> 해설: 화창한 봄날, 난 교정에서 우연히 그녀를 보게 되었다.
>
> 나: 어. 누구지? 처음 보는 얼굴인데? 너 저 여자 알아?
> 친구: 누구? 글쎄. 나도 잘 모르겠는데. 왜?
> 나: 아니야. 누군지 궁금해서? 넌 워낙 발이 넓으니까 아는 줄 알았지?
> 친구: 내가 어떻게 다 아냐. 약속 시간 늦겠다. 가자.
> 나: 그래. 가자.
>
> 해설: 나는 그녀에게서 눈을 떼지 못하고 친구를 따라갔다. 그렇게 며칠이 흘러갔다.
>
> 나: 어, 또 그 아이네. 오늘은 인사를 하고 싶은데.... 어쩌지? 심장은 왜이리 뛰는거니.
> 친구: 야! 너 거기서 뭐해.
>
> 해설: 친구의 큰소리에 의자에 앉아있던 그녀가 뒤돌아본다. 나와 눈이 마주치고 말았다. 당황한 나는 그녀의 눈을 피해 어찌할 바를 모르고 있는데 그녀가 나에게 다가와 말을 건다.

> 그녀: 안녕! 너 이 학교 다니나봐.
>
> 나: (얼버부리며) 어... 안녕!

    학생들은 역시 사랑 이야기를 좋아해서 이 한 줄을 바꾸는데 정말 많은 말들이 오고 갔다. 소설은 한 줄로 쓸 수 있지만, 희곡은 그 한 줄에 어떤 많은 대사가 숨어 있는지 생각하며 쓸 수 있다는 것을 알려 주고 싶었다. 예시를 보여주고 같이 써보니 그래도 각자 본인 모둠 작품을 열심히 분석하고, 내용을 바꾸기도 하고, 모둠원들과 서로 소통하며 희곡으로 각색해 나가기 시작했다. 어찌 됐든 작품을 쓰기까지 시 10편 정도, 그리고 유명한 사람의 글은 아니더라도 아이들의 작품 5편을 읽게 된 셈이다. 처음에는 힘들어하고 이런 걸 우리가 어떻게 하냐고 하더니 실제로 할 때는 서로 도와가면서 즐겁게 열심히 하였다. 교사로서 이럴 때 보람을 느끼는 것 같다. 처음엔 짜증이 가득 찬 얼굴로 있다가 자기들끼리 즐거워하는 그런 모습을 볼 때 '그래도 낭독극 수업하길 잘했다.'라는 생각이 든다.

    각자 맡은 부분을 대본으로 만들고 각각의 부분을 합쳐서 대본을 같이 보며 고쳐 썼다. 두 시간 정도는 글씨로 직접 쓰게 하였고 나머지 한 시간은 학교 여분의 노트북을 들고 가서 문서화하도록 하였다. 내가 근무하는 학교는 시골의 학교라 그런지 생각보다 아이들이 컴퓨터를 잘 다루지 못한다. 스마트폰과 게임 분야에서는 엄청난 실력을 발휘하지만 컴퓨터에서 한글 문서로 정리를 하라 하니 잘하지 못하고 타자도 생각보다 빠르지 않다. 그래서 1시간이면 충분할 거로 생각했는데 2시간이나 걸렸다. 갈수록 태산이라고 투덜거렸지만 결국 대본이 완성되었다. 역시 믿으면 된다. 학생들은 결국 해낸다.

선생님이 이 역할 다하세요

드디어 장시간에 걸친 낭독극 대본이 완성되었다. 앞에서 말했듯이 대본만 완성되면 낭독극은 끝이다. 이제부터 같이 등장인물 분석하고, 배역을 정하고, 연습 시작! 정말 국어책 읽듯이 그냥 줄줄 읽기만 했다. 그래서 "등장인물이 어떤 심정으로 말했을까 생각하면서 좀 영혼을 불어넣어 주면 안 되겠니?" 그러면서 교사가 또 직접 시범을 보였더니 아이들이 나에게 "선생님이 잘하시네요. 선생님이 이 역할 다하세요." 그렇다. 내가 제일 잘한다. 하지만 난 교사니 또 아이들을 북돋아 주며 "너희들이 더 잘하지. 할 수 있어."라고 격려하며 리허설도 하고 2시간 연습 시간을 주었다.

낭독극을 발표하는 날이니 그래도 관객이 있으면 좋겠다라는 생각이 들어 공개수업으로 하였고 선생님 몇 분을 초대하였다. 신기한 것은 관객이 오면 싫어할 것 같지만 아이들은 더 좋아한다. 심지어 수업 시간마다 국어 시간에 낭독극 하니까 보러오라고 자기네들이 직접 선생님들을 초대하였다. 학생들의 초대를 받은 선생님들, 수업 공개 관련 업무 담당교사까지 꽤 많은 분들이 학생들의 낭독극을 보러 오셨다. 준비하면서 시 전문을 전지에 작성하고 이와 관련한 그림을 그리게 하여 그 종이를 칠판에 붙여 놓았다. 먼저 시를 낭독하고 배역 소개, 줄거리를 간략히 말한 후 낭독극에 들어갔다. 손을 벌벌 떠는 학생, 목소리가 작아 잘 들리지 않는 학생, 감정을 너무 분출하는 학생, 웃음이 터져 참지 못하고 잠시 극을 멈춘 학생, 정말 성우처럼 해설을 잘 읽어주는 학생, 수업 시간에는 조용한데 연기를 너무 잘해서 놀라게 했던 학생들로 꽉 찬 무대였다. 한 모둠이 낭독극을 할 때마다 학생들은 열심히 잘 해 주었고 평가도 긍정적으로 써주었다.

공개수업을 했기에 사후협의회를 하는데 우리 학교 수석선생님이 "낭독극을 꾸준히 하는 선생님의 성장하는 모습을 볼 수 있었어요. 그리고 혁신학교에 제일 맞는 수업이었어요."라고 말씀해 주셨다. 이 말을 듣는 순간, 하기까지는 어려웠지만 결과물이 나름 만족스러웠기에 도전하기를 잘했다고 나 스스로 칭찬한다.

선생님. 저 연기 잘하는 것 같아요.
낭독극을 하면서 다른 모둠 평가와 자기평가 그리고 느낀 점을 적도록 하였다.

- 글을 희곡으로 각색하는 것이 정말 재미있었고, 잘 연기한 것 같아서 뿌듯했다.(김OO)
- 재미있었고, 다음에도 이런 낭독극을 또다시 해보고 싶다고 느꼈다.(유OO)
- 아이들 앞에서 하는 것이 너무 떨렸다. 하지만 좋았다. (공OO)
- 낭독극을 하려면 대본을 쓰고 각색을 하고 앞에서 발표를 해야 하니 힘들었지만, 다른 아이들이 하는 것을 보니 재미있었다. (우OO)
- 낭독극을 하면서 연극에 대한 흥미와 연기를 하기 전 많은 노력이 필요

하다는 걸 알았다. 하지만 모두 힘을 합쳐 연기하고 모두가 열심히 노력하는 모습을 보니 재미있고 우리 팀원들에게 고마웠다.(성OO)

• 연기력이 부족한게 아쉬웠지만 모둠원들과 함께 합을 맞춰서 엄청 좋았다.(김OO)

• 쉬워보였지만 결코 쉽지 않았다. 그래도 처음 해보는 경험이라서 새롭고 재미있었다. 어떤 방향이 좋은지 스스로 생각해보며 이야기를 만들어 보니 재미있었다.(신OO)

• 대본을 직접 써서 낭독극을 하는 과정에서 희곡 또한 아주 힘든 과정을 거쳐서 만들어지는 문학이라는 것을 깨달았다. 또한 앞으로 연극에 관심을 많이 가지게 될 것 같다.(최OO)

• 연극을 했으면 포기했을 것 같은데, 대본을 보면서 하니 편하고 다른 친구들의 대사도 볼 수 있으니 우리 작품이 더 재미있어 보였다. 다른 아이들 작품들도 재미있었다.(이OO)

낭독극을 하고 난 후 학생들의 소감을 들어보니 새로운 경험을 해봐서 좋았다는 이야기가 대다수였다. 이 중에서 다른 수업 시간에 전혀 참여를 하지 않는 한 학생이 낭독극 수업에서는 깨어 있었다. 다른 학생들이 "선생님, 지금 OOO이요. 각색도 하고 있어요." 이렇게도 말할 정도였다. 심지어 연기도 잘해서 학생들의 투표 결과 최우수연기상 후보에도 올랐다. 이 수업 시간만큼은 살아있는 시간인 것이다. 우리가 추구하는 것이 무엇일지, 분명 어마어마한 지식을 아이들에게 넣어주는 게 목표는 아닐 것이다. 한 걸음 한 걸음 '학생들과 소통하며 즐기는 것, 자기 것으로 만드는 힘!' 그것을 길러주는 것이 교육이 아닐까? 물론 나의 의도는 가족의 사랑, 희망을 다루는 주제로 나오길 의도했으나 대부분이 사랑 이야기가 주를 이루었다. 살짝 나의 의도와는 다르게 전개가 되었지만 그래도 나름 성공적인 수업이 아닐까 싶다.

마을교육을 낭독극으로 하기

마을교육과 교과융합수업

낭독극은 국어 교과에만 국한된 것이 아니다. 지금 내가 근무하고 있는 학교는 혁신학교이다. 혁신학교에서 중요하게 여기는 것 중 하나가 마을교육이다. 마을교육이란 '마을이 아이들의 배움터가 되는 것'이며, 마을이 가지고 있는 교육 자원과 인프라를 적극적으로 활용하는 것을 말한다. 이는 아이들이 학교뿐만 아니라 마을의 자연, 사회, 삶 속에서 살아있는 배움을 실천할 수 있는 교육적 기회와 공간을 제공받는 일이다. 정말 좋은 취지이기는 하나 학교에서 실제 적용하여 수업하기는 쉽지 않다. 게다가 1학년이 자유학기제이니, 1학년에서 마을학교를 해야한다는 무언의 압박도 있었다.

우선 1학년 교과 담당교사끼리 모여 회의를 하였다. 국어, 역사, 미술, 영어, 음악 교과 중심으로 마을 교육과정을 짜기 시작했다. 그래서 결정한 주제가 '우리 지역의 문화유산을 알려요.'로 하였고 이에 맞게 교육과정을 재구성하였다. 사실 이런 활동을 하려면 교사끼리 친하면 더욱 좋다. 그래야만 뜻이 잘 맞아 수업에 대해 지속적으로 이야기를 나누며 서로 보완해 가는 것이 가능하다. 우리의 수업도 국어, 역사, 미술까지는 진행이 되었으나 융합 수업이 길어지다 보니 1학기 말이 되어 영어와 음악 교과에서는 다소 흐지부지되었고 미술 시간 리플렛까지만 완성할 수 있었다. 원래의 계획을 표로 정리하자면 이렇다.

과목	차시	내용
역사	1시간	우리 지역 문화유산 둘러보기
국어	5시간	뉴스형식으로 낭독극 대본을 만들어 낭독극 하기
미술	2시간	'서산의 문화유산' 리플렛 만들기
영어	2시간	'서산의 문화유산' 영어판 리플렛 만들기
음악	2시간	'서산의 문화유산' 노래 만들기

낭독극으로 해 보는 마을교육, 어렵지 않아요

그래서 우선 국어 시간에 진행했던 '우리 지역의 문화유산을 알아보아요.'에 대해서만 설명하고자 한다. 1시간은 역사 교사가 우리 지역의 문화유산에 대해 설명을 해 주었고, 그다음 시간부터는 국어 시간을 이용하여 전개하였다. 중학교 1학년 국어 성취 기준에 맞추어 면담과 요약하기 단원을 묶어 수업을 하였다.

우선 전 시간에 배운 대로 우리 지역의 문화유산을 칠판에 적었다. 그런 다음 그 문화유산 중에서 가장 관심이 가는 것을 선택하도록 하였고 그에 따라 최대 4명으로 모둠을 구성하였다. 물론 모둠 구성을 하고 난후에 다른 것으로 하면 안 되냐고 하는 모둠도 있기는 하였다. 그럼 학생들의 의견을 따라 주는 것이 좋다. 그래야만 좋은 결과물을 낼 수 있다.

학생들에게 태블릿 PC, 핸드폰, 시청이나 지역에서 자체 제작해서 학교로 오는 자료를 모두 주고 필요한 내용을 검색하여 정리할 수 있도록 하였다. 정리한 내용을 바탕으로 우리 지역 문화유산을 알리는 팜플렛을 만들고 여기에서 가장 중요한 내용만을 뽑아 헤드라인 뉴스를 제작하도록 하였다. 나는 개인적으로 아날로그를 좋아하여 종이에 직접 매직으로 쓰게 하였다. 헤드라인 기사는 '류방택 천상분야열차지도 만들어' 이런 식으로 만들 수 있도록 예를 들어 주었다. 어떤 모둠은 뉴스형식으로, 어떤 모둠은 그 인물의 일생을 상황극으로 만들어 가상면담 형식의 대본을 작성하였고 뉴스형식으로 낭독극을 진행하였다. 낭독극으로 할 때에는 각자의 역할에 맞게 할 수 있도록 한 시간 정도 연습 시간을 주었다. 신기하게도 학생들은 각 역할의 특징을 잘 살려 연기를 하였다. 역시 학생들은 믿어주면 다 해낸다. '학생들이 할 수 있을까?' 의문을 가지기 전에 그냥 해 보면 역시 어떤 식으로든 해내는 것이다. 이번에도 마찬가지였다. 따로 의상이나 배경 그림을 준비하지 않아도 그 역할이 무엇인지 알 수 있도록 연기를 잘 해냈다. 보는 아이들도 즐거워하였고 교사가 나누어준 평가지에 새로 알게 된 내용이나 인상 깊은 점을 적으며 경청하였다. 학생들 기억 속에 우리 지역의 문화유산은 한 가지 정도는 남게 되지 않았을까? 이 수업은 국어뿐만 아니라 개념 학습이나 인물에 대해 탐구할 때 활용하면 아주 효과적이라는 생각이 든다. 다음은 국어 수업을 전개한 순서이다.

차시	내용
1	'우리 지역의 문화유산' 역사 시간에 전반적으로 우리 지역의 문화재에 얽힌 일화, 유래 등을 설명
2	우리 지역 문화재에 대해 조사(모둠별로 문화재 정하기)
3	뉴스형식의 대본 작성하기
4	중심문장 선택하여 헤드라인 뉴스 제작하기(국어 '요약하기'단원과 함께 묶어 수업)
5	뉴스형식의 낭독극 발표

〈모둠별로 조사한 내용을 정리한 예시〉

 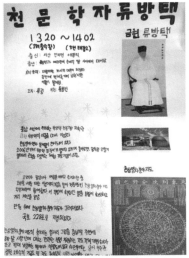

다음은 학생들이 직접 제작한 뉴스형식으로 제작한 대본의 일부이다.

〈예시 - 뉴스형식으로 진행한 '우리 지역의 문화유산을 알아보아요.' 낭독극 대본 1〉

아나운서: 안녕하세요. 저는 아나운서 000입니다. 오늘은 개심사에 대해 알아보겠습니다. 서산 개심사에 나가 있는 000기자 나와주세요.

기자: 네 저는 지금 서산 개심사에 나와 있는 000 기자입니다. 제가 이곳에 계신 스님을 모셔보겠습니다. 안녕하세요.

스님: 네, 안녕하십니까?

기자: 개심사는 어디에 위치한 절인가요?

스님: 충남 서산시 운산면 신창리 상왕산에 위치한 절입니다.

기자: 충남 4대 사찰로 알려진 개심사는 언제 지어졌나요?

스님: 654년 혜감국사가 창건하여 개원사라 하였습니다. 그후 1740년 전면 보수하여 오늘에 이르고 있습니다.

기자: 그럼 '개심'의 뜻은 무엇인가요?

스님: '개심'이란 마음을 열어 깨달음을 얻으라는 의미입니다.

~~ (중 략) ~~

기자: 그럼 이곳에 오신 관광객 한 분을 모시고 말씀 여쭤보도록 하겠습니다. 여기 개심사에 처음 오셨나요?

관광객: 네. 처음 오는데 지금 개심사에 청벚꽃이 활짝 피었네요. 개심사에는 이 청 벚꽃이 유명하다고 들었습니다. 진짜 아름답습니다.

아나운서: 지금까지 000기자 고생하셨습니다. 이상으로 우리 지역 문화유산인 개심사에 대해 알아보았습니다. 우리 지역의 문화유산 개심사, 이번 주 주말에 한 번 가보시는게 어떨까요? 이상으로 000뉴스였습니다.

〈예시 - 뉴스형식으로 진행한 '우리 지역의 문화유산을 알아보아요.' 낭독 극 대본 2 〉

아나운서: 안녕하세요. KDS아침뉴스 000아나운서입니다. 오늘은 세계적인 천문학자 류방택 선생님에 대해 소개해 드리도록 하겠습니다. 그럼 현장에 있는 000 기자 나와주세요.

기자: 안녕하세요. 000 기자입니다. 저는 천문학자 류방택 선생님이 계신 송곡 서원에 있습니다. 그럼 류방택 선생님을 모셔보도록 하겠습니다.

류방택: 네. 안녕하세요. 저는 금헌 류방택입니다.

기자: 호가 금헌이신데 금헌의 뜻에 대해 여쭤봐도 될까요?

류방택: 네. 금헌의 뜻은 거문고를 직접 연주하고 악기를 사랑한다는 의미입니다. 저는 이렇게 거문고 연주하기를 좋아하여 호를 이렇게 지었습니다.

기자: 류방택 선생님의 고향은 어디신가요?

류방택: 네. 저는 1320년에 충청남도 서산시 인지면 애정리에서 태어났습니다.

기자: 그렇군요. 류방택 선생님께서는 천상열차분야지도를 만드셨는데 그것은 언제, 왜 만드셨나요?

류방택: 그 천상열차분야지도는 1395년에 만들었습니다. 천상열차분야지도란 하의 별자리를 그린 지도라 할 수 있지요. 이것을 왜 만들었냐면 잠시 내 이야기를 해도 되겠소?

기자: 그럼요.

류방택: 그럼 지금부터는 나와 이성계의 이야기요.

이성계: 난 이번에 조선을 건국하려고 하오. 나의 나라를 세우기 위해 우리나라 최고의 천문학자인 당신의 도움이 필요하오.

류방택: 저는 고려 사람입니다. 절대 할 수 없습니다.

이성계: 조선의 정당성을 입증하기 위해서라도 꼭 당신의 도움이 필요하오. '천 상열차분야지도'를 완성해 주시오.

류방택: 알겠습니다. 하지만 저는 다시 말씀드리지만 고려 사람입니다. 그럼 이 번한 번만 '천상열차분야지도'를 만들지요. 하지만 저는 관직은 필요없 습니다. 제 고향에 남아 별을 계속 연구하며 살고 싶습니다.

이성계: 허허. 이것 참. 자네의 뜻이 그렇다면 그렇게 하게나.
(중 략)
기자: 지금까지 류방택 선생님을 뵙고 여러 가지 이야기를 나누었습니다. 별을
사랑했던 위대한 천문학자 류방택 선생님이셨습니다.
아나운서: OOO 기자 감사합니다. 충남 서산시에 류방택 천문기상과학관이 있
는데요. 그 곳은 류방택 천문학자를 기리기 위한 공간이라고 합니
다. 천문기상과학관에는 별을 관측할 수 있는 천문대도 있고 다양한
볼거리가 있다고 하니 주말에 한번 가보시는게 어떨까요? 지금까지
KDS OOO아나운서였습니다.

마을교육을 주제로 진행한 낭독극은 뉴스형식으로 하였지만 인물을 탐구하면서 다양한 일화를 가지고 극 형식을 제작하면 더욱 효율적이다. 처음 순서에서 뉴스처럼 헤드라인 기사를 종이에 크게 작성하여 칠판에 붙이고 시작했다. 그러면서 학생이 요약을 하게 되었고 대본을 쓰면서 가상면담이지만 질문지를 만들고 답하는 형식을 취하면서 그 인물과 문화유산에 대해 더 정확하게 알게 되었다. 또한 낭독극으로 하니 학생들은 더 재미있어하고 열심히 경청하면서 새로운 내용을 알게 되었다. 단순히 문학작품을 각색하여 전개하는 것이 아닌 인물 탐구나 개념 설명을 할 때도 대본을 만들어 낭독극으로 할 수 있다. 이렇게 낭독극의 분야는 무궁무진하다.

☞ 〈선물〉(학생 작품) 대본 원문은 부록에 있습니다.

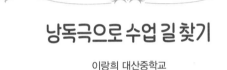

낭독극으로 수업 길 찾기

이랑희 대산중학교

교사, 교실에서 길을 잃다

선생님은 왜 교사가 되셨어요?

옆자리에 올해 신규 발령받은 선생님이 있다. 초롱초롱한 눈빛으로 아이들이 너무나 예쁘다고 말하며 끊임없이 내게 질문을 하는 선생님이다. 그러던 어느 날, 근무한 지 3개월이 채 되지 않아 지친 기색이 역력한 모습으로 나에게 묻는다. "선생님은 왜 교사가 되셨어요?" 이 질문은 아마도 생각보다 조금은 고되게 느꼈을 교사라는 일에 대한 경력자의 비전과 가치를 듣고 싶은 마음이 담겨있었을 것이다. 하지만 난 바로 답하지 못하고 말문이 턱 막히고 말았다.

진로와 관련된 수업을 할 때 아이들에게 항상 하는 말이 있다. "직업이 진로는 아니다. 만약 선생님이 되고 싶다면 '어떤' 선생님이 되고 싶은지를 생각해 보는 게 중요하다." 교사로서 학생들에게 '교과서적인 옳은 이야기'는 쉽게 하지만 나는 그렇게 살고 있나를 생각해 보면 부끄러울 때가 많은데 이 말도 내겐 그런 말 중 하나다. 한 반에 한 명쯤 어김없이 교사를 하고 싶다는 학생이 있다. 올해도 가르치는 학생 중 교사가 꿈인 학생이 내게 묻는다. "선생님은 꿈이 선생님이었어요? 그럼 꿈을 이룬 거네요?" 하지만 얼른 답이 나오지 않는다. 최초로 누군가가 나에게 꿈을 물었을 때부터 나의 대답은 '선생님'이었는데, 그 뒤로도 내 꿈은 의심 없이 쭉 교사였는데 교직 경력 10년 차가 되어 내가 왜 교사가 되고 싶었는지, 어떤 교사가 되고 싶었는지, 꿈을 이룬 것인지 얼른 대답할 수 없는 교사가 되어 있었다.

"교사는 수업으로 자신의 정체성을 말합니다."

우리학교는 수업혁신학교로 매달 수업 나눔을 하는데, 그때 교장 선생님께서 해 주신 말씀이다. 교사라면 다른 것이 조금 부족해도 아이들을 사랑하는 마음과 자신이 가르치는 교과 수업에 대한 전문성을 갖추는 것이 우선이라는 말씀을 하셨다. 이 말을 듣고 후배 교사와 학생이 나에게 던진 질문을 다시 떠올리게 되었다. 과연 나는 '어떤 수업을 하고 싶었나?', '어떤 수업을 하고 있나?'를 다시 고민하기 시작했다. 나는 학생과 삶을 이야기하며 함께 성장하는 교사가 되고 싶었다. 그리고 스스로에게 '지금 나는 그런 수업을 하고 있나?'라는 질문을 던져 보았지만 그 대답은 쉽지 않았다. 이렇게 학생과 삶을 이야기하며 함께 성장하기 위해 교사는 어떤 수업을 기획하고 그 수업에서 어떤 역할을 해야 하는지에 대한 물음으로 이 이야기는 시작된다.

'잘' 가르치고, 배우는 것은 어떤 것인가?

매해 교과서를 새로 받아 들며 하는 고민이다. 중학생들은 일주일에 4시간 이상 국어 수업을 듣는다. 심지어 중학교 1학년 학생들은 주 5일 동안 매일 국어를 배우기도 한다. 그리고 다른 교과도 마찬가지지만 국어 교과서는 텍스트가 주를 이룬다. 그 안에 항상 빠지지 않고 등장하는 소설은 학생들이 공감하기 어려운 시대를 배경으로 하기도 하고, 한 편의 분량도 꽤 긴 편이다. 이런 글을 어떻게 해야 '잘' 가르치는 것인가에 대한 고민은 국어교사라면 한 번쯤 해 보았을 것이다. 특히 SNS 등의 짧은 글을 읽고, 짧은 영상을 보며, 문자보다는 구술, 영상을 통해 주로 의사소통을 해 온 학생들은 글의 내용을 '이해'하는 것을 떠나 교과서 속에 담긴 5쪽이 넘는 글 읽기를 완료하는 것 자체를 어려워 하기도 한다. 그래서 매해 새 교과서를 받을 때마다 어떤 글이 담겨있는지, 특히 소설은 어떤 작품이 있는지를 먼저 확인하곤 한다. 그리고 나의 고민은 시작된다. '이 글들을, 시와 소설을 어떻게 하면 학생들에게 지루하지 않게 가르칠 것인가?', '어떻게 하면 학생들이 깊이 있게 이해하고 감상하도록 도울 것인가?'를 말이다. 교사가 묻고, 학생이 답하며 문제 풀이식 '지식 전수'가 아닌, 모범 답안을 정해놓고 그 답을 말하기를 강요하는 것이 아닌, 학생이 스스로 글을 읽고 그 의미를 짚어가며 공감하고, 감상할 수 있도록 돕는 수업은 어떻게 이루어지는 것일까? 여러 번의 경험을 통해 학생들이 문학작품을 자신의 삶과 연결하여 감상할 때 주체적이고, 깊이 있게 감상한다는 것을 알게 되었다. 그리고 이것이 곧 문해력과 연결된다는 점을 깨닫게 되었다. 그래서 난 다시 학생들의 삶과 문학작품을 연결하여 감상하는 방법을 고민하게 되었다.

왜 낭독극인가

교사가 떠먹여 주는 것이 아닌, 학생 스스로 만들어 먹는 수업

다양한 교수학습 방법을 생각하면서 온·오프라인에서 연수를 찾아 듣기 시작했다. 여러 연수를 통해 알아보고 내가 먼저 연습하며 각 성취기준과 글에 적절한 교수학습 방법을 선택했다. 그러던 중 아이들이 교과서 속의 소설을 읽을 때 배역을 맡아 읽기만 해도 흥미를 갖고 참여한다는 점을 발견하게 되었다. 때마침 낭독극 연수에 대한 공문을 발견하고 연수에 참여하게 되면서 '그래, 바로 이거다!'라는 생각을 했다.

무엇보다 학생이 작품 속 인물이 되어 그들의 말을 자신의 입으로 뱉어낼 때, 강의식 수업을 통해 인물의 성격, 갈등, 배경 등을 정리했던 것과는 달리 인물의 생각과 마음을 더 잘 공감할 수 있다는 것을 나도, 학생들도 느낄 수 있었다. 문학작품을 읽고, 학생들이 재구성하여 인상적이고 중요한 장면을 선택하여 극화하는 과정을 통해 학생들은 주체적으로 문학작품을 감상할 수 있고 이것을 공연하면서 협업능력은 물론이고 자신감도 키울 수 있었다.

모둠 학습을 통해 학생들은 자신이 먼저 알게 된 내용이 있다면 다른 학생들에게 설명하고, 평소 글 읽기에 관심이 없던 학생들도 자신이 맡은 인물의 성격, 인물이 당면한 상황을 잘 표현하기 위해 아이디어를 내는 모습이 보였다. 다른 사람 앞에 나서기 어려워하는 학생들은 교사가 개입하지 않아도 모둠 안에서 스텝 역할을 맡아 하거나 연기를 보며 조언하는 역할을 했다. 또 평소 수업 시간에 적극적으로 나서지 않던 학생들은 의외의 모습도 보였다. 차분한 목소리로 자신의 역할을 꿋꿋이 해

내는 모습에서 학생 자신도, 주변의 학생들도 그 학생을 다시 보기 시작하고 칭찬의 말을 나누기도 했다.

활동을 모두 마친 후 학생들과 소감을 나눌 때 한 학생이 했던 말이 기억난다. "낭독극을 하며 문학작품을 이해하고 감상하는 것뿐만 아니라 사람마다 성격에 따라, 상황에 따라 맡게 되는 역할이 다르지만 함께 하나의 작품을 만들어 가는 것처럼 우리가 살아가는 모습도 비슷한 것 같다는 생각이 들었다."라는 말을 했다. 이 말을 들으며 '낭독극 활동이 내가 기대했던 것보다 더 많은 배움을 불러일으킨다.'는 생각이 들었다.

애들아, 방학에 선생님이랑 놀자

무엇이든 처음은 어렵다. 안 해 본 것을 하려니 어디서부터 어떻게 시작해야 할지 계획이 잘 서지 않았다. 연수를 듣고 연수에서 선생님들과 낭독극을 실습해 봤을 때는 당장이라도 학교에서 학생들과 시작해 볼 수 있을 것 같았다. 하지만 정작 학교에 돌아와 학생들과 낭독극을 해 보려고 수업을 구상하면 적용하기 어려운 부분이 있었다. 이미 진도계획과 평가 등이 학기 초에 계획된 상태였고, 가장 큰 부담은 내가 연기의 '연'자도 모르는 사람이라는 것이었다. '낭독극이라고는 하지만 연기를 좀 알고, 할 수 있어야 학생들을 지도할 수 있을 텐데'라는 생각이 앞섰고, 보는 것은 좋아했지만 연기를 지도할 수 있을지 자신이 없었다. 주저하고 있을 수만은 없다는 생각이 들면서 연수 강사로 나섰던 선생님께서 '일단 시작해 보세요. 그럼 아이들이 꽤 잘 해냅니다.'라고 말씀해 주셨던 것과 '낭독'에 방점을 찍기로 했다. 그리고 첫술에 배부르려 하지 말고, 학생들과 함께 '해 보는 것'에 의의를 두자는 마음으로 시작했다.

그다음 고민은 '언제 이 활동을 하면 좋을까?'였다. '수업 시간에 하면 어떨까?', '학기 말 시험이 끝난 후부터 방학식 전까지 시간을 알차게 보낼 수 있는 활동이 되지 않을까?'라고 생각하기도 했다. 하지만 수업 시간 45분, 정해진 시간 안에 수업을 하며 학생들의 다양한 수준 차를 고려하여 글을 감상하도록 안내하는 것은 결코 쉬운 일이 아니다. 학생들은 문학작품도 작품 자체로 감상하기보다는 시험을 위한 제시문으로 받아들이기도 한다. 시험 기간이 정해져 있고, 시험 범위가 확보되어야 하는 상황 속에서 여러 시간을 계획하여 수업 중 낭독극을 하는 것은 처음으로 낭독극에 도전하는 나에게도 부담이 있었다. 또 동학년을 같이 들어가는 교사 간의 협의와 수업 중에 활동한 내용을 평가하는 부분에 대한 학생과 교사의 부담도 있을 것이라 생각했다.

나는 방학 중 방과후 수업을 활용해 보기로 했다. 이 시간을 활용한 것은 학생들과 교사 모두가 평가에서 비교적 자유롭다는 큰 장점이 있기 때문이었다. 그리고 희망자를 모아 하는 활동으로 아이들의 주도성을 더욱 극대화할 수 있었다. 또 방과후 수업의 경우 블록타임 등 시간 구성을 비교적 교사가 자율적으로 할 수 있다는 장점이 있었다. 방과후 수업으로 '문학작품으로 낭독극 하기' 활동을 해 보니 낭독극을 처음 시작하는 경우라면 방과후 수업 외에도 동아리, 교과 캠프, 자유학기제 수업 등을 활용하는 것도 좋을 것 같다.

낭독극을 처음 시작할 때는 정신없이 바쁜 학기 말에 방과후 계획서 한 쪽, 방과후 프로그램 소개글 두 줄을 쓰기도 어려웠다. 무엇을 해야 할지, 시간을 얼마나 잡아야 할지 가늠하기 어려웠다. 또 어떻게 소개해야 방학 동안 집에서 쉬고 싶을 학생들을 학교로 발걸음을 돌리게 할 수 있을지 알 수 없었다. 그래서 수업 시간에 문학작품을 배울 때 학생들에게 "선생님이 방학에 낭독극 활동을 해 볼 계획을 세우고 있어. 글을 읽는데 약간의 연기를 덧붙인다고 생각하면 될 것 같아. 방학에 선생님이랑 같이 놀자."라고 말을 꺼내 놓았다. 그것을 기억한 학생들이 방과후 수업을 신청했고, 수업 시간에는 조용하고 존재감이 크지 않은 학생이 배우가 꿈이라며 낭독극 활동에 매우 적극적으로 참여하고 최우수연기상을 받은 학생도 있었다.

시작이 어려웠던 것은 '교사인 나도 잘 모르는 활동을 학생들과 어떻게 하나.' 싶은 막연한 두려움 때문이었다. 활동을 마치고 보니 교사는 안내와 조력자의 역할을 할 뿐 처음부터 끝까지 모든 과정을 완성하는 것은 학생들의 몫이었다. 학생들은 교사가 생각하는 것보다 훨씬 더 많은 능력과 가능성이 있다. 한 학기를 마무리하고 지쳐서 맞이한 방학인데도 낭독극 수업을 즐겁게 할 수 있었던 것은 바로 이것을 다시 느낄 수 있었기 때문이다. 교사인 나는 좌충우돌이었지만 참여한 학생들은 즐겁게 글을 읽고 자신의 목소리로 표현해내고 있었다.

낭독극 수업 쉽게 시작하기

차시	주요 활동
1–4	·친해지기 ·낭독극 알아보기 ·모둠 정하기
5–8	·작품 선정 ·글 읽기 ·대본 쓰기 연습
9–12	·대본 쓰기
13–16	·낭독극 연습 ·효과음, 배경 넣기 ·오디오 북 만들기
17–20	·낭독극 공연 ·자기성찰평가, 모둠 평가 ·소감 나누기

1일 차. 4차시: 아이스브레이킹, 낭독극 보기, 모둠 정하기

"사실 선생님도 낭독극이 뭔지 공부하고 있는 단계야."

첫 시간에는 이렇게 부끄러운 고백으로 시작했다. 전문가다운 모습으로 완벽하게 지도하고 싶지만 얼마 안 되는 교직 경력에서 배운 것 중 하나는 학생들 앞에서 솔직해야 한다는 것이었다. 학생들도 학생으로 산 경력이 길어서 교사가 초보인지 전문가인지 금세 알아차린다는 것을 경험으로 알고 있기 때문이다. 그래서 아는 체하지 않고 "우리 낭독극이 뭔지 같이 알아보자."라며 낭독극 공연 영상자료를 찾아서 함께 보며 우리 스스로 낭독극이란 무엇인지를 정리했다. 학생들은 낭독극을 '말로 하는 연극'이라고 표현했다. 그에 덧붙여 '글을 소리 내어 읽고 더 잘 이해하기 위해 극적 요소 또는 연기를 더하는 것'이라고 정리하기로 했다.

방과후 활동은 다양한 학생들이 모이기 때문에 서로 잘 모르는 경우도 있다. 특히 여러 학년이 함께 할 경우 분위기가 어색하면 활동을 진행하는데 어려움이 생길 수 있을 것 같아 간단한 자기소개와 아이스브레이킹 활동을 했다. 서로의 이름을 외우고 친근감을 느낄 수 있도록 하는 것이 앞으로의 활동에 큰 도움이 되었다.

그런 뒤 모둠을 구성했다. 자유롭게 모둠을 구성하면 소외되는 학생이 생길 수 있기 때문에 학생들이 직접 뽑기를 해서 정했다. 이렇게 무작위로 모둠을 구성하니 두 가지 문제가 생겼다. 첫 번째는 친한 친구와 한 모둠이 되지 않았다며 다른 모둠으로 바꿔 달라는 학생이 생겼다. 두 번째는 구성원에 따라 공연의 완성도에 차이가 생겼다. 완성도의 차이는 학생들 스스로가 가장 잘 느낀다. 교사가 각 모둠의 장단점을 이야기해도 학생들은 누가 잘했는지에 예민하다. 그동안 평가 위주의 수업을 해왔기 때문이 아닌가 싶은 안타까운 마음이 들었다. 즐겁게 공부하자고 시작한 일에 너무 예민해지지 말자고 이야기를 해도 학생들은 그게 쉽지 않은가 보다. 그래서 다음 작품을 할 때는 모둠을 바꿔보자고 제안했다. 대본이 있는 간단한 작품을 함께 공연해 보고 모둠을 다시 구성하여 본격적인 작품 구성 및 대본 쓰기, 공연까지 한다면 좋을 것 같다. 그리고 이때 한 작품을 부분으로 나누고 모둠별로 활동하여 하나의 작품으로 만들지, 여러 편의 작품 중 한 작품씩을 모둠별로 맡아 다양한 작품 접해볼지도 생각해 볼거리이다.

이렇게 낭독극이 무엇인지는 어렴풋이 알게 되었고 모둠을 구성하였지만 바로 낭독극 공연을 할 수 있는 것은 아니다. 우선 모둠 안에서 어떤 글을 낭독극으로 만들지를 결정해야 한다. 그리고 그 글을 읽으며 대본으로 각색하는 작업이 필요하다. 그런 뒤에야 역할을 정해 낭독을 할 수 있다. 그때까지 학생들에게 인내심을 요구하기 어려울 것 같아 첫날에는 방학 전 학교로 낭독극 공연팀을 초청하여 함께 본 '화요일의 두꺼비'라는 공연의 대본을 구해 함께 낭독해 보았다. 그런 뒤 학생들 스스로 우리가 어떤 과정을 거쳐 한 편의 낭독극 공연을 완성할 수 있을지 생각해 보도록 하는 활동을 했다. 공연을 직접 볼 수 없다면 동영상 플랫폼에 '낭독극'이라고 검색하면 낭독극 몇 편을 쉽게 볼 수 있다. 공연을 영상으로 함께 보고 낭독극이 무엇인지를 함께 생각해 보는 것도 방법이 될 수 있다. 이 활동에서 놀라웠던 것은 학생들이 영상으로 공연을 보거나 배우들의 공연을 볼 때보다 돌아가며 직접 글을 읽을 때, 즉 낭독을 할 때 훨씬 재미있어 했다는 것이다. 활자보다는 영상에 익숙한 세대라서 '보는 것'에 흥미를 더 느낄 것이라고 생각했던 나의 선입견이 부끄러웠다. 스스로 참여하는 것, 그래서 자신들이 만들어 가는 것에 대한 힘이 느껴지는 순간이었다.

2일 차. 4차시: 작품 선정, 글 읽기, 대본 쓰기 연습

낭독극 방과후 수업을 계획할 때 소설을 한 편 정해서 수업 전에 읽어오도록 하면 좋겠다고 생각했다. 책 읽는 속도도 저마다 다르고, 소설책 한 권을 읽을 시간을 주기에는 낭독극 한 편을 완성하기 어려울 것이라는 생각에서였다. 그래서 책을 한 권 정하고 그 책을 미리 구입해 방학 전 나눠주고 읽어오도록 안내했다. 그러나 막상 방과후학교를 시작한 날 책을 끝까지 읽어온 학생은 많지 않았다. 글을 읽어야만 그 내용을 바탕으로 감상하고 낭독극을 진행할 수 있는데 책을 읽지 않은 상태라니 막막했다. 낭독극을 하고 싶다는 것과 책을 읽는다는 것은 학생들에게는 다른 문제였다. 시험이 끝난 학기 말이나, 방학에 책을 읽는 것이란 학생들에게 엄청난 용기와 인내심을 요구하는 일이라는 걸 잊고 있었다. 그리고 책을 끝까지 못 읽은 것에 대해서는 책이 어렵다는 이유가 많았다. 그래서 낭독극을 해 볼 글을 다시 골라야만 했다. 문제는 시간과 학생들의 수준에 맞는 책을 고르는 것이다. 책 한 권을 다 읽을 시간을 주고 낭독극을 하자니 마음이 바빠졌다.

낭독극을 하기로 마음먹었다면 어떤 글을 읽고 낭독극으로 표현할지에 대한 고민이 필요하다. 그래야만 교사와 학생이 함께 논의해 학생들의 수준에 맞고 흥미 있어 하는 책을 선정할 수 있다. 수업을 진행해 보니 미리 읽어오면 좋겠지만 수업 시간에 함께 읽고 활동을 하는 것도 학생들의 부담을 줄이고 수업 참여도를 높일 수 있는 방법이었다.

원점으로 돌아가 학생들과 읽고 낭독극으로 만들 작품을 선택하는 것부터 다시 시작했다. 학생들이 스스로 공연할 작품을 고를 수 있도록 충분히 안내하고자 학생들에게 다양한 작품을 낭독극 대본으로 쓸 수 있다는 것을 설명했다. 교과서에 수록되어 읽어보았던 글을 함께 읽고 각색해 보는 것도 방법이다. 학생들이 이미 수업 시간에 읽고 학습하여 내용 이해가 어느 정도 되어 있어 이를 좀 더 깊이 있게 감상하는 활동이 이루어질 수 있도록 구성할 수 있다.

또 단편소설을 함께 읽고 각색하는 것도 하나의 방법이다. 창비출판사에서 나온 『소설의 첫 만남』 시리즈 같은 분량이 짧은 작품을 소개하고 그 중 선택할 수 있도록 할 수 있다. 이때 학생들이 다양한 작품을 읽어보고 선택할 수 있으면 좋겠지만 줄거리를 간략하게 소개하여 관심 있는 주제를 고를 수 있도록 안내하는 방법도 있다. 또 시를 읽고 여러 편의 시를 하나의 주제로 엮어 대본을 쓰거나 한 작품을 중심으로 대본을 쓸 수 있다는 것도 소개했다.

학생들은 토의를 통해 교과서 속 소설은 김유정의 『동백꽃』, 단편소설은 『하늘은 맑건만』, 시집은 나태주 시인의 『끝까지 남겨두는 그 마음』을 선택했다. 각 모둠에서 작품을 선택할 때에도 의견조율 과정을 통해 자신의 생각만 고집하지 않고 서로를 배려하는 모습을 볼 수 있었다. 그리고 여기서 자신이 원하는 작품이 모둠과 달라 다른 모둠의 작품을 하고 싶다면 특정 작품으로 몰리지 않는 선에서 모둠을 바꿔주기도 했다.

소리내어 읽기, '낭독'의 시작

작품을 선택한 후에는 모둠별로 돌아가며 소리내어 글을 읽었다. '소리내어 읽기', 낭독의 중요성은 여기서부터 체험할 수 있다. 독서연구가인 아이린 파운타스는 '큰소리로 읽기를 통해 특정한 아이가 사용하는 전략과 습관적으로 저지르는 전형적인 실수를 교사나 듣는 사람이 파악할 수 있다. 큰소리로 책을 읽으면 어휘에 대해 아는 것과 모르는 것이 금방 드러난다.'[5]고 말했다. 이처럼 학생들이 읽는 소리만 들어봐도 내용이나 어휘의 의미를 이해하는 정도, 독서 습관, 전략을 어느 정도 알 수 있다. 학생들도 소리내어 읽어 자신의 목소리를 다시 한번 들으면서 내용을 명확하게 이해해 갔다. 낭독을 하며 잘못 이해한 부분이나 해석의 오류가 있는 부분을 함께 토론하며 의견을 모아간다.

<소설로 낭독극 하기 1>

소리내어 읽어보면 배역이 대략적으로 정해지기도 한다. 여기서 중요한 것은 연기를 잘 하지 않아도 괜찮다는 것이다. 낭독을 실감 나게 하면 좋겠지만 우리가 낭독극을 하는 목적은 연극을 하기 위해서가 아니라 글을 더 잘 이해하기 위해서라는 점을 분명히 했다. 안 그러면 주객이 전도되어 연기를 잘 못하는 학생은 금세 흥미를 잃을 수 있다.

이렇게 글을 읽어가며 중요한 장면을 고르게 한다. 소설의 구성 단계 '발단-전개-위기-절정-결말'로 장면을 정리할 수도 있다. 학생들에게 인상적인 장면과 왜 그 장면이 인상적이었는지 서로 대화를 나누게 하고 그 장면을 정리할 수도 있다. 인물에 대한 탐색도 필요하다. 인물의 성

---

5 우리아이 낭독혁명. 고영성. 김선. 스마트북스. 2017

격이나 인물 간의 관계 등을 학생들이 즐겨 보는 웹툰이나 드라마 등을 예로 들어 보여 준 후 소설 속 인물에 대해서도 탐색해 볼 수 있게 한다. 이런 과정을 통해 학생들은 자연스럽게 줄거리와 핵심 사건, 인물 등을 파악하게 된다. 이런 과정을 통해 학생들은 『동백꽃』에서 감자를 주고받는 점순이와 '나'의 심리를 더욱 섬세하게 분석하고, '나'에게 '순돌이'라는 이름을 붙여 해설하는 등 시점 또는 서술자에 대해 자연스럽게 접근했다. 또 『하늘은 맑건만』에서 수만이와 문기의 심리와 갈등을 정리하고 결말의 의미에 대해 생각을 나누기도 했다.

활동1) 가장 인상 깊었던 장면을 골라 정리하고 생각 나누기	
인상 깊은 장면 찾기	이 장면이 왜 인상 깊었나요?

활동2) 핵심 장면 5~6장면 고르기
- 중요하다고 생각하는 장면을 골라도 좋고, 이야기의 흐름에 따라 발단-전개-위기-절정결말에 따라 한 장면씩 골라도 좋습니다.
- 장면을 그림으로 표현하고 설명을 덧붙일 수 있습니다.

그림)					
설명)					

활동3) 인물 탐구(인물의 뇌구조도 그리기, 인물 관계도 그리기 등)

그림)	그림)
설명)	설명)

<시로 낭독극 하기 1>

 시집을 선택한 모둠에서는 이 시간에 시를 충분히 읽으며 모둠원 각자 시를 4-5 작품 선택해 보도록 한다. 각자 다른 시집을 보아도 좋고, 같은 시집을 모둠원이 함께 보아도 좋다. 수업을 진행해 보니 시로 처음 수업을 할 때는 청소년 시집이나 학생들이 비교적 친숙하게 느끼는 시를 제시해 주는 것이 작품 선정에 용이했다. 청소년 시집의 경우 시 내용 자체가 학생들이 공감하기 쉽고, 나태주 시인 시집과 같이 친숙한 시는 학생들이 쉽게 그 내용에 접근한다는 것을 알 수 있었다. 소설과 달리 시를 낭독극으로 만드는 경우 시의 여백을 학생들의 상상력으로 채울 수 있다는 점이 지도하면서 흥미롭게 다가왔다. 시를 읽은 후에는 시적 화자, 그가 처한 상황과 정서를 정리하는 활동지를 준비해 정리하였다. 이렇게 시를 정하고 주제를 정할 수도 있지만 주제를 정하고 나서 이야기 전개에 따라 선정 시를 바꿀 수도 있다. 또 시의 일부를 대사로 넣을 수도 있고, 시 내용을 대본에 풀어서 이야기로 만들어 낼 수도 있다.

시 고르기			
시1)	시2)	시3)	시4)
– 시적 화자는 누구인가요? – 시적 화자가 처한 상황은? – 시적 화자의 정서 (내가 시적 화자라면 어떤 마음일까?)			
어떤 주제로 위의 시를 엮을 수 있을까?			

글은 읽었는데 대본은 어떻게 쓰는 거예요?

 글을 읽고 나면 바로 대본을 쓸 수 있을 것 같지만 대본을 쓰는 것은 쉽지 않다. 교사인 나도 소설을 극으로 바꾼다는 것이, 또는 시를 극으로 바꾼다는 것이 쉽지 않은데 학생들은 이제 막 시작한 상황이기 때문에 의욕은 넘치지만 바로 시작하기는 어렵다. 그래서 대본으로 각색하기 전에 소설에 등장하는 인물을 탐색해 보고, 주제를 찾아 정리하는 활동지를 작성해 보게 했다. 그런 후 소설을 원작으로 한 드라마나 영화 대본집을 함께 읽고 영상을 시청하였다. 김려령 작가의 소설 『완득이』[6]를 교과서에 뮤지컬 대본[7]으로 각색한 작품이 있어 몇 장면을 함께 비교해 보며 소설을 대본으로 바꾸는 각색에 대한 감을 익히는 연습을 했다.

 이렇게 소설과 대본을 비교해 보고 소설에 나온 내용을 대본에서는 생략할 수 있고, 학생들의 상상력으로 더 채워질 수도 있다는 점을 설명했다. 또 소설에서 서술한 부분을 행동 지시문으로 바꿀 수도 있고, 대사로 바꿀 수도 있다는 점도 설명했다. 그런 후 "이제 우리도 대본 쓰기를 시작해 볼까?"라고 했지만 보는 것과 하는 것은 다르다. 학생들이 다 알고 있을 것으로 생각하기 쉽지만 해설, 지시문, 대사, 막과 장 등을 이해하면 대본을 쓸 때 도움이 된다. 이때 낭독극 공연을 위해 연출, 배우, 스태프 등이 있다는 것을 안내하면 연기에 부담을 느끼거나 음향, 의상 등에 관심이 있는 학생들도 자신이 할 수 있는 역할이 있다는 것을 알고 더 적극적으로 참여하게 된다. 그런 후 교사와 학생이 함께 소설의 한 부분을 대본으로 바꾸는 연습을 해 보았다. 소설을 읽으며 어느 부분을 지시문

---

6 완득이. 김려령. 창비. 2008

7 김명환 각색. 천재(노) 국어교과서

으로 처리하고, 어느 부분을 대사로 처리하면 좋을지, 생략할 부분 등을 상의해서 색깔 펜으로 표시해 보고 정리하도록 했다.

<소설로 낭독극 하기 2>

소설) 김유정, 동백꽃	대본 쓰기 연습)
나는 눈에 쌍심지가 오르고 사지가 부르르 떨렸으나 사방을 한번 휘돌아보고야 그제서 점순이 집에 아무도 없음을 알았다. 잡은 참 지게 막대기를 들어 울타리의 중턱을 후려치며 "이놈의 계집애! 남의 닭 알 못 낳으라구 그러니?"하고 소리를 빽 질렀다. 그러나 점순이는 조금도 놀라는 기색이 없고 그대로 의젓이 앉아서 제 닭 가지고 하듯이 또 죽어라, 죽어라 하고 패는 것이다. 이걸 보면 내가 산에서 내려올 때를 겨냥해 가지고 미리부터 닭을 잡아 가지고 있다가 네 보란 듯이 내 앞에 쥐어지고 있음이 확실하다.	나: (사방을 살펴 보고) 아무도 없지. (점순이를 향해 소리치며) 이놈의 계집애! 우리 닭 알 못 낳으라구 그러니? 점순: (안 들리는 척하며 닭을 때리며) 죽어라, 죽어!

<시로 낭독극 하기 2>

시를 대본으로 각색하는 것은 소설을 대본으로 각색하는 것보다 더 많은 부분을 학생들이 창작해야 했다. 어떤 줄거리로 시를 엮을 것인지, 주제에 맞게 어떤 시를 적용할 것인지를 고민해야 한다. 활동을 시작하기 전 학생들이 이런 활동을 할 수 있을까 걱정스럽기도 했지만, 학생들은 즐겁게 이야기를 만들어냈다. 스스로 낭독극을 하겠다고 수업을 신청한 학생들이어서 그런지 '이야기꾼다운' 면모를 지니고 있기도 했다. 학생들은 나태주 시인의 시 〈유월에〉, 〈후회〉, 〈너도 그러냐〉, 〈대답은 간단해요〉, 〈좋다〉, 〈말하고 보면〉을 엮어 풋풋한 사춘기 청소년의 사랑 이야기를 대본으로 만들어냈다. 전학 온 여학생과 야구부 학생으로 만나 이별도 겪지만 어른이 되어 결혼을 하고 아이에게 옛이야기를 들려준다는 줄거리이다. 웹 소설 같기도 하고 드라마에서 많이 본 듯도 하지만 그 나름대로 자신이 꿈꾸는 이야기를 담아냈다는 것이 성과였다.

3일 차. 4차시: 대본 쓰기

이제 본격적으로 대본 쓰기에 돌입했다. 대본 쓰기부터는 정말 학생들의 몫이다. 학생들은 종종 쓰다 멈추기를 반복하는데 교사는 그 곁에서 인내심을 갖고 학생들이 멈춘 부분에 질문을 던지며 스스로 실타래를 풀어 완성하기를 기다리면 된다. 다만 모둠원 중 누군가 주도하면 누군가는 무임승차하는 학생이 생길 수 있다. 그럴 때 장면에 쓰일 수 있는 효과음, 배경 등을 생각해 보게 할 수 있다. 그리고 학생들은 장면을 구성하는 데 있어 많은 부분을 해설로 쓰기 쉽다. 서술되어 있는 소설을 극적 장면으로 만들어 내는 것이 쉽지 않기 때문이란 생각이 들었다. 해설이 지나치게 길어지면 지시문이나 대사로 바꿀 수 있는 부분은 없는지, 꼭 필요한 해설인지를 점검하게 했다.

작품을 깊이 있게 이해했을 때 각색이 순조롭게 진행된다. 학생들은 2~3일 차의 작품 분석과 대본 쓰기 과정에서 자연스럽게 주체적이고 능동적으로 깊이 있게 이해하고 감상하게 된다.

4일 차. 4차시: 낭독극 연습, 효과음, 배경 넣기, 오디오북 만들기

대본이 '대략' 완성이 되면 본격적으로 역할을 정해서 낭독극 공연을 위한 연습이 시작된다. 학생들은 3일 차에 대본을 완성했다고 생각하기 쉽지만 역할을 맡아 연습하다 보면 스스로 고쳐야 한다는 것을 깨닫게 된다. 같은 대사를 반복해서 틀리다 보면 대사가 입에 붙지 않는 이유가 자연스럽게 쓰는 표현이 아니기 때문이란 것을 알고 수정하게 된다. 이렇게 대사를 좀 더 자연스러운 표현으로 바꾸고 행동 지시문을 어떻게 연기하는 것이 더 나은지에 대해 고민한다. 내용 이해가 미흡해서 대사를 잘못 쓴 것이 있는 것도 스스로 찾아 고칠 수 있다. 교사가 시키지 않아도 스스로 생각하기 시작하는 것이다. 효과음이나 조명 사용 등 다른 모둠이 하는 것을 보고 배우기도 한다. 학생들은 주로 인터넷 검색을 통해 효과음을 찾고, 음악실 악기를 이용하기도 했다. 사진을 검색하여 교실에 있는 기자재인 빔프로젝터나 TV를 활용하여 배경을 만들어 냈다. 소품이 있으면 좋겠다는 것도 계속되는 연습 과정에서 학생들이 생각해 냈다.

이렇게 어느 정도 대본이 완성되고 연습이 되었다면 중간 점검의 의미로 오디오북 만들기를 해 볼 수 있다. 낭독극을 녹음해서 들어보는 것이다. 다만 오디오북은 보이지 않고 듣기만 하는 매체의 특성을 반영하여 지시문도 모두 읽어보며 머릿속으로 동선이나 행동 등을 상상해 보도록 했다. 녹음된 자신의 목소리를 듣는 것은 어색하고 내가 아닌 것 같지만 객관적으로 어떻게 낭독하는 것이 좋은지에 대해 생각해 볼 수 있는 기회가 된다.

5일 차. 4차시: 낭독극 공연, 자기성찰평가, 모둠 평가

이제 공연이 남았다. 학생들은 공연을 위해 앞의 과정을 진행했다고 생각하겠지만 '글을 분석하고 이해하고 감상하는 과정의 결과물'로 공연이 남는 것이다. 같은 말이라고 생각할 수 있지만 과정과 결과 중 어떤 것이 더 중요한가에 대한 것이라기보다, 교사와 학생 모두 공연에 너무 큰 부담을 갖지 않았으면 한다는 의미이다. 여기까지 왔다면 공연의 완성도를 떠나 한 쪽을 읽기 어려워했던 학생들이 소설 한 편을 읽고, 시를 읽고 그 내용을 이해하고 각색하거나 이야기를 만들어 낼 정도로 실력이 성장했다는 의미가 아닐까?

낭독극은 특별한 소품이 필요하지 않다. 대본을 완전히 외우지 않아도 괜찮다. 학생들은 이런 점에서 자유로워지자 오히려 배경이나 효과음을 적재적소에 넣어 보려고 했고, 연기를 좀 더 재미있게 하려고 아이디어를 냈다. 그리고 교사가 요구하지 않아도 연기를 조금씩 더 하기 시작했다. 연기가 어색하고 부담스러운 학생은 담담하지만 힘 있는 목소리로 해설을 맡았고, 편집이나 음향에 관심이 있는 학생은 배경과 효과음을 맡아 화면에 띄웠다. 그렇게 주인공이 아니더라도 자신의 몫을 찾아내고 해내는 모습을 교사도 학생도 발견하게 되었다.

공연을 영상으로 촬영하여 다시 한번 보기도 했다. 이렇게 자신의 모습이 어떻게 비치는지 보는 것도 좋은 공부가 될 것이라는 생각에서였다. 그리고 방과후 활동에 참여한 시간을 스스로 평가하고 모둠별로 서로 평가하여 나누었다. 낭독극 수업을 통해 배운 것, 느낀 것, 어려웠던 것, 얻은 것, 앞으로 더 해 보고 싶은 것 등을 나누었다. 또 다른 모둠 공연의 평가는 칭찬 나누기로 진행되었다.

여전히 연기는 어렵다는 학생도 있었고, 적절한 효과음을 찾아내기 어려웠다는 학생도 있었다. 나 또한 낭독극이 주로 교실 공간에서 이루어지기 때문에 조명이나 마이크 사용에 대한 고민이 과제로 남았다. 하지만 '다음 방학에도 또 해요, 수업 시간에도 이런 활동 해요' 등의 소감도 있었다. 그리고 모든 학생이 '글을 읽는 것, 그것을 대본으로 바꾸어 낭독하는 것'이 재미있었다고 말했다. '글을 읽는 것이 재미있다.'는 말이 중학생에게 어울리지 않는 것처럼 느껴질 정도인데, 이런 소감이 나온 것만으로도 이번 방과후 수업은 목적 달성이다.

연계 활동

이것으로 낭독극 방과후 수업이 끝난 것은 아니다. 낭독극 공연은 끝났지만 책을 읽고 관련 영화나 공연을 보고 다시 낭독극으로 이어갈 수 있다. 우리는 『시간을 파는 상점』이나 『불편한 편의점』 등 책을 읽고, 이 소설을 연극으로 재구성한 작품을 볼 계획이다. 또 학교 축제 등 무대에서 공연을 하거나 영상으로 촬영한 것을 학급 친구들과 함께 시청하고 소감을 나눌 수 있다. 그리고 낭독극 수업을 하면서 독후활동은 물론이고 저작권 교육, 오침제본으로 책 만들기 등의 다양한 활동을 연계하여 진행할 수 있다. 처음에 활동지를 작성할 때는 학생들이 '읽기'보다 '쓰기'를 더 어려워한다는 생각으로 최대한 간략하게 핵심만 쓰고 이미지화 해 보도록 했다. 교사와 학생들의 내공이 더 쌓인다면 쓰기와 낭독극을, 말하기와 낭독극을 연결해 보아도 좋을 것이란 생각이 든다. 방과후 수업의 경우 다른 선생님과 팀을 이루어 함께 다양한 활동을 연계하여 진행한다면 더욱 알찬 수업을 구성할 수 있을 것이라는 가능성도 엿보게 되었다.

낭독극은 '반드시 이러해야 한다.'는 규칙이 없다. 글에 대한 깊이 있는 이해, 그것을 바탕으로 자신을 표현하는 것이 목표이고, 글을 읽고 소리내어 표현한다는 것 외에 비교적 자유로운 것이다. 학생들과 교사가 함께 호흡하며 참여하는 학생들만의 색깔을 담아내어 낭독극 수업이 만들어진다.

교사도, 학생도 문해력 넘어 주체적인 평생 독자로 성장하길

수업은 진화한다

처음으로 돌아가 보자. 낭독극의 시작은 교사의 정체성인 '수업'에서부터였다. '어떻게 하면 학생들의 문해력을 높일 수 있을까?', '어떻게 하면 지루하지 않은 수업을 할 수 있을까?', '어떻게 하면 학생들의 삶과 연결되는 수업을 할 수 있을까?'에서 시작되었다. 결국, 낭독극은 수업의 한 방법이다. 학생들이 글에 담긴 의미를 이해하고 그것을 자신의 삶과 연결하는 방법이다. 그렇다면 꼭 소설이나 시가 아니어도 괜찮지 않을까?

그래서 다음 낭독극의 목표는 다양한 주제의 글, 다양한 갈래의 글을 낭독극으로 올려보는 것이다. 그림책, 동화, 융합독서, 비문학, 사회적 문제 등 다양한 주제와 갈래의 글을 읽고 낭독극 대본을 써보는 것이다. 대본을 쓰는 과정에서 학생들은 글을 깊이 있게 이해하고 낭독극 공연에 흥미를 갖고 참여할 것이다.

결국은 '나'와 '우리'의 이야기

시로 낭독극 하기 모둠을 보면서 낭독극이 기존의 글을 이해하고 감상하는 것에서 끝나는 것이 아니라 그것을 바탕으로 최종적으로는 자신의 이야기를 할 수 있는 방법이 될 수 있다는 것을 알게 됐다. 화려한 볼거리 대신 상상을 더할 수 있고, 그 상상에는 독자의 삶이 묻어난다.

많은 사람이 요즘의 학생들이 문해력이 부족하다고 걱정한다. 문자를 읽고도 의미를 정확하게 알지 못하고, 적절하게 표현하지 못하는 경우가 있다. 이것이 학습에도 영향을 미치며 다른 사람과의 의사소통에도 방해 요소가 된다. 하지만 영상만 보고 핸드폰만 보고 있어 어휘력이 떨어지고 문해력이 낮다며 학생들을 탓하기만 할 수는 없는 노릇이다. 기성세대도 학생들의 언어를 이해하기 위해 노력해야 하고, 더불어 학생들이 다시 글을 읽고 감상하고 그래서 다양한 삶의 모습을 이해하고 자신의 이야기를 표현해 낼 수 있도록 도울 방법을 고민해야 할 시점이다. 나는 그 방법 중 하나로 낭독극을 발견했고, 이것으로 학생들의 가능성을 믿게 되었다. 무엇보다 학생들을 평가하기보다는 '할 수 있을까?' 의문을 품었던 것을 해내며 성장하는 학생들에게 진심으로 감탄하고 칭찬할 수 있는 시간이어서 교사로서도 보람을 느끼고 힘이 나는 시간이었다.

우리는 죽을 때까지 글을 읽지 않고 살 수 없다. 낭독극을 통해 교사도 학생도 문해력을 넘어 평생 독자로 성장하길 기대해 본다. 평생 독자가 별건가? 이렇게 각자, 또는 함께 계속해서 글을 읽어가고 깊이 이해하려고 노력하고 끊임없이 그에 대한 생각을 삶과 연결하여 표현해 간다면 그것이 평생 독자가 아닐까?

낭독극을 하다, 문해력을 얻다.

심재경 공주생명과학고등학교

요즘 학생들의 문해력

교실 속 장면 몇 가지

얼마 전 인터넷을 뜨겁게 달군 '심심한 사과' 논란. 한 카페가 SNS에 올린 사과문에 쓰인 '심심한 사과'라는 표현에 네티즌들이 "난 안 심심한데?", "심심한 사과? 이것 때문에 더 짜증 난다!", "'아' 다르고 '어' 다른 데 심심한 사과가 뭐냐?" 등의 댓글을 달았다.

우리나라 국민 문맹률은 1% 안팎이다. 이는 세종과 그 신하들이 만든 한글의 우수성 때문이리라. 하지만 문맹과 문해는 엄연히 다른 것. 글씨 자체를 읽지 못하면 문맹이지만 글씨를 읽어도 글의 의미를 제대로 이해하지 못하면 그것은 바로 문해력이 부족한 것이다.

> "선생님. 하얀색하고 검정색만 있는 종이만 보면 졸려요."

실제 내가 가르치고 있는 학생이 국어 수업 중 한 말이다. 본인도 어디

선가 들어본 말을 했겠지만, 직전 국어 수업 시간에 '이틀'을 '2틀'로 써서 나에게 충격을 안겨준 그 학생이 내뱉은 말이기에 안쓰러운 생각이 먼저 들었다. 국어 시간이 얼마나 재미없고 싫을까? 재미없는 수업이 비단 국어 시간 뿐일까? 아침에 학교에 오면 집에 갈 때까지 수업 시간에 하는 일의 대부분이 선생님 말씀 듣기와 교과서 읽기 아닌가? 그런데 기본적인 문해력을 갖추지 못한 학생에게 학교생활이 재미있다는 것은 달팽이가 바다를 건너는 일만큼 어렵지 않겠는가!

얼마 전 국어교과서에 실린 소설 작품을 학생들과 읽던 중 "사흘"이라는 단어가 포함된 문장이 나왔다. 지금까지는 학생들이 당연히 알 것으로 생각하고 따로 언급하지 않고 넘어간 부분이었다. 그러다 특정 학급의 국어 시간에 이유를 알 수 없이 산만해진 수업 분위기를 환기하기 위해 즉석 퀴즈를 냈다.

"사흘은 며칠일까요?"

상품도 걸려있지 않은 퀴즈였지만 반응은 예상외로 뜨거웠다. 자기들끼리 나름 진지한 대화를 나누기도 했다. 사흘이 3일이라는 학생과 4일이라는 학생의 열띤 토론 장면도 볼 수 있었다. 칠판에 〈사흘 = 3일 vs 4일〉을 써놓고 투표를 붙여 보았다. 결과는 50:50. 정확히 반으로 의견이 갈렸다.

"사흘은 3일이야."

라고 정답을 발표하는 순간 환호성과 탄성이 섞인 학생들의 반응은 마치 월드컵 결승전에서 자신이 응원하는 팀이 이기고 지는 상황에서나 나오는 반응과 같이 희비가 엇갈렸다.

게임이라도 하듯 학생들이 다른 문제를 원했다. 교과서를 눈으로 빠르게 스캔하다 '이튿날'이라는 단어가 눈에 들어왔다. 이 단어도 고등학생 정도면 당연히 알 것이라는 생각으로 지금껏 학생들에게 따로 설명하지 않은 단어였다.

"오늘은 3월 15일입니다. 이튿날은 몇 월 며칠일까요?"

숨 막히는 정적이 흘렀다. 나도 학생들도 어리둥절했다. 물론 그 이유는 달랐다. 나는 '설마 이걸 몰라?', 학생들은 '이게 뭐야?'. 아마도 이런 느낌이었을 것이다. 잠시 후 웅성웅성 학생들끼리 대화가 오갔다. 판서를 했다. 〈3월 15일의 이튿날은? 3월 16일 vs 3월 17일〉 또다시 투표를 붙였다. 결과는 30:70. 오답을 선택한 학생이 더 많았다. 3월 17을 선택한 몇 명의 학생에게 그렇게 생각한 이유를 물어보았다. 대답은 공통되었다.

"이틀이 지난날이 이튿날 아니에요?"

일반고에서 3학년 담임교사를 할 때였다. 3월부터 각 대학교 홈페이지에 발표되는 입시요강 파일을 내려받고 출력하여 학급에 게시했다. 자신이 원하는 대학교의 요강을 스스로 살펴본 후에 담임교사인 나와 상담을 하자는 의도였다. 그런데 막상 학생들과 상담을 해 보면 대부분 요강을 읽어보지 않고 온다. 귀찮거나 무관심한 이유도 있겠지만 대부분의 학생들이 말하는 것은 요강을 읽어도 무슨 뜻인지 모르겠다거나 요강에서 자신이 필요한 정보를 찾을 수가 없다는 이유였다. 결국, 상담을 하면서 일일이 설명해주거나 직접 원하는 정보를 찾아주어야 했다.

영어 교사인 아내가 나한테 말한다.

"오늘 수업 시간에 'prefer'라는 단어가 나왔어. 뜻을 '선호하다'라고 알려줬지. 그런데 대부분의 학생들이 '선호하다'라는 말이 무슨 뜻인지 모르더라고. '선호하다가 뭐예요?', '선호는 연예인인데요?' 이런 반응이었어. 영어단어 뜻을 알려주면 또 그 뜻을 우리말로 설명해줘야 한다니까. 도대체 내가 영어를 가르치고 있는 건지 국어를 가르치고 있는 건지 모르겠어. 국어 시간에 좀 제대로 가르쳐 봐."

모든 과목을 공부하기 위해서 문해력은 필수다. 국어를 도구교과라고 부르는 이유가 이것일까? 그래서 흔히 불리는 '국 · 영 · 수'에서 국어가 제일 앞에 나와 있는 것일까? 제일 친한 동료인 모 수학 선생님은 수업 후 교무실로 돌아와 자리에 앉으며 투정하듯 말한다.

"국어 좀 잘 가르쳐. 애들이 문제를 이해 못 해!"

풀이 과정을 쓰라는 수학 문제의 정답으로 '뇌로 계산했다'라고 쓴 답안지가 화제가 된 일화를 떠올려보면 그 선생님의 한탄도 이해가 된다. 수학 문제를 이해하지 못하는 원인이 어디 국어 교과만의 문제뿐이겠냐마는 이런 말을 들을 때마다 쥐구멍이라도 찾고 싶은 심정은 숨길 수 없다.

지금 근무하고 있는 특성화고에 기술능력이 매우 뛰어난 학생이 있었다. 전공과 관련한 기술 자격증 실기시험 합격은 이미 보장되어 있을 정도의 우수한 실기 능력을 갖추고 있는 학생이었다. 그런데 막상 자격증을 따지 못하는 것이었다. 차마 그 학생에게 그 이유를 물어볼 수 없어서 전공 교과 선생님께 물어보았다.

"실기 통과는 문제없는데 필기를 못 붙어요."

얼핏 그 학생이 나에게 스치듯 한 말이 생각났다.

"필기 대비 책을 봐도 이해가 안 가요. 무슨 말을 하는지 모르겠어요."

교과서는 문자로 쓰여 있다. 수능을 비롯한 모든 문제도 문자로 이루어져 있다. 기능자격증 필기시험도 문자로 쓰인 문제와 보기를 이해해야 정답을 찾을 수 있다. 다시 말하면 문해력이 뒷받침되어야 문제를 잘 풀 수 있다는 것이다. 동료 교사의 말처럼 문해력이 부족하니 문제를 바르게 이해하지 못하고 당연히 올바른 정답을 찾아 쓸 수 없다.

현대인의 문해력 저하

학생들뿐만 아니라 성인들의 문해력도 저하되고 있다는 뉴스가 심심치 않게 등장한다. 왜 현대인의 문해력은 저하되었을까? 원인은 바로 읽기 습관에 있다. 내년이면 여든이 되시는 우리 아버지의 요즘 취미는 휴대폰 메신저에 수시 도착하는 뉴스 보기(가짜뉴스 여부는 논외로 하겠다). 서울에서 지하철을 타고 통학하던 고등학생 시절, 내가 봤던 지하철 승객들 손에 들려있던 것은 조간신문(또는 스포츠신문) 아니면 책(잡지 포함)이었다. 반면에 현대 지하철 승객들 손에 들려있는 것은 열에 아홉 스마트폰이다.

조회시간 이상하리만큼 조용한 교실에 들어가 보면 아이들 손에 들려있는 것 역시 스마트폰. 손안의 네모난 기계에 빠져 주변은 신경 쓸 겨를이 없다. 어쩌다 담임선생님이 교실에 들어온 걸 알고 인사해주는 학생이 고마울 정도이다. 그들의 손에 스마트폰이 주어지는 순간 발휘되는 집중력은 평소 수업 시간에는 결코 볼 수 없는 낯선 모습이다. 뽀로로가 일명 '뽀통령'이 된 이유도 울고 짜증 낼 때 뽀로로 동영상을 보여주면 순한 양처럼 얌전히 영상에 집중하게 되는 아이들의 모습에서 연유한 것이 아닌가?

문해력이 저하된 이유는?

학생들이 들여다보는 스마트폰 속의 콘텐츠는 대부분 이미지 중심의 짧은 글이다. 우연히 보는 뉴스도 카드뉴스 형식의 이미지와 짧은 글이다. 실은 짧은 글보다 더 즐겨 보는 것은 10여 분 내외의 동영상이다. 요즘은 그것보다 더 짧은 shorts로 영상을 소비하는 경우도 많다. 영화 한 편을 처음부터 끝까지 집중하여 보지 못하는 것은 물론이거니와 50분 분량의 드라마 한 회를 보는 것도 힘들어하는 학생이 수두룩하다. 이러한 스마트폰 속 짧은 콘텐츠는 천천히 꼼꼼하게 읽기를 요구하지 않는다. 따라서 비판적으로 사고할 필요가 없다. 대신 빨리, 대충, 필요한 정보만 훑어 읽으면 그만이다. 이러한 읽기습관은 대강 내용 파악만 하고 얼른 다른 콘텐츠로 넘어가는 습관을 갖도록 했다.

게다가 요즘은 주로 스마트폰 메신저로 소통을 한다. 전화 통화보다 메신저로 대화하는 것을 편하게 여기는 학생들이 많다. 메신저 대화 내용을 떠올려보자. 긴 내용이라고 해도 짧은 글로 나누어 표현하는 경우가 대다수이다. 여기에 쓰이는 단어도 한정되어 있다. 길고 다양한 어휘로 구성된 문장을 메신저에 써서 보내는 일은 매우 드물다. 아예 글 대신 이모티콘으로 자신의 감정을 대신하는 경우도 허다하다. 이러다가 수년 후에는 몇 개의 단어만 살아남을지도 모를 일이다.

낭독극으로 수업하다

낭독극을 접하다

그래서 고민은 시작되었다. 내가 근무하는 특성화고등학교 학생들의 졸업 후 진로는 다양하다. 기업체에 취업하여 일할 학생, 창업하여 개인 사업장을 꾸릴 학생, 대학에 진학하여 학습을 이어갈 학생 등. 그러나 어떠한 직종에서 일을 하던 글을 정확히 읽어내는 능력이 필요하다. 문해력이 갖추어져 있지 않으면 자기가 맡은 직종에서 성공적으로 업무를 수행할 수 없다. 공부를 이어나가는 데는 말할 것도 없다. 일반고에서 근무하다 특성화고등학교로 옮긴 지 3년이 지나도록 문해력 향상은 나에게 끝내지 못한 숙제였다. 어떻게 수업을 이끌어야 학생들의 읽고 생각하는 능력을 키워줄 수 있을까? 몇 가지 시도를 해 보았으나 생각만큼 재미도 없고 효과도 없었다. 바로 그때 내 앞으로 〈융합독서 낭독극 연수〉 공문이 분류되어 접수를 기다리고 있었다. 공문을 열어보았다. 그리고 무엇에 홀린 듯 연수 참가 신청서를 썼다. '이런 것이 운명인가!' 평소 무엇이든 꽤나 신중하게 생각하고 결정하는 내 성격에 비추어보면 낭독극 연수 신청은 소위 '못 먹어도 GO'에 가까웠다. 이것저것 재지 않고 질러버린 느낌? 며칠 후 연수에 참석했고 연수 내용은 단순했다. 낭독극에 대한 짧은 이론 설명 후 낭독극 실습에 들어갔다. 여러 분임 중 하나에 배정되어 실제 낭독극을 연습하고 시연까지 해 보았다. 배역을 정하고 짧은 시간이나마 연습을 하던 중 강사님을 비롯한 여러 선생님께서 내 목소리가 참 좋다고 칭찬의 말씀을 해 주셨다. 신이 났다. 받아쓰기 100점 맞은 초등학교 2학년 우리 아들의 기분이 이랬었겠지. 신이 나서 더 열심히 연습했다. 열심히 연습했더니 더 재밌었다. 재미가 있으니 빨리 학교로 돌아가 학생들에게 이 재미를 느끼게 해 주고 싶었다. 처음 읽어보는 글이었는데도 불구하고 작품의 내용이 머릿속을 떠나지 않은 특이한 경험이었다. 소리내어 읽는 것에 나 자신도 익숙하지 않았지만 살아있는 글 읽기 방법임을 직감할 수 있었다.

그리고 그날 밤 연수를 복기해 보았다. 몇 가지 고민도 해 보았다. 첫째, '우리학교 학생들에게 적용할만한 수업인가?' 'Yes.' 쉬운 단계부터 차례차례 해나가면 안 될 것도 없겠다는 생각이 들었다. 둘째, '수업을 이끌어갈 교사로서 나는 준비가 되어 있는가?' 'No.' '내가 준비가 안 됐네. 그러면 지금부터 공부해보자!'

돌아온 주말에 대형서점으로 갔다. 낭독과 낭독극에 관한 책을 찾아 읽기 시작했고 몇 권은 구입해서 집으로 돌아와 자세히 읽어보았다. 이론적으로 완전히 정리되지는 않았지만, 어렴풋이 낭독극에 대한 감이 잡혔고 교실에서 시도해 볼 수 있겠다는 자신감이 생겼다. 문해력 신장, 나의 결론은 낭독극이었다.

시작은 낭독에 대한 자신감으로부터-현대시 낭독하기

그러나 무작정 대본을 만들고 그것을 실연하게 할 수는 없는 노릇이다. 평소 교과서를 소리내어 읽는 것이 죽기보다 싫다는, 또는 쭈뼛쭈뼛 개미만 한 목소리로 책을 읽는 학생들에게 다짜고짜 낭독극을 하자고 들이미는 것은 너무나 가혹한 일이었다. 일단 짧은 글부터 읽혀보기로 했다. 무엇이 있을까? '그래, 먼저 시를 낭독해 보자.' 몇 날을 기다려 현대시 한편을 배울 차례가 되었다. 정호승의 〈슬픔이 기쁨에게〉였다.

'드디어 때가 되었구나.' 나의 낭독극 수업의 시작은 낭독에 대한 거부감을 지우고 자신감을 키우는 것으로부터 시작했다. 준비물은 교과서와 마이크 하나면 충분했다. 한 편의 시를 반복하여 읽게 했다. 처음에는 한 행씩 읽고 다음 차례가 되면 읽고 싶은 만큼 읽으면 된다. 마이크는 필수다. 육성으로 낭독하는 것과 마이크를 대고 낭독하는 것은 학생들의 자세가 다르다. 마이크를 입에 대는 순간, 마치 노래방에서 자신이 노래 부를 차례가 된 것 마냥 긴장하고 잘하려는 노력을 보인다.

모든 학생이 한 행씩 낭독을 마쳤다. 몸풀기가 끝났다. 두 번째 낭독은 운율을 살려 읽는 것을 목표로 했다. 위 작품은 4음보의 율격을 가진 작품이다. 4음보에 대해 간단히 설명하고 한 행씩 4음보를 살려 낭독하게 했다. 이 과정에서 4음보라는 율격에 대한 이해는 저절로 되었다. 쉽고 짧은 낭독이라 그런지 학생들의 반응이 좋았다. 세 번째는 읽고 싶은 만큼 읽도록 했다. 이미 세 번 낭독해서 그런지 시에서 말하고자 하는 대강의 의미를 이해하고 있어 감정까지 넣어 읽는 학생도 꽤 있었다. 이렇게 한 시간은 낭독만 했다. 반복해서 네 번, 다섯 번 소리내어 읽게 하였다. 이번 시간은 낭독과 친해지는 것, 자신감을 갖는 것이 목적이었다. 성공이었다. 그리고 나서야 두 번째 차시에 비로소 시의 정서와 표현 등에 대해 이야기를 나눴다. 학생 스스로 낭독하였기에 시의 정서와 내용에 대한 수업에서도 높은 집중력을 보였다. 교실에서 이루어진 그 어떠한 시 수업보다 살아있는 시간이었다.

현대소설로 낭독극 수업 디자인하기

이번에는 소설로 낭독극까지 도전해보기로 했다. 어떤 소설로 낭독극을 해 볼까? 현재 내가 근무하는 학교는 농업계 특성화고등학교이다. 몇 가지 조건을 생각해 보았다. 일단, 너무 긴 소설은 안된다. 처음이니까 읽기 쉬운 단편소설로 하자. 두 번째, 내용이 쉬운 소설로 고르자. 추상적인 내용이거나 어려운 단어가 많이 나오면 활동에 한계가 있을 듯했다. 마지막으로 내가 가르치고 있는 농업계 고등학생에게 의미 있는 작품이었으면 좋겠다. 깨달음을 줄 수 있는 소설로 고르자. 장 지오노의 『나무를 심은 사람』을 선택했다. 완독을 하더라도 긴 시간이 걸리지 않는다. 주인공의 행위가 명확하고 번역이 쉽게 되어있다. 나무를 심어 세상을 바꾸는 한 인간의 장인정신이 우리학교 학생들에게 울림이 있을 것으로 판단했다.

이제 본격적으로 낭독극 수업을 준비했다. 국어가 2학점으로 편성되어 있는 본교 교육과정 안에서 한 작품에만 너무 많은 시간을 투자할 수는 없었다. 5차시에 걸쳐 낭독극 수업을 하기로 하고 수업디자인을 하였다.

차시	주요 활동	세부 활동
1	낭독 및 내용 파악	• 돌아가며 낭독하기 • 질문을 통한 내용 파악
2	2인 1모둠 대본 작성	• 모둠 나누기 • 작은 모둠(2명) 대본 작성
3	6인 1모둠 대본 완성 및 연습	• 작은 모둠(2명) 대본 수합 및 정리 • 큰 모둠(6명) 대본 완성
4	발표 및 소감나누기	• 역할 정하기 및 연습 • 낭독극 발표
5	독후 활동	• 독서일지 작성

낭독과 관련된 몇 가지 이야기와 소설 낭독하기

먼저 학생들과 작품을 소리내어 읽어보았다. 낭독 전 몇 가지 동기부여가 될 만한 이야기를 해주었다. 먼저 유몽인의 〈어우야담〉에 나오는 문구를 칠판에 써 놓았다.

"밤마다 도련님의 글 읽는 소리를 들으며 흠모하는 마음을 조금씩 키워왔습니다."

이 문구를 소개한 이유는 읽기가 얼마나 사람을 매력적으로 보이게 하는지를 소개하여 읽기에 대한 동기를 부여해주고 싶었기 때문이었다.

고대로부터 인간이 책을 읽는 방법은 오랫동안 눈으로만 읽는 묵독이 아니라 소리내어 읽는 낭독이었고 묵독을 한 역사는 매우 짧다는 이야기를 해 주며 아우구스티누스 『고백록』의 한 구절을 소개해 주었다. 글쓴이가 묵독을 하는 사람을 처음 보고 신기해했다는 내용이었다.

> "그(밀라노 암브로스 주교)가 독서를 할 때 눈은 책장 위를 훑고 있었고, 그의 심장은 그 의미를 탐색하고 있지만 소리를 내지 않았고 혀도 움직이지 않았다."

마지막으로 〈정조실록〉에 기록되어 있는 전기수(傳奇叟, 대중에게 소설을 읽어주고 돈을 받던 낭독가)가 익명의 군중에게 살해당한 사건을 이야기해 주었다.

> "항간에 이런 말이 있다. 종로 거리 연초 가게에서 짤막한 야사를 듣다가 영웅이 뜻을 이루지 못한 대목에 이르러 눈을 부릅뜨고 입에 거품을 물면서 풀 베던 낫을 들고 앞에 달려들어 책 읽는 사람을 쳐 그 자리에서 죽게 하였다고 한다."

후대의 기록에 따르면 이때 전기수가 낭독한 소설이 〈임경업전〉인데, 김자점이라는 등장인물이 주인공 임경업 장군에게 죄를 뒤집어씌워 죽이는 장면에서 청중이 낭독자를 낫으로 베었다는 이야기를 곁들이며 얼마나 실감 나게 소설을 낭독했으면 현실과 소설을 구분 못 했겠냐는 일화를 소개해 주었다. 이쯤 되면 낭독에 대한 학생들의 관심을 끌기에는 충분했다.

일단 돌아가며 낭독해 보기로 했다. 현대시를 낭독해 본 경험이 있기에 소설을 낭독하는 것에 대해 거부감은 없었다. 읽고 싶은 만큼 낭독하도록 했다. 최소 한 문장 이상, 최대 여섯 문장 이하. 역시 마이크는 필수다. 다른 친구들이 낭독할 때 집중하지 않는 학생이 있을까 염려도 했지만 의외로 모든 학생이 글에 집중하는 성과도 덤으로 얻을 수 있었다. 읽는 양은 차이가 있지만 낭독에 임하는 진지한 태도만큼은 모두 같았다. 한 학생의 읽기가 끝날 때마다 구체적으로 칭찬을 해주었다. "목소리가 좋다.", "의미 단위로 잘 끊어 읽는다.", "발음이 정확하다.", "읽는 속도가 적절하다.", "대사를 실감 나게 읽는다.", "성우 같다.", "배우겠다.", "장래희망을 이쪽으로 고민해봐라." 등 칭찬할 내용은 무궁무진했다. 이렇게 자신의 읽기가 끝난 후에 칭찬을 들으면 다음 차례가 되었을 때 한층 목소리가 크고 자신감이 있어지는 것은 당연한 순서였다. 책을 읽는 학생들의 목소리는 어느 악기 소리보다도 아름다웠다.

소설 낭독하기의 효과

얼마 전까지만 해도 소리내어 읽는 것을 초등학생을 대상으로 하는 읽기 방법이라고 생각했다. 하지만 낭독은 고등학생에게도 좋은 읽기 방법이었다. 돌아가면서 낭독하기의 효과는 다음과 같았다.

첫째, 작품 전체의 내용을 정확히 이해할 수 있다. 서로 읽고 들어보면 의미 파악이 쉽다. 눈으로만 읽다 보면 익숙하지 않은 단어가 나왔을 때 뛰어넘고 다음 단어를 읽는 경우가 허다하다. 하지만 소리내어 읽으니 한 단어도 빼먹지 않고 읽게 되어 내용을 빠짐없이 살펴볼 수 있다. 모르는 단어가 나오면 오히려 천천히 그 단어를 읽게 되고 자연스럽게 단어의 의미도 유추해 보게 된다. 학창 시절 시험공부를 하다가 이해가 안 되는 부분이 나왔을 때 소리내어 여러 번 읽다 보면 이해가 되었던 경우가 생각났다.

둘째, 학생 스스로 배움의 주인공이 된 듯한 느낌을 받을 수 있다. 평소 내성적인 성격으로 수업 시간에 단 한 번도 목소리를 들을 수 없었던 학생도 낭독할 때만큼은 소리를 내어 글을 읽었다. 그 아름다운 목소리는 낭독이 반복될수록 커져갔다. 학기 초 낭독을 할 때와 학기 말 낭독할 때의 목소리는 크기뿐 아니라 자신감에서도 차이가 났다. 또한 본인이 스스로 정한 낭독의 양도 점점 늘어갔다.

셋째, 학생 개개인의 읽기 능력을 파악할 수 있다. 의미를 모르면 읽는 소리도 달라진다. 학생에 따라 제각각인 읽기 정도를 파악하고 그에 맞는 읽기 팁을 주거나 과제를 부여한다면 수준별 학습도 가능할 수 있다.

결론적으로 긴 글을 읽는 연습이 부족한 학생들에게는 낭독은 글 읽는 집중력을 높여주는 좋은 읽기 방법이었다.

소설의 내용 파악하기

한번 낭독한 것만으로도 학생들은 대략의 내용 파악이 끝난 듯 보였다. 간단한 퀴즈로 내용을 정리했다.

『나무를 심은 사람(장 지오노)』내용 파악 퀴즈

1. 줄거리 파악

- 약 40년 전 고산 지대 마을의 모습은?
- 내가 홀로 서 있는 나무의 둥치로 착각한 사람은?
- 그 사람의 집과 옷차림 상태는?
- 그 마을에 사는 사람들의 모습은?
- 그 사람이 탁자에 쏟아놓은 조그만 자루에 들어있는 것은?
- 다음날 양치기가 산등성이에 올라가 한 일은?
- 내가 마지막으로 양치기를 만났을 때 마을의 모습은?
- 황무지였던 마을이 변한 이유는?

2. 주요 인물 파악

- '나'를 한 문장으로 표현하면?
- '엘제아르 부피에'를 한 문장으로 표현하면?

3. 주제 파악

- '엘제아르 부피에'에게 배울 점은?
- 이 책을 읽고 깨달은 점은?

소설을 대본으로 각색하기

이제 대망의 대본 작성하기 시간이 되었다. 낭독극 수업에서 지금까지의 활동은 각색을 위한 빌드업이라고 해도 과언이 아니었다. 먼저 6명씩 큰 모둠을 나누고 그 안에서 2명씩 작은 모둠을 나누었다. 이후 작은 모둠별로 장면을 정해 나누어 주었다. 그리고 지금까지 파악한 소설의 내용을 대본으로 만들 것이라고 공지한 뒤, 한 가지 조건을 달았다.

'해설은 최소화할 것'

모든 것을 대사로 표현하되, 불가피한 경우에만 해설을 삽입하도록 지도했다. 그렇지 않으면 대사보다 해설이 많아져 낭독극의 의미가 퇴색될 수도 있다는 판단이었다. 소설의 서술을 해설로 옮겨 적는 것은 쉽지만 그것을 대사로 바꾸는 것은 꽤나 노력이 필요한 작업이었고 이 과정에서 문해력과 작품 감상 능력이 향상될 것을 확신하고 있었다.

학생들이 어리둥절한 표정을 지었다. '뭘 어쩌라고 하는 거지?'라는 눈빛 레이저가 나에게 쏟아졌다. '내가 이럴 줄 알았지.'라는 눈빛 답을 하며 학생들에게 예시 자료를 제시해 주었다.

본문	햇살이 눈부시게 쏟아지는 6월의 아름다운 날이었다. 그러나 하늘 높이 솟아 있는, 나무라고는 없는 땅 위로 견디기 어려울 만큼 세찬 바람이 불고 있었다. 뼈대만 남은 집들 속으로 불어 닥치는 바람 소리는 마치 짐승들이 먹는 것을 방해받았을 때 그러는 것처럼 으르렁거렸다. (중략
대본	나: 햇살이 눈부신 날이군. 눈을 못뜰 정도로 햇살이 쏟아지고 있어. 정말 아름다워. 벌써 6월이야. 세월 참 빠르군. (주위를 둘러보며 의아한 표정으로) 그런데 왜 여기는 나무라고는 한 그루도 안보이는 거지? (손으로 바람을 막으며) 세찬 바람만 불고 있잖아. 바람이 너무 세서 견디기 어렵군. 무서울 만큼 강한 바람이 지나간다. (휘유웅~~~~~~~~~~) 나: 으르렁 거리는 바람 소리가 짐승들이 먹는 것을 방해받을 때 내는 소리 같아. 무섭군. 텐트를 걷어야 겠어. 텐트를 걷는다. 나: (지친 표정을 지으며) 벌써 다섯시간이나 걸었어. 힘들어. 목말라. (주위를 멀리 둘러보며) 물을 찾을 수도 없고, 희망도 안보여. 모든 곳이 전부 메말라 있어. 거친 풀들만 자라고 있다고. 여기는 도대체 무슨 일이 일어나고 있는 곳이지?

이제야 조금은 감이 잡히는 표정을 짓는 학생들을 보며 안도의 한숨을 쉬었다. 큰 선심을 쓰듯이 선을 넘지 않는 모든 애드리브를 장려한다고 공지했다. 그래야 모둠원끼리 낄낄대며 재미있게 대본을 작성할 수 있을 것으로 판단했다. 충분한 시간을 주었다. 한 시간으로 안 되면 두 시간을 주면 되는 것이었다. 시끌벅적 모둠원 간의 열띤 대화가 오갔다. 즉흥적으로 대사를 말하고 정리하는 것을 적극 장려했다.

학생들이 제일 어려워하는 것은 소설의 서술을 대사로 바꾸는 것이었다. 처음에는 질문도 많았다. 그때마다 낭독극이라는 큰 형식의 틀에서 벗어나지 않으면 "너희들이 지금 하고 있는 방법이 맞다. 잘하고 있다." 라고 격려해 주었다. 일단 맡은 부분을 처음부터 끝까지 쭉 대본 형식으로 작성해 보고 이후에 수정하는 과정을 거치도록 지도했다. 그렇지 않으면 몇 시간을 주어도 완성이 되지 않을 것 같았다. 완성된 훌륭한 결과물보다 죽이 되든 밥이 되든 한 편의 대본이 나오는 과정이 중요했다.

작은 모둠의 대본이 완성되었다. 다음은 큰 모둠으로 모이도록 했다. 그리고 작은 모둠이 완성한 대본들을 하나로 합쳤다. 합쳐진 대본을 소리내어 읽으며 함께 어색한 부분이나 빠진 부분들을 반복하여 수정하였다. 굳이 작은 모둠의 활동을 먼저 한 이유는 무임승차와 소외된 학생을 사전에 예방하기 위해서였다.

이 과정에서 교사의 개입은 최소로 했다. 학생들에게 마음껏 활동하고 놀 수 있는 장을 열어주고 싶었다. 내가 한 일은 소수의 지루해하는 학생들을 격려하여 조금이라도 모둠 활동에 더 참여하도록 유도하는 일 정도였다.

누가 보면 유명 드라마 작가들이 모여 작업이라도 하는 듯. 방송국 작업실을 방불케 하는 열기 속에서 대본 작성의 시간이 끝났다. 다음은 학생들이 실제 작성한 대본이다.

나: 저기 보이는 작고 검은 그림자는 뭐지? 나무 둥지인가? 애매~~하네. 한번 가볼까? (검은 그림자 쪽으로 걸어간다.) 뭐야 저거? 양치기잖아. 양을 30마리나 데리고 있네? 노래도 잘 부르는데? 누군지 호기심이 생기는군.

(양치기가 나를 발견하고 다가온다.)

양치기: (물을 건네며) 물 마시겠소?

나: 고맙소. 당신을 따라가도 되겠소?

(양치기는 고개를 끄덕이며 앞장서고 나는 그 뒤를 따라간다. 잠시 후 양의 우리에 도착하고 도르래로 천연의 우물에서 물을 길러 나에게 건넨다.)

나: 당신은 말수가 적구려. (혼잣말로) 말수가 적은 건 고독하게 살아가는 사람들의 특징인데. 하지만 이 사람은 자신에 차 있고 확신과 자부심으로 가득차 보여. 이런 황무지에 이런 사람이 살고 있다니. 게다가 오두막이 아닌 돌로 만든 튼튼한 집에 살고 있어. 이것은 제대로 살고자 하는 의지와 능력을 보여주는 거지. 봐봐. 지붕은 튼튼하고 물이 새는 곳도 없어. 바람이 기와를 두드리면서 내는 소리가 마치 바닷가의 파도소리 같군. (쏴~~쏴~~) (주위를 둘러보며 혼잣말로) 살림살이가 잘 정돈되어 있군. 그릇은 깨끗하고 마루에는 먼지 하나 없어. 총도 잘 손질되어 있군. (양치기를 바라보며 혼잣말로) 면도도 깔끔하게 되어 있고 옷에는 단추가 단단히 달려 있어. 눈에 띄지 않게 옷이 세심하게 기워져 있어. 보통 사람이 아닌 듯 보여.

(양치기가 나에게 수프를 건넨다. 나는 수프를 받아 먹는다. 식사가 끝난 후 나는 양치기에게 담배를 한 대 건넨다.)

나: 담배 한 대 태우시겠소?

양치기: 끊었소.

나: (양치기 옆에 얌전히 앉아있는 개를 가리키며) 당신을 닮아 개도 조용
　　하고 상냥하군요. 그런데 여보시오. 이 마을은 어떤 곳이오.

양치기: 그것이 궁금하시오?

나: (혼잣말로) 오늘은 여기서 묵어야 해. 가장 가까운 마을이라 해도 하루
　　하고 반을 더 걸어야하니 말이야. 이 지역에 마을이 드문 것은 익히 알
　　고 있지. 너덧 마을이 서로 멀리 떨어져 있는 곳에서 이 시간에 어딜 갈
　　수 있겠어. (양치기를 바라보며) 내가 있는 곳의 사람들이 어떤지는 알
　　아야 하지 않겠소?

양치기: 여기는 숯을 만드는 나무꾼이 살고 있는 마을이오.

(마을 사람들 등장한다.)

남자1: 살기가 너무 힘들어.

남자2: 건들지마라! 날도 더운데 짜증나게 하지 마!

여자1: 여기서 언제쯤 떠날 수 있을까?

여자2: 빨리 이 곳을 떠나고 싶어!

남자1: 내가 숯을 더 많이 팔아야해. 너는 저리로 가!

여자1: 여기는 내 자리야! 왜 교회에 와서까지 내 심기를 건드려?

남자2: 오늘 또 이웃집 찰스가 자살했대.

여자2: 당신도 조심하세요. 우울증을 앓고 있잖아요.

(마을 사람들 퇴장한다.)

양치기: 이러한 곳이 바로 여기요.
(양치기가 조그만 자루를 가지고 온다.)

나: 그것이 무엇이오?

양치기; 도토리요. (탁자에 도토리를 쏟고 하나씩 주의 깊게 살펴보며) 흠..
　　　이건 탈락. 이건 합격. 이것도 합격.

나: (혼잣말로) 좋은 도토리만 고르고 있어. 무엇을 하려는 거지? 좀 도와줄
　　까? (양치기를 바라보며) 좀 도와드리오?

양치기: 아니요. 이건 내가 할 일이요.

나: (혼잣말로) 진짜 한번 해보고 싶은데 양치기가 너무 정성스럽게 작업을
　　하니까 해본다고 고집을 부릴 수도 없네.

양치기: (상태가 완벽한 도토리가 100개가 모이자) 끝!!

나: (혼잣말로) 이 사람과 함께 있으니 마음이 평화로워. (양치기를 바라보
　　며) 내일 하루 더 이 집에 머무를 수 있겠소?

양치기: 당연하지요.

나: (혼잣말로) 저 양치기에게 호기심이 느껴져. 그에 대해 더 알고 싶어.

양치기: (토토리 자루를 물통에 담고) 갑시다!

둘은 같이 산등성이에 오른다.

나: (혼잣말로) 뭐야. 구멍을 파서 도토리를 심고 있잖아? (양치기를 바라보
　　며) 여기가 당신 땅이오?

양치기: 아니오.

나: 　그럼 누구 땅이오.

양치기: 모르오. 누구 땅이든 상관없소. (다시 도토리를 고른다.)

나: 도토리는 왜 고르는 것이오?

양치기: ....

나: 도토리는 왜 고른 것이냐고 물었소?

양치기: ...

나: 궁금하오. 말해주시오. 도토리는 왜 고르시오?

양치기: 나는 3년 전부터 이 황무지에 홀로 나무를 심어왔소.

나: 3년이나? 그럼 얼마나 많은 나무를 심은 것이오?

양치기: 도토리 10만개 정도?

나: 10만 그루의 싹이 나왔소?

양치기: 2만 그루 정도 살았소. 들쥐나 산토끼들이 나무를 갉아먹거나 신의 뜻에 따라 알 수 없는 일들이 일어날 경우, 2만 그루 가운데 또 절반가량이 죽어 버릴 수도 있겠지요. 그렇게 된다해도 이 땅에 떡갈나무 1만 그루가 살아남지 않겠소?

(하략)

무대에서 실연하기

낭독극은 특별한 소품이 필요하지 않고 대본을 외워서 실연하는 것도 아니기 때문에 준비하는 교사의 부담도 적고 공연하는 학생들의 거부감도 없다. 물론 형식을 갖추어 실연하려면 필요한 것들이 몇 가지 있다. 보면대, 조명, 독서등, 핀 마이크 등. 하지만 수업 시간에는 간략하게 교실 앞을 무대로 하여 자신들이 작성한 대본을 직접 연기해보는 것이 목적이었으므로 준비물이 많이 필요하지 않았다.

낭독극의 형태는 가장 기본적인 입체낭독이었다. 입체낭독은 학생들이 무대에 자리를 잡고 목소리, 표정, 간단한 동작 등으로만 연기하는 형태이다. 대본 작성 과정에서 이미 작품 내용에 대한 이해는 끝났으므로 연기는 보너스 시간 정도로 생각했고 학생들에게도 즐겁고 부담 없이 임하도록 했다.

낭독과 낭독극은 '읽기'와 '읽어주기'의 차이라고 생각하면 간단하다. 앞 시간에 했던 낭독이 자신을 위한 '읽기'에 초점을 두는 읽기였다면 낭독극은 청중을 위한 '읽어주기'라고 설명했다.

학생들은 그래도 명색이 친구들 앞에서 하는 발표라며 약간의 연습할 시간을 원했다. 애초에 짧은 연습 시간을 계획해 놓았으므로 이십 분을 연습 시간으로 부여하였다. 자신들이 작성한 대본을 읽어보고 이때 재차 수정하거나 보완할 수도 있게 하였다. 연습하는 이십여 분의 시간이 낭독극과 관련한 일련의 수업 과정에서 가장 활기 있고 즐거운 시간이었다.

모든 학생이 무대에 출연하여 단 몇 줄이라도 대사를 연기할 수 있도록 지도하였다. 이 작품은 등장인물이 많지 않기 때문에 한 학생이 한 명의 대사를 모두 소화하도록 하지 않고, 여러 명이 나누어 연기할 수 있도록 했다.

도서관 앞 공간을 무대로 만들었다. 무대라 해봤자 의자와 보면대를 놓고 마이크를 준비한 것이 전부였다. 배경음악은 필수로 요구하지 않았다. 필요한 경우 자유롭게 휴대폰을 이용하여 틀도록 했다. 한 편의 멋진 낭독극을 발표하는 것이 낭독극 수업의 최종 목표였다면 보잘것없고 부족한 무대 준비였지만 문해력 신장과 작품 감상에 초점을 둔 활동이 일환으로 생각했기 때문에 무대 자체는 전혀 문제가 되지 않았다.

처음 발표할 모둠이 무대로 나와 보면대 앞에 앉았다. 조금의 부끄럽고 어색한 분위기가 느껴졌으나 몇몇 열연하는 친구들 덕분에 도서관의 분위기는 금방 뜨거워졌다. 연극과는 다르게 대사 암기도 필요 없다. 오랜 시간 공들인 연습도 필요 없다. 오로지 하고자 하는 의지 하나와 대본만 있으면 때와 장소를 막론하고 실연할 수 있는 것. 이것이 낭독극의 매력이다.

학생들의 소감

낭독극 실연을 마치고 학생들의 소감을 한마디씩 적도록 하였다.

- 소설을 극본으로 바꾸는 활동은 뇌를 많이 쓰는 활동이다. 내 머리가 똑똑해진 것 같아 기분이 좋다. (조○○)
- 본문을 대사로 바꾸고 극으로 표현하니 원작을 더 제대로 이해할 수 있었다. (서○○)
- 주인공의 생각과 감정에 대해 깊게 생각해 볼 수 있었다. (서○○)
- 친구들 앞에서 대사를 읽을 때 처음에는 쑥스러웠지만 할수록 재미있었다. (이○○)
- 연기하는 게 쉽지 않았다. 성우분들이 존경스럽다. (이○○)
- 연극도 아닌 그냥 읽기도 아닌 새로운 무엇이다. (장○○)
- 작품 속 인물의 상황이나 인물 간의 관계에 집중할 수 있는 활동이었다. (유○○)
- 초등학교 때 연극을 해 보았는데 앉아서 낭독극으로 표현하는 것도 재미가 있었다. (김○○)
- 이렇게 한 편의 소설을 제대로 읽어본 적은 초등학교 3학년 이후 처음이다. (양○○)
- 소설을 소리내어 읽는 것이 조용히 읽는 것보다 머리에 잘 들어온다는 것을 알게 되었다. (최○○)
- 이제부터 책 좀 읽어야겠다. 여태까지 책을 거부했던 내가 부끄럽다. 이런 식으로 또 읽었으면 좋겠다. (심○○)

낭독극 활동을 바탕으로 독서일지 쓰기

문해력 신장을 목표로 낭독극 수업을 시작했지만, 소설을 한 편 제대로 읽었으니 독후활동까지 해 보기로 했다. 평소에도 독후활동이 싫어서 책을 읽지 않는다는 학생들의 이야기를 많이 들어왔기 때문에 복잡하지 않은 독후활동지로 준비했다. 단순하게 세 가지만 작성해 보도록 했다.

■ 저자 또는 등장 인물에게 편지쓰기
■ 이 책을 홍보하는 글쓰기
■ 작품에 대한 한 줄 평

낭독극 활동을 통한 생활교육

계획한 5차시의 낭독극 수업이 끝났다. 학기 초 교부된 낭독극 관련

예산을 아끼고 아껴 집행해서인지 약간의 돈이 남았다. 남은 예산을 어떻게 쓸까 고민하다 낭독극 활동을 생활교육에 적용해 보면 좋겠다는 생각이 들었다. 평소 생활지도가 어려운 학생 몇 명이 머릿속에 떠올랐다. 이 학생들을 데리고 낭독극을 해 보자. 활동내용은 '소설가 채만식의 단편소설 한 편을 낭독극으로 읽기, 그리고 채만식 소설의 배경이 되는 군산의 채만식 문학관 탐방 및 지역의 명물 짬뽕과 빵 먹어보기'로 정했다. 낭독극 활동 과정을 통해 그 학생들과 진솔한 대화를 나누고 래포(rapport)를 형성하는 것이 또다른 목표이기도 했다.

낭독극 활동은 여러 가지 형태가 있다. 앞서 기술한 대로 책을 읽고 대본을 직접 작성하여 실연하는 일련의 과정을 통한 낭독극 수업이 있는가 하면, 처음 낭독극 연수에서 내가 소속된 분임의 강사 선생님께서 가르쳐주신 다음의 방법도 있다.

1. 작품을 돌아가며 낭독한다.
2. 한 명씩 역할을 맡아 반복해서 낭독한다.
3. 무대에서 실연한다.

대본 작성 과정이 생략된 간단한 낭독극 활동이다. 이 방법을 활용하기로 했다. 생활교육이 절실히 필요한 학생 4명을 도서관으로 불렀다. 도서관에 있는 책을 한 권씩 던져 주었다. 『채만식 단편집』. 그 중 『치숙』으로 골랐다. 이번 주말에 모여 낭독극 활동을 할 것을 예고하고 활동을 끝마치면 군산 탐방과 유명한 짬뽕 및 빵을 먹을 수 있다고 유혹하였다. 네 학생 모두 흔쾌히 동의했고 며칠 후 주말에 도서관에 모여 앉았다. 낮은 단계의 낭독극 활동을 시작했다. 일단 읽고 싶은 만큼 돌아가면서 읽게 하였다. 한 편을 완독했다. 스스로 소설 한 편을 다 읽었다는 성취감으로 이미 학생들의 어깨는 날아갈 듯 높이 솟아 있었다. 이번엔 배역을 나누었다. '나', '치숙', '아주머니', '해설'. 그리고 역할을 바꿔가며 두 번 더 낭독극의 형식으로 작품을 읽었다.

그리고는 내가 운전하는 5인승 승용차에 끼어 앉아 이런저런 이야기를 하며 군산으로 향했다. 채만식 기념관에 먼저 들러서 오전에 낭독극으로 읽어보았던 채만식 작가의 삶과 작품에 대해 알아보고 군산의 유명한 짬뽕과 빵을 먹었다. 더불어 나의 목표도 달성하였다. 그 학생들과의 상호신뢰관계(rapport)는 더욱 돈독해졌고 지금도 그 관계를 유지하고 있다.

낭독극을 어렵게 생각하지 말자

낭독극은 거창하지 않다. 극으로 표현하고 소리내어 읽으면 전부 낭독극 활동이 될 수 있다. 이 책의 다른 선생님들이 쓴 글과 같이 초 · 중 · 고 모든 학생 대상으로 손쉽게 할 수 있는 수업이 낭독극이다. 내가 경험한 낭독극 활동을 돌이켜볼 때 낭독극의 장점은 다음과 같았다. 일단 대본을 외울 필요가 없으니 학생들에게 부담이 없다. 자신이 각색한 또는 각색된 대본을 낭독하는 것이니 오랜 연습도 필요 없고 누구나 쉽게 접근할 수 있다. 또한 낭독극은 학생이 활동의 중심이 되어 진행하는 수업이다. 모둠활동을 중심으로 활동이 이루어지기 때문에 상호의사소통 능력을 향상시킬 수 있다. 무엇보다 대본을 만들어 실연하면서 온 작품을 꼼꼼하게 읽게 된다. 이 과정에서 문해력과 작품 감상 능력이 향상된다.

종이로 인쇄된 글자 읽기가 낯선 학생들에게 모처럼 꼼꼼하게 글을 읽고 깊이 있게 생각할 수 있는 기회를 제공하는 것이다.

다음 학기 낭독극 수업 계획

몇 년 전 일반고에 근무하면서 한 학기에 걸친 장기프로젝트로 '시 쓰기' 수업을 진행하였다. 수업의 목적은 학생부종합전형 대비 과정중심 교육, 창작을 통한 창의력 신장 및 정서적 발달 도모였다. 그러던 중, 전교에서 손꼽히는 소위 요선도 학생이 재학 중인 학급에서 시 쓰기 수업을 하게 되었다. 여러 과정 중 그날은 시적 화자의 정서를 표현하는 방법 몇 가지를 배우고 그것을 활용하여 '가족'에 대한 짧은 시를 써보는 수업이었다. 그런데 놀랍게도 소위 요선도 학생이, 모든 선생님이 수업에 참여시키기를 포기한 바로 그 학생이 지금까지 보지 못했던 진지한 자세로 자신의 가족에 대한 시를 써 내려가는 것이 아닌가? 심지어 완성한 시를 들고 교탁 앞에 있는 나를 찾아와 자신이 쓴 시 속의 이야기는 실제 자신의 경험이라며 시의 내용과 사용한 표현 몇 가지에 대해 설명해주는 것이 아닌가? 투박하고 거칠게 써 내려간 그 시에는 어쩌면 고등학교 1학년이 감당하기에는 힘든 복잡한 가정사가 고스란히 담겨있었다. 이러한 기회를 그 학생의 마음이 어느 정도 열리는 느낌을 받았다. 아직도 자신의 시를 보여주며 어색하게 미소 짓던 그 학생의 표정을 잊을 수가 없다. 아마도 그 순간만큼은 본인이 이 세상에서 가장 훌륭한 시인이었을 것이다.

여기에 한 걸음 더 나아가 본인이 쓴 시를 가지고 낭독극을 만들어보는 것은 어떨까? 시에도 서사가 있다. 특히나 자신이 창작했기에 숨겨진 서사를 누구보다 진솔하게 표현할 수 있다. 이것을 산문으로 표현하고 또 그것을 대본으로 만들어 낭독극으로 실연한다면 문학작품의 여러 갈래를 아우를 뿐만 아니라 말하기 듣기, 쓰기, 읽기의 모든 언어능력을 활용하는 종합적 언어 활동을 할 수 있다. 이 과정에서 문해력이 길러지는 것은 당연하다. 어쩌면 이러한 일련의 과정을 통해 학생의 마음이 치유될 수도 있다. 다음 학기에는 꼭 장기프로젝트로 시 쓰기와 낭독극을 결합한 수업을 해 보고 싶다. 사랑하는 모든 학생의 미래를 응원하며.

동아리 활동에서의 낭독극 수업

이민수 충남외국어고등학교

연극 동아리의 일 년은 그 어느 동아리보다 정신이 없다. 치열한 연극 단원 모집 오디션부터 시작하여 다양한 연극 놀이 활동, 대본 창작활동, 배우 캐스팅 나아가 방대한 시간이 투자되는 연극 연습과 대회 참여까지. 하나의 완성된 무대를 올리는 데에 정말 많은 시간과 노력, 무엇보다 교사의 시간 투자가 요구된다. 또한 늦은 밤까지 진행하는 연습 덕분에 아이들과 담당교사의 체력은 금방 방전되고 어느새 눈 밑에는 다크서클이 자리 잡는다. '힘들다'는 말 한마디로는 표현할 수 없을 만큼 고된 활동이다. 그러나 무대를 성공적으로 올린 후 아이들의 마음에 밀려오는 성취감은 이루 말로 할 수 없을 만큼 감동적이다. 공연을 마친 후에 무대 위에서 내려오는 아이들이 흘리는 땀과 눈물은 그간의 고생과 갈등 모든 것들을 사르르 녹게 만들며 아이들을 한 단계 성장하게 만든다. 그만큼 연극의 힘은 강력하다.

낭독극은 연극의 한 장르이다. 연극과 마찬가지로 대본을 작성하고 배우를 캐스팅하고 무대를 구성하고 완성된 극을 무대에 올린다. 그러나 연극의 무대와는 큰 차이점이 있다. 연극은 매우 동적인 활동이다. 연극 무대 위에 서 있는 배우들은 가만히 있지 않는다. 상황과 맥락에 따라 무대 위를 이곳저곳 분주히 옮겨 다닌다. 어느 행동 하나라도 무의미한 행동이 없다. 단순히 손을 드는 행위에도 의미가 담겨있으며 앞으로 몇 걸음 나아가는 것에도 의미가 담겨있다. 배우들은 의미가 담긴 행동과 동선들을 수십 번의 연습을 거쳐 몸으로 익히고 익힌다. 또한 연극배우들은 많은 대본의 내용을 외워야 한다는 부담이 크다. 단순히 외우는 것에 그치지 않는다. 상황과 맥락에 따라 말의 빠르기와 높이, 목소리의 크기를 다양하게 구성해야 한다. 마찬가지로 수십 번의 연습을 거쳐 몸으로 익히고 익혀야 한다.

낭독극 무대는 연극 무대와 달리 무대를 만드는 데에 부담이 없다. 낭독극 무대의 배우들은 동선의 이동이 거의 없다. 장면이 전환되거나 어떠한 메시지를 담기 위해 자리를 옮기기도 하나 그리 부담스럽지는 않다. 수십 번의 연습을 거쳐 동선을 외울 필요도 없다. 혹시 있더라도 앞에 놓인 대본에 쓰인 대로 움직이면 될 뿐이다. 동선과 마찬가지로 배우의 행동도 거의 없다. 물론 어떠한 의미를 전달하고자 할 때 간단한 손짓과 발짓을 할 수는 있어도 연극 무대의 배우들에 비해 상대적으로 적은 행동을 보인다. 연극배우들의 행동과 동선에 대한 부담이 없다는 소리다.

방대한 양의 대본을 외워야 한다는 부담감도 없다. 눈앞에 놓인 대본을 보고 읽으면 되기 때문이다. 물론 국어책을 읽듯이 딱딱한 어조는 피해야겠다. 화를 내야 하는 상황이면 크게 목소리를 내기도 하고 속삭여야 하는 상황이라면 목소리를 작게 내야 한다. 어느 정도의 연기력이 필요할 수 있겠다. 하지만 그 많은 양의 대본을 외워야 한다는 부담감이 전혀 없다.

연극 무대에 비해 낭독극 무대의 부담감은 크지 않지만 낭독극은 연극과 같이 강력한 힘을 갖고 있다. 아이들은 하나의 작은 무대를 만들고 작품을 올린다는 성취감을 느낄 수 있다. 친구와의 의사소통 과정을 통해 생각을 표현하고 듣는 연습을 할 수 있고 작품을 만들어 보는 경험을 통해 세상을 이해하고 타인을 이해할 수 있다. 지금보다 한 단계 성장할 수 있는 기회를 낭독극을 통해 경험할 수 있다. 연극 무대가 아니어도 좋다. 큰 무대가 아닌 교실 내의 작은 무대에서도 아이들의 성장을 도모할 수 있으니 얼마나 좋은 수업 방법이 아닌가?

이 글에서는 연극 동아리 학생들과 함께 진행했던 낭독극 수업을 소개하고자 한다. 이미 동아리 아이들은 연극이라는 장르에 익숙하며 많게는 세 번, 적게는 한 번의 무대를 구성해 본 경험이 있는 아이들이다. 그러니 연극을 위한 준비나 연극 놀이와 관련한 것들은 생략하고자 한다. 여기에서는 낭독극 무대를 만드는 방법에 대해 자세히 설명하고자 한다. 특히 대본을 작성하는 방법과 실제 낭독극 공연이 어떻게 이루어지는지 사례를 바탕으로 제시하고자 한다.

낭독극 대본 작성하기

낭독극 수업을 시도해 본 선생님들의 가장 큰 고민이 담긴 부분일 것이다. '어떤 대본을 아이들에게 소개해 주어야 하는가?', '대본을 만드는 것이 아이들에게 교육적으로 도움이 될까?', '대본을 만든다면 어떻게 만들어야 하나?', '그 과정은 어떻게 이루어지나?', '시간은 얼마나 투자해야 하나?' 많은 고민이 선생님들에게 낭독극 수업에 어려움을 느끼게 한다. 그 어려움에 충분히 공감한다. 대본을 만드는 과정은 쉽지 않다.

낭독극 대본이 시중에 많이 나와 있지는 않다. 연극 대본은 몇 번의 검색을 통해서 충분히 찾아낼 수 있지만 낭독극은 그렇지 못하다. 아마 낭독극이라는 장르의 낯섦이 그 이유인 듯하다. 물론 연극의 대본을 재구성하여 낭독극의 대본으로 사용할 수는 있다. 그러나 연극 대본의 길이는 낭독극 대본에 비해 긴 편이며 낭독극 무대를 고려하지 않은 채 만들어져 낭독극 대본으로 활용하는 데에 조금의 어려움을 겪을 수 있다.

그렇다면 낭독극 대본은 창작하는 수밖에 없다. 하지만 창작은 어른도 어렵게 느낀다. 물론 아이들도 창작에 있어 어려움을 느낄 것이다. 하지만 낭독극 대본 창작을 통해 작가로서의 경험을 겪게 되면 많은 것을 배우고 느낄 수 있을 것이다. 일단, 창작에 대한 부담감을 낮추는 것부터 시작해야 한다. 창작이란 작가만의 고유한 영역이 아닌 누구나 할 수 있는 것이라는 인식부터 심어 주어야 한다.

일상의 말하기를 낭독극으로 구성하기

연극 동아리 아이들과 연극 대본을 만들기 전 적극적인 표현을 하기 위한 몇 가지 활동들이 있다. 아이들은 여러 가지 활동 중 상황극을 가장 즐거워한다. 특정한 상황만을 아이들에게 던져 주고 그 어떤 제한 없이 이야기를 이끌어나가는 활동이다. 단, 다소 당황스러운 대사일지라도 서로의 말을 잘 들어주고 받아주어야 한다는 배우의 규칙과 그 어떤 당황스러운 상황이라 할지라도 큰 호응을 해야한다는 관객의 규칙이 있다. 만약 규칙이 없다면 아이들의 이야기는 아무런 의미 없이 허공으로 날아갈 것이다.

표현력이 좋은 아이들은 금세 상황에 적응하여 상황극을 정말 재미있게 이끌어 가기도 한다. 반면 조금 소심하거나 표현력에 자신이 없는 아이들은 얼굴이 새빨개져 아무 말도 못 하기도 한다. 이야기가 진행되지 못할 때에는 관객으로 있던 다른 친구들이 투입되어 어려움에 빠진 친구를 도울 수도 있고, 구경하고 있던 관객은 소심한 친구를 위해 응원의 호응을 보내면 된다. 소심한 아이는 여러 번의 망설임 끝에 생각해 낸 대사를 뱉어낼 것이고 상황극은 자연스레 이어나가게 된다.

이러한 활동은 아이들에게 무대란 무엇이며 무대가 가진 의미에 대해 이해할 수 있게 한다. 조명과 배경음악, 배경을 꾸미는 소품들이 설치되어 있는 무대만이 무대가 아니다. 교실의 한 공간, 강당의 한복판도 배우와 관객이 있으면 무대가 될 수 있다는 것을 이해하게 된다. 또한 무대란 배우 혼자의 연기력만으로 이야기를 이끌어나가는 것이 아닌 관객과의 소통을 통해 이야기를 이끌어나가는 것임을 이해하게 된다.

무엇보다 아이들은 자신이 내뱉은 '아무 말'이 대사가 될 수 있음을 이해한다. 화려하지도 않다. 그렇다고 수준이 높지도 않다. 일상생활에서 우리가 사용하는 말도 무대 위에서는 아주 훌륭한 대사가 될 수 있음을 알 수 있다.

낭독극 대본을 만드는 데에도 연습이 필요하다. 아이들에게 아무 말이나 내뱉어 볼 수 있는 기회가 필요하다. 일상의 대화란 말 그대로 일상생활 속에서 할 수 있는 대화의 모습을 의미한다. 친구와 나눴던 시시한 농담, 선생님과 나누었던 진지한 상담 이야기, 언젠가 겪었던 누군가와의 즐거운 경험 등이 그 소재가 될 수 있다.

다음은 SNS를 통해 친구와 나눈 상담을 대본으로 구성한 것이다.

> A: 나는 성적이 좋지 않은 게 고민이야. 나름대로 열심히 하는데 점수가 따라주지 않아.
>
> B: 그렇구나. 공부할 때 어려운 점이 뭐야?
>
> A: 난 공부하면서 집중하는 게 어려워. 어떻게 하면 집중력을 높일 수 있을까?
>
> B: 혹시 네 방 책상에 공부와는 관련이 없는 물건들이 올라가 있지는 않아?
>
> A: 어... 맞아... 책상에 앉으면 항상 그런 것들을 가지고 딴짓을 하게 되더라고...
>
> B: 그럼 책상을 정리해 보는 건 어떨까?
>
> A: 응, 그렇게 해 볼게. 고마워 덕분에 도움을 받았어.

　일상적인 대화가 담긴 대본이다. 그 어떤 어려운 말도, 유려하고 화려한 말도 등장하지 않는다. 누구나 할 수 있는 말이다. 이런 유치한 대화가 어떻게 대본이 되냐는 말도 나올 수 있지만 유치한 대화도 대본이 될 수 있다. 텍스트로만 봤을 때는 유치하게 느껴진다는 것에 동의한다. 하지만 무대 위에서 저 위의 대본을 낭독한다면 그 분위기는 사뭇 다르게 느껴질 것이다. 아이들의 일상 대화를 대본으로 만들고 무대 위에서 낭독해 보게 해 보자. 무대 위에 선 아이들은 자연스레 배우로서의 자세를 잡고 낭독에 집중할 것이다.

　아이들은 일상의 대화를 대본으로 옮겨 보는 작업을 통해, 대본을 쓰는 것이 그리 어려운 일은 아님을 깨닫게 될 것이다. 자신의 일상도 무대 위의 작품이 될 수 있음을 깨닫게 된다. 삶과 예술은 생각보다 가까운데 있다는 것을 알게 될 것이다. 대본을 쓰는 것이 어렵다면 아이들과 일상생활에 대해 이야기하고, 이를 대본으로 만들어 보는 것을 추천한다.

낭독극 대본의 주제를 정하라

이제 아이들은 일상의 대화도 무대를 이끌어나가는 힘이 되는 대사가 될 수 있음을 알게 되었다. 자신의 삶도 무대 위에서는 예술 작품이 될 수 있으며 예술이란 삶과 그리 멀지 않음을 깨닫게 된다. 이제 아이들은 낭독극 대본을 쓸 준비가 다 되었다. 이제 본격적으로 낭독극을 통해 어떠한 메시지를 전달할지 고민해야 한다. 이를 위해선 낭독극 대본의 주제에 대한 교사의 깊은 고민이 필요하다.

낭독극 주제에 대한 고민은 목표 설정 이론[8]으로 설명할 수 있다. 로크는 의식적으로 얻으려고 설정한 목표가 동기와 행동에 영향을 미친다고 하였다. 목표의 구체성, 곤란성, 목표 설정에의 참여는 구성원들의 적극적인 행동을 불러일으킨다. 과제에 더 큰 집중력을 자극할 수 있으며 구성원들이 목표 설정에 직접 참여하게 되면 과제에 대한 주인의식과 더불어 높은 성과를 야기할 수 있다고 한다.

아이들과 뚜렷하고 구체적인 목표를 만들어 보자. 무엇을 소재로 다루어 볼지 아이들과 이야기하고 낭독극을 통해 어떠한 해결방안과 메시지를 전달하고자 하는지 치열하게 토론해보자. 다음은 아이들과 낭독극 수업의 목표와 작품의 메시지를 함께 만들어 보았던 과정을 공유하고자 한다. 아이들과의 협력적 나눔을 통해 훌륭한 작품이 탄생했던 2022년의 사례에 대해 말하고자 한다.

---

8 목표 설정 이론은 로크(Locke)에 의해 시작된 동기 이론으로, 인간이 합리적으로 행동한다는 기본적인 가정에 기초하여, 개인이 의식적으로 얻으려고 설정한 목표가 동기와 행동에 영향을 미친다는 이론이다. 네이버 지식백과

다년간 연극 동아리를 맡게 되면서 습관이 생겼다. 연말이 되면 다음 해에 다룰 연극 주제에 대한 고민을 자연스럽게 하게 되었다. '무엇을 주제로 함께 공부해 볼까?', '어떠한 주제가 아이들의 성장을 이끌어 낼 수 있을까?', '어떤 주제가 충분히 가치 있는 기록으로 남겨질 수 있을까?', '무엇보다 재미있고 즐겁게 주제에 대해 탐구할 수 있을까?' 이러한 질문에 대한 대답은 보통 시사 이슈를 통해 만들어진다. 2022년 연극 동아리 아이들과 함께 공부하고자 했던 대주제는 '소외'였다. 조금 더 구체적으로 말하자면 복지의 사각지대에 놓인 소외된 사람들의 삶에 대해 공부하고자 하였다. 주제에 대해 고민을 하던 당시는 코로나로 인해 많은 사람들이 고통받고 있었을 때이다. 평소와 같이 주제에 대해 고민하던 중 코로나로 인해 고독사가 이전보다 많이 늘었다는 비참한 기사문을 접하게 됐다. 보통 고독사를 떠올리게 되면 나이가 지긋이 드신 어르신들이 떠오르는 것이 자연스럽다. 그러나 해당 기사에는 노인들의 비율보다는 청년층의 사망 비율이 많이 증가했다는 내용이 담겨있었다. 전혀 생각지 못했던 일이었고 무엇보다 청년층은 노인층과 달리 복지 대상자가 아니기에 사망 후 발견되기까지 오래 걸렸다는 내용은 큰 충격으로 다가왔다.

어떤 삶을 살아왔길래 이러한 비극적인 일들이 현대 사회에 일어나고 있는 걸까? 아이들과 비슷한 나이 또래, 어쩌면 나와 비슷한 시기를 살아왔던 사람들의 비극은 왜 일어나게 되었는가? 아이들과 이러한 질문들을 나누었고 질문에 대한 답을 찾기 위해 청년층의 고독사에 대한 탐구를 진행하게 되었다. 아이들은 고독사, 특수청소업체와 관련한 도서와 영상 매체를 통해 더 많은 정보와 안타까운 사실들을 접하게 되었다.

그중에서 아이들의 관심을 끈 것은 '보호 종료 아동'이었다. 보호 종료 아동은 보호조치가 종료되는 만 18세의 아동을 의미한다. 보호 종료 아동은 자립정착금 500만 원을 가지고 아무런 준비 없이 거리로 나가게 되는데 그 과정에서 많은 문제들이 일어나게 된다. 특히 주거 문제가 보호 종료 아동에게 큰 문제로 다가오는데, 500만 원으로는 전세를 얻기는 만무하고 제대로 된 방의 월세 보증금으로 사용하기에도 턱없이 부족하다. 혹시 운이 좋아 방을 구했다 하더라도 매달 나가는 월세와 전기세, 생활에 들어가는 비용들이 보호 종료 아동들에게는 큰 부담으로 다가오게 된다. 사회에 적응하는 데 어려움을 겪었던 어린 청춘들이 코로나라는 상황 속에서 누구의 관심과 도움도 받지 못한 채 지고 말았다는 사실은 아이들에게 큰 충격으로 다가왔다. 아이들은 자신과 같은 또래의 친구가 상상도 못 할 만큼의 어려움과 아픔을 겪고 있다는 사실에 굉장히 놀라워했고 마음 아파했다. 그리고 자신과 같이 꿈이 있고 하고 싶은 일들이 많은 친구라는 것에 더욱더 아파했다.

같은 또래의 어려움은 아이들을 적극적으로 움직이게 만들었으며 그들이 겪는 문제의 실상과 그 해결 방법에 대해 더욱 적극적으로 탐구하기 시작했다. 주거 문제 이외에 조언을 건네줄 어른이 없다는 사실, 법률적 지식이 부족하다는 사실 등이 보호 종료 아동에게 어려움으로 작용했겠지만 가장 버티기 힘든 건 그들을 바라보는 사회의 편견이라는 결론을 내렸다. 아이들은 이를 해결하는 방안으로 '보호 종료 아동에 대한 편견을 갖지 말자'라는 메시지를 낭독극을 통해 관객들에게 전달하고자 했다.

'소외'라는 소재에 대한 질문만을 던졌을 뿐인데 아이들은 그 질문을 가지고 스스로 탐구하고 고민해 나갔고 유의미한 주제를 스스로 만들어냈다. 그리고 탐구 주제에 대한 문제해결 방법을 스스로 만들어내기 시작했다. 낭독극 대본의 주제를 선정하는 과정에서 아이들은 다양한 매체 자료를 수집하고 분석하는 역량을 함양할 수 있었고 무엇보다 다루고자 하는 인물의 삶에 대해 공감하면서 타인에 대한 이해를 높여나갈 수 있었다. 대본에 대한 깊은 애정은 덤이었다.

서사를 풀어나가는 데에 필요한 자료들을 생성하라

글쓰기 이론에서는 좋은 글을 쓰기 위해서 풍부한 양의 자료를 생성하는 것이 중요하다고 한다. 다양한 매체를 통해 많은 정보와 자료를 수집하고 그 속에서 가치 있는 정보와 자료를 선정하고 체계적으로 정리하는 일은 좋은 글을 쓰기 위한 기초 단계라는 것이다. 낭독극 대본을 작성할 때에도 마찬가지이다. 서사를 풀어나가기 위해선 주제와 관련한 풍부하고 가치 있는 자료를 수집하고 선정해야 한다. 요즘의 아이들은 인터넷을 통해 다양한 자료를 수집하는 데에 일가견이 있다. 다만, 자료와 정보의 홍수에서 어떠한 자료와 정보가 가치있는지 구별하는 데에 많은 어려움을 겪는 것 같다. 이러한 어려움을 극복하기 위해선 교사와의 대화도 분명 필요하지만 아이들 간의 치열한 토론이 큰 도움이 된다.

서사를 풀어나가기 위해선 충분한 양의 자료들이 필요하다. 서사와 관런한 자료를 얻는 방법은 크게 활자로 이루어진 매체와 영상으로 이루어진 매체 두 가지로 설명할 수 있다. 아이들은 활자와 영상으로 이루어진 매체를 통해 자료와 정보를 수집하고, 수집한 정보를 분석해 나가는 과정을 통해 크게 성장한다. 또한 가치 있는 자료와 정보를 선정하는 과정을 통해 언어에 담긴 중요한 정보를 찾고 해석해 내는 문해력을 함양할 수 있다. 아이들에게 낭독극의 서사를 이끌어 나갈 힘이 되는 충분한 양의 자료를 탐구할 수 있게 해야한다.

'소외'라는 대주제에서 아이들은 '보호 종료 아동에 대한 편견'이라는 주제를 도출하였다. 본격적으로 보호 종료 아동의 삶에 대해 탐구하기 위해 정보를 수집하기 시작하고, 인터넷을 적극 활용하여 보호 종료 아동의 삶에 대해 조사했다. 보호 종료 아동을 후원하고자 하는 인터넷 사이트의 호소문, 다큐멘터리 영상, 보호 종료 아동의 문제점을 알리는 뉴스 기사문과 영상 등 다양한 매체 자료를 활용하여 많은 정보들을 수집하였다. 인터뷰를 진행해 보는 것도 좋은 방법이라 추천하였지만 시간과 여건이 마땅치 않아 인터뷰를 진행하지는 못하였다.

수집한 많은 자료의 분석을 통해 보호 종료 아동들이 겪는 여러 가지 문제점들을 도출했다. 만 18세의 어린 나이에 보호소를 나가야 한다는 사실은 사실상 사회에 내던져지는 보호 종료 아동의 어려움과 아픔을 확인했으며, 전세와 월세 보증금으로 사용하기에 턱없이 부족한 정착 지원금, 임대차보호법, 등기, 확정일자 등 어린 나이에 제대로 이해할 수 없는 법률적 용어들은 보호 종료 아동에게 큰 사회의 벽으로 작용한다는 사실을 추출해 냈다. 또한 다큐멘터리 영상 등을 시청하여 보호 종료 아동의 어려운 삶을 자신의 눈으로 직접 관찰하고 느낀 점을 나누었다. 아이들은 수집한 정보와 자료에 대해 나눈 이야기와 토론을 통해 낭독극 대본 속 인물이 겪을 사건의 기반이 되는 자료와 정보들, 즉 가치가 있는 자료와 정보를 선별해 나갔다. 여기서 주의할 점은 가치 있는 자료와 정보란 서사를 이끌어나갈 힘이 있는 정보와 자료를 의미한다는 것이다.

아이들은 다양한 자료를 수집하고 선정하면서 '보호 종료 아동'의 삶에 대해 이해했다. 그들이 어떠한 삶을 살고 있는지 그들이 겪는 어려움은 무엇인지 자료 수집을 통해 알게 되었다. 이제는 그러한 삶을 살고 있는 인물을 생성하고 그 인물이 겪게 될 사건에 대해 이야기할 차례이다.

인물, 사건에 대한 구체성을 확보하자

아이들은 서사를 이끌어 나갈 풍부한 자료를 수집하고 선정하였다. 이제는 선정한 자료를 바탕으로 인물, 사건에 대한 구체성을 확보해야 한다. 인물과 사건에 대한 구체성을 확보해야만 서사를 이끌어 나갈 힘을 얻을 수 있다.

인물의 구체성 확보

요즘 아이들은 타인을 배려하고 이해하는 데에 많은 어려움을 겪는다. 오죽하면 타인은 남 탓을 하기 위해 존재하는 것이라는 무서운 말이 나올까. 아이들의 생활지도를 하다 보면 느끼는 생각이다. 잘못된 행동을 한 아이에게 경고를 하면 그 아이는 "쟤도 그랬는데 왜 저만 가지고 그러세요?" 이러한 말들을 하곤 한다. 타인에 대한 배려와 이해가 전혀 없다는 증거로 볼 수 있다. 낭독극에 등장하는 인물의 모습을 구체적으로 상상하는 일은 타인을 이해하고 배려할 수 있는 공감적 역량의 기반이 될 수 있다고 본다. 뿐만 아니라 인물의 성격 파악에 대한 오류를 방지할 수 있으며 창작한 인물에 대한 애정까지도 느끼게 할 수 있다.

극에 등장하는 인물의 성격을 구체적으로 상상해야 인물 성격 분석의 오류를 범하지 않는다. 아이들은 극을 써 내려가면서 서사를 풀어야 한다는 압박감에 못 이겨 주인공의 성격을 급격하게 바꿔버리기도 한다. 소심하고 표현에 어려움을 겪던 주인공이 갑자기 용기가 생겨 눈앞에 나타난 적을 무찔러 버리는 것을 예로 들 수 있다. 용기가 생겨난 계기가 논리적으로 설명이 된다면 괜찮다. 하지만 어떻게든 인물의 눈 앞에 펼쳐진 사건을 해결해야 한다는 생각에 아이들은 주인공의 모습을 일관되게 그려내지 못한다. 이러한 인물 성격의 오류를 범하지 않기 위해서는 인물의 모습을 구체적으로 명시할 필요가 있다.

인물의 성격을 구체적으로 명시하면 아이들은 인물을 한 인격체로 바라볼 수 있게 된다. 그리고 인물의 말과 행동, 모든 갈등이 인물의 성격으로부터 기인했음을 알게 되고 비로소 인물을 이해하기 시작한다. 인물의 시각에서 인물 앞에 놓인 사건을 분석하게 되고, 인물의 능력 범주 안에서 문제를 해결할 수 있도록 서사를 써 내려갈 준비가 되었다. 이 과정을 통해 아이들은 나와 다른 삶을 살아온 인물에 대해 이해하는 경험을 하게 되며, 인물의 문제해결 과정을 존중하는 경험을 하게 될 것이다. 그 인물은 아이들이 만들어 낸 소중한 존재이기 때문이다.

대본 〈잘 자란 아이〉의 주인공 '현지'의 구체적인 성격은 다음과 같다.

어릴 적 보육원에 맡겨진 여자아이. 부모님의 얼굴은 기억에도 없다. 보육원 원장님과 아이들이 유일한 가족이다. 타고난 긍정적인 성격으로 즐거운 고등학교 생활을 보내지만, 보호아동에 대한 사회적 시선을 알기에 부모님 얘기만 나오면 움츠러든다. 항상 성실하게 살아가려 노력하지만, 무지개 마루 사건에 연루된 후 비관적인 시선으로 세상을 바라보게 된다.

늘 긍정적인 성격을 지닌 '현지'는 부모님에 대한 이야기만 나오면 움츠러든다. 결국 부모님에 대한 이야기로 인해 서로를 잘 이해하고 가장 가까운 사이라 여겼던 오래된 남자친구와 헤어지게 된다. 그리고 정서적, 경제적으로 의지했던 존재가 사라지게 되면서 '무지개 마루'라는 범죄 집단과 만나게 되는 계기가 된다. 인물의 성격에 대한 구체적인 설정은 인물의 말과 행동에 당위성을 부여하고 나아가 서사의 자연스러운 흐름에도 큰 영향을 미친다.

인물의 성격을 구체화하는 과정을 통해 아이들은 타인에 대해 이해할 수 있게 된다. 타인도 자신과 같이 생각하고 행동할 수 있는 존재라는 것을 이해하게 되고, 내가 느끼는 슬픔과 즐거움, 아픔과 같은 감정을 타인 역시 느낄 수 있다는 것을 이해하게 된다. 그리고 자신과 다른 생각을 가지는 타인을 존중할 수 있다. 타인의 생각뿐 아니라 타인의 말과 행동은 타인의 삶에서 기인한 것으로 자신과는 다른 삶을 살아왔기에 자신과 다른 생각과 말, 행동은 다를 수밖에 없음을 이해한다. 그리고 세상은 자신과 타인들이 어우러져 조화를 이루며 사는 것이 바람직함을 알게 된다.

이야기의 흐름

기승전결? 발단-전개-위기-절정-결말? 국어교육이 전공인 나에게도 이 단계에 맞춰 소설 작품을 쓰라고 한다면 머리가 터질 거다. 하물며 아이들에겐 어떻겠는가? 아이들도 이야기의 흐름을 표현하는 것을 매우 어렵게 생각한다. 그럼 어떻게 해야 할까? 자연스러운 이야기의 흐름을 어떻게 아이들이 표현할 수 있을지 고민하기 시작했다. 이야기를 전개해 나가는 것은 왜 어려울까? 고민 끝에 너무 많은 이야기를 하려 한다는 것과 이야기의 흐름이나 사건의 긴장도가 눈에 보이지 않기 때문에 이야기를 전개하는 것에 어려움을 느낀다는 결론을 내렸다.

너무 많은 것을 이야기하지 말아야 한다.

이야기의 흐름은 단순한 것이 좋다. 하나의 사건에 너무 많은 것을 담아내려고 하지 않아도 된다. 단순한 것이 관객의 입장에서도 받아들이기 좋다. 작품을 통해 전달하고자 하는 주요 메시지를 바탕으로 이야기를 풀어나가야 한다. 그렇다면 자료 생성 과정에서 수집한 다양한 자료와 정보들은 어떻게 해야 할까? 이야기를 이끌어나갈 힘이 있는 자료들을 모아두었는데 다 쓸모가 없는 것일까? 전혀 그렇지 않다. 배우의 사소한 대사나 행동들을 통해 수집한 자료들을 활용할 수 있다.

〈잘 자란 아이〉는 보호 종료 아동에 대한 편견을 지적하기 위해 만들어진 작품이다. 그래서 〈잘 자란 아이〉의 주요 사건은 '편견'으로 인해 발생하게 된다. 주인공에 대한 편견은 사랑하는 사람과 이별하고 홀로 버려지게 만든다. 그리고 그 편견을 악용하여 주인공을 이용하려는 단체와 만나게 되어 큰 위험을 겪게 된다. 이러한 위험을 사랑했던 사람과 지혜롭게 헤쳐나가고 잘못된 편견을 가진 지난날을 반성함으로써 극은 마무리된다.

많은 것을 이야기하지 않았다. 자료 생성 과정을 통해 정말 많은 것들을 공부하였지만 그 모든 것들을 주요 사건에 녹여내지 않았다. 다만 인물들의 말과 행동에서 간접적으로 언급하였다. 이해하기 까다로운 법 관련 언어에 대한 어려움이나 주거지를 얻는데 턱없이 부족한 정착 지원금, 그리고 주인공을 지탱해줄 어른이 없다는 문제는 사건으로 다루지 않고 주인공의 간단한 독백과 다른 인물과의 대사를 통해 간접적으로 표현하였다.

낭독극 무대를 통해 가장 전달하고 싶은 메시지를 주로 이야기해야 한다. 그리고 그 메시지를 바탕으로 이야기를 전개해 나가야 한다. 너무 많은 것을 이야기하고자 한다면 굉장히 복잡한 이야기가 전개될뿐더러 이야기를 써 내려가는 데에 큰 부담감을 갖게 한다. 반드시 관객의 입장에서 이야기를 바라보아야 한다. 너무 많은 메시지가 담긴 이야기는 관객의 입장에서 이해하기 어려울 것이다. 관객은 부담 없이 이해할 수 있는 단순한 이야기가 좋다. 낭독극을 통해 전달하고 싶은 메시지들이 많겠지만 관객을 위해서 하나의 이야기만을 담는 것이 좋다.

스토리보드를 작성하여 서사의 흐름을 시각화하자

꼭 전달하고자 하는 메시지를 선정하였다. 그리고 이를 바탕으로 이야기를 전개하고자 한다. 그러나 이야기를 어떻게 이끌어 가야 하는지 어떻게 시작해야 하는지 고민이 많을 것이다. 상상력이 풍부한 아이들은 머릿속으로 사건을 상상해 가며 서사의 흐름을 전개할 수 있다. 하지만 대다수의 아이들은 그러한 상상력이 부족하다. 머릿속으로 떠올릴 수 없다면 스토리보드(17쪽)를 그려봄으로써 서사의 흐름을 시각화할 수 있다.

장면의 큰 빈칸에 주요 장면을 그려봄으로써 서사의 흐름을 시각화할 수 있다. 머릿속으로만 생각했던 낭독극 무대 위의 모습을 시각화할 수 있고 장면 설명, 활용할 효과음과 같은 소리, 주요 대사를 구체화해봄으로써 서사의 흐름을 명확히 할 수 있다. 중요한 것은 각 장면의 전환이 관객이 받아들이기에 논리적이고 합리적이어야 한다는 것이다. 아이들은 스토리보드를 작성해 보면서 관객이 이를 어떻게 받아들일지 고민하고 대화를 통해 장면 간 전환이 논리적인지 고민해야 한다. 이제 인물의 성격과 서사의 흐름의 구체성 및 논리성을 확보하였다면 본격적으로 대본을 쓸 준비가 되었다.

작가는 누가 되어야 할 것인가?

사공이 많으면 배가 산으로 간다. 모든 아이들이 작가로서의 경험을 하면 좋겠지만 효율이 많이 떨어질 수밖에 없다. 아이들마다 각자 생각과 기준이 다르기에 이야기를 만들어내기에는 매우 많은 시간이 걸릴 것이다. 대본을 창작하는 작가의 역할은 메인 작가와 보조 역할을 맡는 두 아이만으로 충분하다. 메인 작가가 대본 창작에 가장 큰 역할을 하며 대본을 다듬는 부수적인 역할은 보조 작가가 맡으면 된다.

그렇다면 작가 역할을 맡지 않은 아이들은 무슨 일을 해야 하나? 작가가 대본을 창작하는 과정에서 분명히 어려움을 맞닥트리게 된다. 두 학생의 힘만으로는 더이상 이야기를 전개하지 못할 때 다른 친구들의 생각을 들어야 한다. 다른 아이들은 작가가 던지는 물음에 대해 깊게 고민해 보고 나름대로의 답변을 내놓아야 한다. 그리고 작가는 다른 아이들이 제시한 답변들을 듣고 고민해 보는 과정을 통해 새로운 생각을 확장해 나갈 수 있다.

아이들이 작가의 물음에 대해 답할 때에는 반드시 논리성을 갖추도록 해야한다. 자신의 생각과 느낌만을 제시하는 것이 아니라 신뢰할 수 있고 타당한 근거를 함께 제시하는 것이 중요하다. 또한 경청의 중요성에 대해 강조해야 한다. 이러한 토론의 과정은 생각의 충돌과 갈등을 일으킬 수 있기에 사전에 규칙을 제시하여 갈등을 예방할 수 있도록 해야한다. 경청과 존중이 기반이 되는 토론은 긍정적인 의사소통 역량을 함양할 수 있을 뿐 아니라 더 나은 생각의 확장을 유도할 수 있다. 무엇보다 아이들은 대본 내용에 대한 토론을 통해 함께 만들어나가는 과정임을 인식할 수 있다.

본격적인 대본 작성

낭독극 무대를 성공적으로 올리기 위해서는 무엇보다 대본이 완성되어야 한다. 낭독극 대본이 초안으로라도 만들어지지 않는다면 무대를 만드는 과정은 정지라고 보아야 한다. 그러나 아이들에게 대본을 만드는 일은 매우 어렵게 느껴진다. 아무것도 시작할 수 없다는 무력감이 대본 창작을 가로막는다.

창작의 고통이라고 해야 할까? 대본의 첫 시작을 알리는 첫 문장을 작성하는 데에도 한세월이 걸리기 마련이다. 아이들보다 오랜 세월을 살아왔으며 국어교사인 나조차도 글의 첫 문장을 쓰는 데에 오랜 시간이 걸리는데 하물며 아이들이야 어떻겠는가? 지금 이 책을 쓰고 있는 동안에도 몇 번을 쓰다가 지우기를 반복했는지 모를 지경이다. 아이들에게 대본을 써 보라고 하면 5분도 지나지 않아 여기저기서 끙끙거리는 곡소리를 듣게 된다.

"선생님 어떻게 시작을 해야 할지 모르겠어요."

긴 고민 끝에 아이들이 내게 묻는 말이다. 어떻게 해야 할까? 어떤 말을 아이에게 해 주어야 아이의 창작 욕구를 짓누르지 않고 창의적이고 유려한 첫 문장을 만들게 할 수 있을까? 답은 없다. 문학적으로 가치를 인정받은 소설, 극 대본의 첫 문장을 예시로 보여주어도 소용이 없다. 이 경우 오히려 아이들은 시작에 더 큰 부담을 안게 된다. 화려하고 멋있어야 한다는 생각. 유려한 시작을 알리는 문장이어야 한다는 생각에 사로잡히기 때문이다.

대본은 연출, 조명, 스태프뿐만 아니라 무대 위에 서는 배우들에게 읽히게 된다. 즉, 타인이 나의 창작물을 보게 되는 것이다. 누군가에게 나의 글을 보여야 한다는 부담감, 대본을 읽는 타인이 나의 창작물에 남기는 비판적인 평가. 이러한 부담감이 아이들에게 창작의 어려움을 느끼게 한다.

이럴 때 나는 아이들에게 "아무 말이나 던져봐야 해." 이럴 때 돌아오는 아이들의 반응은 황당 그 자체다. "선생님 머릿속에 아무것도 떠오르질 않은데 어떻게 아무 말이나 던지나요?" 이런 반응이 대다수이다. 그렇지만 방법이 없다. 어떻게든 첫 문장을 던져야 한다. 잔잔한 호수에 작은 일렁임이라도 일으키기 위해선 작은 돌이라도 던져야 한다.

첫 문장을 어떻게든 만들었다면 그 뒤의 일들은 상대적으로 쉬울 것이다. 이전의 단계에서 서사를 이미 고민했고 어떠한 인물군들이 어떠한 사건과 갈등을 겪어나갈 것인지 이미 고민을 끝냈기 때문이다. 물론 막히는 부분도 있을 것이다. 미리 고민했던 갈등 해소 방법이 논리적이지 않거나 서사를 이끌어 나갈 힘이 없다고 느껴질 때가 바로 그 부분이다. 그래도 괜찮다. 계속 이어나가야 한다. 어차피 무대를 올리기 직전까지 대본은 수정된다.

무대를 올리기 직전까지 대본이 수정된다는 말은 아이들에게 황당하게 느껴질 것이다. 그렇다면 대본은 언제 완성이 되는 것인가? 대본 수정은 무대를 마친 후에도 진행되며 최종 원고는 무대를 마친 뒤에서야 비로소 완성된다. 대본 작가는 자신의 대본이 무대 위에 실연되는 모습을 보면 많은 부분에서 아쉬움을 느낄 것이다. 서사를 이끌어나가면서 어색했던 배우의 말과 행동, 조명 등 다양한 부분에서의 수정이 이뤄진다. 다른 장르의 글과 달리 낭독극 대본의 고쳐쓰기 과정은 굉장히 길다. 아이들에게 많은 고민과 생각을 하게 한다. 이러한 고쳐쓰기 과정은 작가 역할을 맡은 아이에게 자신의 작품에 대한 책임감과 깊은 애정을 느끼게 한다.

대본의 피드백 과정

학습의 과정에서 피드백은 매우 중요하다. 학생의 수행 과정에 대한 교사의 피드백을 통해 학생은 오류를 점검하고 수정할 수 있기도 하며 자신의 수준을 현재보다 한 단계 업그레이드할 수도 있다. 대본을 창작해 가는 과정에서 교사의 피드백은 아이들의 생각 폭을 넓힐 수 있고 서사의 흐름을 자연스럽게 만들 수 있다. 교사의 피드백을 통해 수준 높은 낭독극 대본을 창작할 수 있다.

교사의 피드백은 학생의 성장에 큰 도움을 준다. 하지만 교사의 피드백 이전에 대본 작성에 참여하는 학생들 간의 피드백을 진행하는 것을 추천한다. 교사의 피드백은 아이들에게 권위 있는 피드백으로 받아들여진다. 아이들의 입장에 교사의 피드백이 정답이고 진리인 것이다. 그래서 자칫 잘못하면 교사가 말하는 방향으로만 대본의 흐름이 진행되거나 아이들의 창의력이 저해될 가능성이 크다. 그러나 학생 간 진행하는 동료 피드백은 그 위험성을 낮출 수 있다. 또한 동료 간의 피드백은 대본 내용에 대한 활발한 의사소통에 큰 도움이 된다.

동료 간의 피드백 과정을 통해 아이들은 자신의 주장을 논리적으로 표현하고 설득하며 논리적으로 말하는 방법에 대해 배울 수 있다. 서로 다른 생각을 나누고 상대방의 말에 논리적으로 반박하기 위해서는 상대방의 말을 주의 깊게 들어야 한다. 자연스레 경청의 방법에 대해서도 배울 수 있게 된다. 그러나 일반적인 토론의 목표와는 다르다. 토론은 상대방의 의견을 논리적으로 비판하여 나의 논리가 우세함을 증명하는 목적의 말하기이지만 대본 내용에 대한 피드백은 더 나은 이야기의 흐름과 무대를 위한다는 공동의 목표를 가진 말하기이다. 승자와 패자가 나누어져 있지 않아 자신의 주장을 펼치는 데에 부담이 덜할 것이며 혹시나 상대방의 논리에 설득당한다 해도 더 나은 작품을 위한 것이기에 마음의 상처도 덜할 것이다. 또한 아이들은 피드백 과정을 통해 생각의 폭을 넓힐 수 있고 창작한 대본에 대한 애정 역시 공유할 수 있다.

대본의 피드백 과정은 낭독극 무대를 만드는 모든 학생이 참여하는 것이 좋다. 즉, 작가뿐 아니라 배우, 스태프 등 모든 학생들이 대본의 피드백 과정에 참여해야 한다. 모든 학생들의 적극적인 참여를 위해서는 구글 독스와 같은 협업 문서작성 도구를 활용하는 방법이 좋다. 구글 독스를 통해 모든 아이들이 실시간으로 대본 피드백에 참여할 수 있으며 밑줄 긋기와 메모를 통해 생각의 과정을 기록할 수 있다. 또한 서로 생각이 맞지 않은 부분에 대해서는 또 다른 토론을 통해 생각의 확장을 끌어낼 수도 있다. 교사의 피드백은 아이들의 입장에서 권위가 있기에 다른 생각으로의 확장을 기대하기는 어렵지만, 친구들끼리의 피드백은 생각의 확장을 적극적으로 기대할 수 있다.

교사는 아이들의 피드백 내용에 댓글을 남길 수 있다. 아이들의 창작 욕구를 자극할 수 있는 댓글을 남김으로써 아이들 생각의 깊이를 확장할 수 있으며 서사의 흐름을 더욱 단단하게 만들 수 있다. 또한 아이들이 남긴 생각의 과정을 파악함으로써 아이들 생각의 흐름과 성장 지점을 확인할 수 있고 생활기록부의 동아리 활동 기록에 활용할 수도 있다.

역할 나눔과 대본 연습

우여곡절 끝에 대본이 완성되었다. 이제 낭독극 무대를 올리기 위한 역할 나눔이 필요하다. 역할 나눔은 크게 총 연출, 배우, 소품, 음향으로 나눌 수 있다. 총 연출을 맡은 학생은 무대를 만들어나가는 전체 과정을 이끄는 역할을 수행한다. 연출을 교사가 맡을 수도 있다. 그러나 연출의 역할을 학생에게 맡기는 것이 교육적으로 더 효과적이라고 볼 수 있다. 연출 역할을 맡은 학생은 자신의 리더십과 친구들의 의견을 조율해 나가면서 의사소통 역량과 공감적 역량을 함양할 수 있다.

연출은 무대를 만들어나가는 과정에서 배우들의 연기나 어조에 대한 평가, 소품과 음향 활용 방법 결정 등 모든 영역에 대한 의사 결정을 하는 역할이다. 주의할 점은 연출 역할을 맡은 학생 혼자서 무대를 만드는 것이 아니다. 무대를 만드는 과정에서 필요한 의사 결정은 모든 학생의 참여와 대화를 통해 이루어진다. 연출의 역할을 맡은 학생은 의사 결정에 필요한 대화를 이끌어내야 하며 원만한 결정을 위해 노력해야 한다. 친구들의 의견을 수합하여 가치 있는 결론으로 이끌 수 있어야 하며 자칫 잘못하면 생겨날 갈등에 대비해야 한다. 연출의 역할이 어떻게 보면 가장 무겁고 힘든 역할이라고 볼 수 있다.

낭독극 배우는 무대 위에 올라가 작품을 선보이는 역할이다. 캐스팅 작업을 통해 배우가 선발되는데 낭독극 배우에게 연기력은 그리 중요하지 않다. 물론 연기력이 출중하다면 더 완성도 있는 무대가 만들어질 수는 있다. 그러나 낭독극 배우에게는 연기력보다 상황과 맥락에 맞는 어조와 전달력 있는 목소리가 요구된다. 그러니 평소 적극적인 모습을 보이지 못하는 학생이라도 충분히 낭독극 배우의 역할을 할 수 있다.

소품과 음향 연출은 대본 내용을 분석하여 적재적소에 활용할 수 있는 소품과 음향을 준비하는 역할이다. 낭독극에서 소품은 적극적으로 사용되지 않는다. 물론 극적인 효과를 주기 위해 소품을 사용할 수는 있지만, 일반적인 연극에 비해서 사용이 덜 한 편이기에 부담이 그리 크지 않다. 음향은 낭독극 무대에서도 적극적으로 활용이 된다. 다양한 효과음 혹은 작품의 분위기에 맞는 배경음악을 상황에 맞게 적절히 틀어주는 역할이다. 여러 효과음이나 배경음악은 유튜브에서 저작권이 없는 자료들을 많이 찾아볼 수 있다. 음향을 맡은 학생의 역량이 충분하다면 효과음이나 배경음악을 직접 녹음하는 방법도 있다.

역할 나눔이 다 되었다면 무대를 올리기 위한 낭독극 연습이 필요하다. 무대 위에서 연출의 지시하에 배우들은 대본을 낭독하고 소품과 음향 담당은 상황에 적절하게 소품과 음향을 활용해 주면 된다. 여러 번의 연습 과정을 통해 어색한 부분과 자연스럽지 못한 부분은 대화를 통해 수정해 나간다. 자칫 지루할 수 있지만 여러 번의 연습을 통해 더 나은 무대를 만들 수 있다는 기대감을 아이들이 느낄 수 있게 해야한다.

무대 구성

낭독극 수업의 꽃은 무대를 만들어 보는 데에 있다. 아이들 스스로 만든 대본을 바탕으로 낭독극 공연 무대를 만들어나가는 과정은 아이들에게 의사소통 역량과 창의적 사고 역량을 함양할 수 있는 기회를 선사한다. 아이들은 대화와 토론을 통해 무대의 조명, 보면대와 큐브의 위치, 소품 활용 등 무대 구성의 모든 것들을 준비한다. 여러 번의 무대 리허설을 통해 더 나은 연출 방법이 없는지 적극적으로 고민하게 된다. 아이들은 자기들이 만든 대본이 실제 공연으로 구성된다는 설렘 때문에 무대 구성에 최선을 다한다. 그리고 성공적인 무대를 올리고 난 후에는 해냈다는 성취감과 형용할 수 없는 벅찬 감정을 느끼게 된다.

일반적인 낭독극 무대의 모습

이번 파트에서는 무대 구성에 대한 구체적인 이야기해 보고자 한다. 일반적인 낭독극 무대의 모습에서 역동적인 낭독극 무대의 모습을 사례를 중심으로 이야기해 보고자 한다.

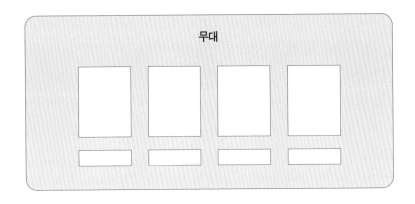

무대 위에는 등장인물의 수에 맞게 보면대와 큐브를 배치한다. 인물의 중요도나 심리적 거리를 거의 고려하지 않은 배치이다. 물론 주요 등장인물이 무대의 중앙에 위치하고 주변 인물을 무대 외곽에 위치함으로써 인물의 중요도를 나타낼 수는 있다. 인물 간의 심리적 거리도 큐브 사이의 거리를 넓힘으로써 표현할 수는 있다. 그러나 가장 일반적인 낭독극 무대의 모습은 위의 사진과 같이 평면적이고 단순하게 무대를 구성하는 것이다. 중요도나 심리적 거리는 일반적인 낭독극 무대의 모습에서 응용할 수 있다. 등장인물은 극 시작 전부터 큐브에 앉아 있을 수 있으며 극이 시작된 후 순서대로 등장할 수도 있다. 가장 일반적인 낭독극의 무대는 '낭독'에 초점을 맞춘 무대이다. 아이들이 무대를 구성하는 데에 어려움을 겪거나 익숙하지 않는다면 일반적인 낭독극 무대를 기반으로 하여 구성하는 것도 좋은 방법이다.

여기에서 조금 응용하여 무대를 구성할 수 있다. 위치의 단조로움을 피하기 위해 수평을 반원의 형식으로 구성할 수 있으며 인물 간의 거리감과 대립을 표현하기 위해 큐브 간 거리를 조절하거나 서로 마주 볼 수 있도록 큐브를 배치할 수 있다. 등장인물의 권위를 표현하기 위해 큐브의 높낮이를 조정할 수 있으며, 장면의 전환은 다른 큐브로의 이동과 조명을 적극적으로 활용하여 표현할 수 있다. 일반적인 낭독극 무대는 누구나 따라 하기 쉬우며 연출을 하는 데에도 무리가 없는 무대 구성 방법이다.

동적인 낭독극 무대의 모습

일반적인 낭독극 무대의 모습은 조금은 정적이다. 정말 '낭독'에 초점을 맞추었기에 인물들의 동선이나 몸짓이 그리 중요하지 않다. 배우들은 앉아서 보면대 위에 놓인 대본을 읽으면 된다. 그러나 학생들은 표현의 욕구가 굉장히 커서 가르치지 않아도 동적인 무언가를 만들어낸다. 어조뿐 아니라 때로는 자리에서 일어나기도 하고 보면대 앞으로 나와 대사를 하기도 한다. 이러한 간단한 행동만으로 정적이던 낭독극 무대는 동적인 무대로 바뀐다.

동적인 낭독극 무대는 낭독극 무대에 연극적인 요소를 추가한 무대이다. 배경음악을 활용하거나 조명을 활용할 수 있다. 큐브의 위치를 바꾸거나 배우들이 직접 연기를 보여줄 수도 있다. 다양한 방법을 통해 동적인 낭독극 무대가 만들어진다.

큐브를 활용하자

동적인 낭독극 무대를 위해서는 큐브를 적극 활용해야 한다. 인물 간의 심리적 거리 혹은 인물의 중요도, 장면의 전환 등을 고려하여 큐브를 배치할 수 있다. 만약 인물 간의 심리적 거리가 가깝다면 큐브의 위치를 가깝게 배치하면 된다. 뿐만 아니라 배우들이 서로 마주 볼 수 있게끔 큐브를 살짝 돌려놓을 수도 있다. 반대로 서로 적대적이거나 심리적 거리가 멀다면 큐브의 위치를 멀게 놓으면 된다. 그리고 서로가 마주 볼 수 없게끔 큐브를 돌려놓을 수도 있다. 다시 말하자면 인물 간 거리가 가까워지거나 멀어지는 것을 큐브 간 이동을 통해 표현할 수도 있다. 아이들은 큐브를 이렇게 활용함으로써 인물 간 거리의 개념에 대해 눈으로 익히고 머리로 이해할 수 있게 된다.

조명을 껐다 켬으로써 장면 및 배경을 전환할 수도 있지만, 배우의 이동이 전혀 없다면 전환이 되었는지 관객들에게 의아하게 다가올 수도 있다. 확실한 전환의 의미를 전달하기 위해 조명의 활용과 큐브 간 이동을 활용할 수 있다. 장면 전환이 아니라도 가벼운 동선을 배우에게 지시함으로써 낭독극의 역동성을 확보할 수 있다.

위에서 언급한 방법 이외에도 큐브를 활용할 수 있는 방법은 무궁무진하다. 큐브를 앉는 도구가 아닌 배경의 도구로써 활용할 수도 있다. 또는 인물의 높은 지위를 표현하기 위해 큐브를 두 개 쌓고 그 위에 배우를 앉힐 수도 있다. 아이들에게 큐브를 적극 활용하라는 말만 던져도 아이들은 상황과 맥락에 맞게 큐브를 활용할 수 있을 것이다.

〈잘 자란 아이〉의 큐브 위치는 다음과 같다.

주인공이며 서로의 관계가 가까운 현지와 지호의 큐브는 가깝게 놓여 있다. 그러나 주인공들과 적대적 관계에 놓인 인물의 큐브는 두 주인공의 큐브와 멀찍이 떨어져 있다. 물론 이야기가 진행되면서 큐브의 위치가 조금씩 바뀌게 된다. 두 주인공이 다투고 헤어질 때는 큐브를 돌려 서

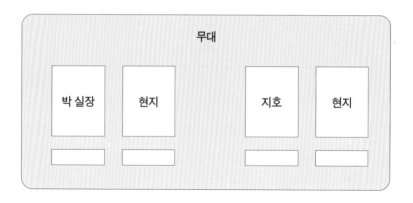

로 마주 볼 수 없게 한다든지, 현지가 박 실장에게 꼬드김을 당할 때에는 그 둘의 큐브를 가까이 붙여 현지가 박 실장에게 느끼는 감사함을 표현했다. 그리고 모든 일이 해결되고 현지와 지호가 사과를 할 때에는 그 둘의 큐브를 다시 가깝게 위치시켰다. 큐브의 위치 조정만으로도 인물 간 갈등 관계, 심리적 거리 등을 나타낼 수 있다.

배경음악, 효과음을 활용하자.

드라마나 영화에서 감동적이거나 슬픈 장면이 나올 때 관객의 몰입을 위해 사용하는 것 중의 하나가 배경음악이다. 배경음악이 빠져버린 감동적인 장면은 상상하기도 어렵다. 장면을 바라보는 관객들뿐만 아니라 연기를 하는 배우에게도 어색하게 다가올 것이다. 그만큼 배경음악의 중요성이 크다는 것을 의미한다. 낭독극 무대에서도 배경음악을 활용할 수 있다. 대본의 내용에 적절한 배경음악을 활용한다면 동적인 낭독극 무대를 만들 수 있다. 낭독극 무대에서의 배경음악의 효과는 다음과 같다. 무대 위의 배우와 무대 밖의 관객에게 몰입의 경험을 선사한다. 단순히 낭독을 하는 것보다 낭독에 적절한 배경음악을 활용하면 배우들과 관객들은 무대에 더욱더 몰입할 수 있다. 특히 배우에게 있어 배경음악은 무대 몰입에 더 많은 영향을 준다.

효과음은 배경음악과는 조금 다른 무대의 몰입을 선사한다. 전화벨 소리, 문을 여닫는 소리, 웅성웅성 대는 소리 등을 활용할 수 있다. 단순 낭독만으로는 표현할 수 없는 효과음들을 적절한 부분에 활용한다면 무대의 몰입을 높일 수 있다. 아이들은 효과음들은 직접 만들어 보는 경험을 통해 무언가를 만들어 보는 즐거움을 얻게 되고 무엇보다 직접 만들어낸 효과음들이 무대 위에 사용된다는 사실에 큰 보람을 느낀다.

〈잘 자란 아이〉에서 활용한 배경음이나 효과음은 아이들이 직접 만들었다. 사실 배경음은 교사의 지인을 통해 만들었다. 그러나 그 외의 효과음들은 아이들이 직접 만들거나 직접 자료를 찾아 구성하였다. 웅성거리는 소리, 주인공 현지에 대한 험담의 소리 등은 아이들이 직접 녹음에 참여해 만들었고 실제 무대에서 썼다. 아이들은 자신들이 직접 만들어낸 효과음이 실제 무대에 쓰이는 것을 통해 부끄러우면서도 깊은 감명과 보람을 느꼈다는 소감을 남겼다.

조명을 적극 활용하자

조명을 적극적으로 활용할 수 없는 교실 무대에서는 조금 어려운 방법이다. 그러나 시청각실과 같이 작은 무대가 설치되어 있다면 조명을 적극 활용하여 동적인 낭독극 무대를 만들어 낼 수 있다. 교실 무대에서 장면의 전환을 위해 형광등을 껐다 켰다면, 시청각실의 무대에서는 실제 무대 조명을 껐다 켬으로써 장면을 전환할 수 있다. 단순히 조명을 껐다 켜는 동작을 통해서 관객들의 몰입을 유도할 수 있다. 만약 마땅한 조명이 없다면 고급 손전등을 활용할 수 있다. 시청각실에는 일반적인 무대 조명은 있지만 핀 조명과 같이 연극 무대를 올리는데 적합한 조명은 거의 없을 것이다. 이러한 한계를 극복하기 위해 고급 손전등을 핀 조명으로 대신 활용할 수 있다. 손전등을 활용하여 특정한 배우만을 밝게 비추어 준다면 꽤나 분위기 있는 낭독극 무대가 만들어진다. 단색을 활용하여 무대의 분위기를 만들 수도 있지만, 색조명이 있다면 색 조명을 적극 활용하는 것도 좋은 방법이다. 아이들에게 다양한 색 조합을 직접 해 보게 함으로써 원하는 분위기의 무대를 만들어 낼 수도 있다. 그리고 자연스럽게 조명이 연극 무대의 분위기에 미치는 영향과 나아가 색이 상징하는 바에 대해 학습할 수 있게 된다.

〈잘 자란 아이〉에서도 조명을 적극 활용하였다. 핀 조명으로 배우를 직접 비추고, 특히 박 실장이 지호에게 체포되는 장면의 역동성을 표현하기 위해 조명을 껐다 켰다를 빠르게 반복하였다. 조명을 켜 둔 채 연기했다면 단조로웠을 장면이 조명을 적극 활용함으로써 장면의 긴박함과 역동성이 강조되었다. 이처럼 조명을 다양한 방법으로 적극 활용한다면 더 완성도 높은 무대를 연출할 수 있다.

왜 낭독극인가?

이 글을 처음 잡았을 때가 여물어가는 여름이었는데, 완연한 가을을 보내고 겨울이 단장할 때까지 이 글을 잡고 있을 줄 몰랐습니다.
이 글의 초안이 생각납니다. 장장 60페이지의 대본을, 누가 봐도 갈아엎어야 할 대사와 지문들을 보면서 처음으로 창작의 고통을 실감했습니다. 또 생각지도 못하게, 버려야 할 활자들에 대한 미련을 버리는 것도 꽤 어려웠습니다. 무언가를 만들어 내기 위해 무언가를 없애야 한다니, 이렇게 지독한 모순이 또 없습니다. (중략)
무엇이든 안고 가던 제게, 창작은 버리는 것이라는 깨달음은 꽤 신선하고 반가운 충격이었습니다.

〈잘 자란 아이〉의 희곡 대본을 작성하고 낭독극 대본의 재구성까지 모두 도맡아 한 아이의 소감문이다. 이 소감문은 충남청소년문학상 희곡 분야에서 대상을 받고 난 후 작품집에 담겨있는 내용이다. 처음 이 소감문을 받아보았을 때에 정말 많은 생각을 하게 되었다. 아이의 손에서 이렇게 수준 높은 소감문이 나왔다는 사실도 놀랐지만 '창작'이라는 말의 의미를 아이 스스로 정의를 내리고 문학적으로 표현했다는 사실에 더 놀랐다. '창작은 버리는 것', '창작은 지독한 모순'이라는 표현은 진심으로 창작에 임한 사람이 아니라면 절대 표현할 수 없는 단어다. 아이는 작품을 만들고 이를 무대에 올려보는 경험을 통해 창작 이전과는 비교할 수 없을 정도로 성장했다고 느껴졌다.

낭독극은 힘이 있다. 아이들을 성장시킬 수 있을 만큼의 힘을 갖고 있다. 또한 교사에게도 긍정적인 영향을 줄 만큼의 힘이 있다. 수동적이고 스스로는 아무것도 제대로 해내지 못할 것 같았던 아이들의 성장을 눈으로 직접 보면서 아이들에 대한 선입견을 바꿀 수 있다. 그리고 지루했던 평가 위주의 수업에서 벗어나 오로지 아이들 중심의, 아이들의 참여가 활발한, 즐겁고 재미있는 수업을 만들 수 있다. 수업에 대한 고민이 많은 선생님들께 낭독극 수업을 추천한다. 교사와 아이들이 함께 성장할 수 있는 교학상장의 수업 방법인 낭독극 수업을 적극 추천한다.

집필 과정 중 어려웠던 점은 무엇인가요?

이민수: 머릿속에 경험으로만 남아있던 낭독극 수업을 글로 표현하는
　　　게 가장 어려웠어요. 수업 내용에 대해 따로 기록해 두지 않
　　　아 더 좋은 내용을 글로 표현하지 못한게 여전히 아쉽네요.

주재연: 상황에 따라, 때로는 학생들의 요구에 따라 즉흥적인 아이디어
　　　나 시도들로 만들어 갔던 순간들, 그 소중한 순간들을 매일 매
　　　일 기록으로 남겨뒀어야 했는데 그러지 못했어요. 지난 이야기
　　　들과 그때의 감정, 학생들의 말과 표정을 떠올려 한곳으로 모
　　　으고 그것들을 꾸밈없이 글로 옮기는 것이 가장 어려웠어요.

김미선: 낭독극 수업은 수월했는데, 이 경험을 글로 표현하는 작업이
　　　쉽지 않았습니다. 물방울이 모여 강물을 이루듯이, 여러 글이
　　　모여 한 권의 책을 만들어 가는 간다는 과정을 즐기며 여기까
　　　지 올 수 있었습니다.

김연미: 뭔가 아직도 수업에 대한 자신감이 없어서 이런 걸 출판해
　　　도 되는지에 대한 의구심이 들 때였습니다. 하지만 '이 낭독
　　　극 수업을 처음 접하는 선생님이 보신다면 그래도 아주 조금

은 도움이 되지 않을까?'라는 생각으로 나를 다독이며 글을 썼습니다.

이랑희: 국어교사이면서도 글을 쓰는 것 자체가 참 어려웠어요.(글쓰기 활동을 할 때 아이들이 어려워하는 마음을 진심으로 공감하게 되었어요.^^) 그리고 '내가 한 수업이 누군가에게 소개할 만큼 잘한 것은 아닌데…'라는 생각이 발목을 잡았었죠. 그때마다 함께하는 선생님들께서 "선생님처럼 낭독극을 처음 시작하는 선생님들에게 힘이 될 거예요."라고 응원해 주신 덕분에 마무리할 수 있었어요.

심재경: 없었습니다. 이 책을 읽는 분들께 조금이나마 도움을 드리고자하는 마음에 처음부터 끝까지 즐겁게 작업할 수 있었습니다.

이 책을 누구에게 먼저 선물하고 싶으신가요?

이민수: 부모님, 제자들, 동료 교사 등등 많은 분들이 생각이 났지만! 전 저에게 먼저 선물할 겁니다. 정말 긴 시간 동안 책을 집필하면서 정말 힘들었거든요. 고생한 저에게 먼저 선물한 다음 고마운 분들께 선물을 드릴 예정입니다.!

주재연: 아빠예요. 초등학교 3학년 때 반 전체가 빠짐없이 받았던 대수롭지 않은 담임 상장을 아빠에게 쑥스럽게 건넸던 때가 가끔 생각나요. 상의 제목마저도 그저 무난한 학생임을 증명하

듯 [착한 학생상]이었던 것 같아요. 아빠는 "어이구! 상을 받았어?" 하시며 굵고 우렁찬 감탄사를 훈장처럼 들려주셨죠. 이제 그 단단한 목소리는 어디에도 없지만, 책을 건네받은 아빠가 잠시라도 늙고 병든 몸의 괴로움을 잊고 편안한 미소를 지어 보이신다면 얼마나 좋을까요?

김미선: 가족과 교직 친구들입니다. 교사를 만들어주고, 아직도 가르칠 수 있게 도움을 주는 가족에게 아름다운 선물이 될 것 같고요. 또 수업으로 소통하고 싶어 하는 교직 친구들에게 선물하고 싶습니다. 즐거운 수업을 가능하게 하는 낭독극 수업이 교사와 학생 모두를 행복하게 할 수 있기 때문입니다.

김연미: 낭독극 연수를 통해 낭독극 수업에 대해 알게 되었고, 그 연수 과정에서 큰 깨달음을 주신 '이인호 선생님'께 가장 먼저 드리고 싶습니다. 여전히 도움을 받고 있고 이 수업을 처음 하게 해 주신 선생님이니까. 그리고 국어교사로서의 평생 롤모델이자 존경하는 국어수석선생님 '우혜경' 선생님에게도 드리고 싶습니다.

이랑희: 가장 먼저 함께 낭독극 수업을 한 학생들에게 선물하기로 약속했어요. 제가 글로 쓰기만 했지 낭독극 수업의 8할은 아이들이 한 것이니까요. 대본을 열심히 쓰고 활동을 즐겁게 한 아이들에게 우리의 활동이 이렇게 책으로 나왔다고 말해주

고 싶어요.

심재경: 당연히 이 책에 소개된 낭독극 수업에 참여한 우리 학생들입니다. 학생들이 참여하지 않는 낭독극 수업은 의미가 없기 때문입니다.

우리 책의 매력 포인트를 소개하자면?

이민수: 누구나 쉽게 따라 할 수 있다는 것! 그리고 선생님들의 시행착오가 모두 담겨있어 이 책을 보고 따라 하시는 분들은 그 시행착오를 겪을 일이 없다는 것!!

주재연: 다양하고 생생해요. 초·중·고, 소규모와 대규모, 특성화고와 특목고까지. 낭독극이라는 공통분모 안에서 펼쳐지는 교사들의 진솔하고 생생한 학교생활 이야기가 이 책의 매력 포인트라고 생각해요. 때로는 마음을 토닥이는 따뜻한 선배 교사처럼 때로는 말 안 해도 척! 공감대 만점 동기 교사처럼 때로는 흐뭇한 미소를 짓게 만드는 후배 교사의 이야기처럼 말이에요.

김미선: 낭독극 수업을 하다 보면 저절로 '연기'하고 싶게 만드는 활동 수업의 마중물! 교실 안에서 웃고 떠들며 수업 소통과 엄청난 배움이 일어나게 하는 교실 수업 혁명의 진수입니다.

김연미: 정말 쉽게 낭독극 수업을 금방 따라 할 수 있다는 것!! 이것이 우리 책의 매력 포인트죠.

이랑희: 초 · 중 · 고 다양한 학교 급별 수업 사례와 연극동아리를 오래 지도해 오신 선생님 수업부터 저처럼 완전 처음 해 본 교사의 수업까지 다양한 수업이 날 것 그대로 담겨있다는 것!

심재경: 교실 안에서의 낭독극 수업을 직접 보는 듯한 생생함이 매력 포인트가 아닐까요?

이 책을 읽을 독자에게 한마디

이민수: 낭독극 수업의 매력은 한마디로 표현할 수 없습니다.! 선생님들께서 직접 수업을 해 보시고 아이들과 함께 낭독극 수업의 매력을 느껴보세요!!

주재연: 이 책은 우연히 펼쳐져 있는 동생의 일기를 훔쳐보듯 가볍고 호기심 어린 마음으로 읽어 내려갔으면 좋겠어요. 필요한 부분만 골라 읽어도, 마음에 드는 제목을 따라 띄엄띄엄 읽어도 좋을 것 같아요. 책을 읽으면서는 '이 정도면 내가 더 잘할 수도?' 정도의 부담 없는 도전을 받길 바라요. 또 책장을 덮고서는 '나도 지금부터 나에게 맞는 옷을 한 번 찾아볼까?' 하고 설레는 미소를 짓는 누군가가 있길 바라요.

김미선: 낭독극 수업에 관심 있군요. 당신이 행운아입니다.

김연미: 이 책을 보시는 모든 분들에게 미약하나마 도움이 되었으면 합니다. 수업 시간 정말 유용합니다. 꼭 낭독극 수업을 해 보세요!! 강추!!

이랑희: 수업 시간에 깨어 있는 아이들과 호흡하며 아이들의 가능성을 믿고 뭔가 새롭게, 즐겁게 해 보고 싶으신 분이라면 부담 없이 시작해 보셨으면 좋겠어요. 아이들은 물론이고 교사의 성장까지 기대해 볼 수 있는 수업입니다. 지금 시작해 보세요!^^

심재경: 낭독극 어렵지 않습니다. 함께 시작해 보시죠!

선생님에게 낭독극 수업이란?

이민수: 저에게 낭독극 수업이란 나침반입니다. 수업의 방향을 잃고 고민하던 제게 뚜렷한 수업의 방향성을 제시해 준 수업이기 때문입니다.

주재연: 저에게 낭독극 수업은 두 번째 임명장이에요. 임명장 제목은 〔문해력 향상을 위해 애쓰는 교사〕 정도가 적당할 것 같네요. 〔착한 학생상〕처럼 애매한 느낌이 있지만, 상을 받은 그 날부터 상 이름에 어울리는 아이가 되기 위해 구체적인 방법을 찾아 실천했던 것처럼 이 두 번째 임명장은 저에게 교사로서 나

아갈 방향을 제시해 주었기에 무엇보다 소중하고 감사한 선물이에요.

김미선: 저에게 낭독극 수업은 '오작교'입니다. 단원의 수업 방향을 '낭독극 수업'으로 정해 출발하면 학생들이 지식과 삶을 만나고, 과거와 현재를 만나 결국 배움이라는 사랑이 이루어지기 때문입니다

김연미: 나에게 낭독극 수업이란 트램펄린이다. 처음 발 딛기가 겁나지만 막상 그곳에 들어서면 그 장에서 맘껏 기량을 펼칠 수 있기 때문이다.

이랑희: 주석 교과서 읽어주며 국어 수업을 하고 싶지는 않았던 내게 가을 밤송이에서 툭 떨어진 반질반질한 알밤처럼 아이들과 한바탕 놀며, 수업도, 글 읽기도 즐겁게 배울 수 있다는 것을 알게 된 뜻밖의 행운!

심재경: 저에게 낭독극 수업은 메타버스(metaverse)입니다. 학생들이 낭독극을 시연하면 '낭독극 작품'이라는 가상의 세계가 형성되고 배우와 관객 모두 그것에 빠져들게 되기 때문입니다.

저자 소개

이민수
이제 경력이 5년 정도인 국어 교사. 낭독극의 매력에 푹 빠져있으며 무대를 통해 아이들과 함께 성장하고자 하는 꿈을 가지고 있다. 주변인들에게 어릴 때부터 연극을 좋아했냐는 질문을 늘 받지만 연극과는 전혀 상관이 없던 인생을 살아왔다. 그러나 학교에서 낭독극을 만나고 아이들과 무대를 만들어가는 과정을 통해 극의 매력과 즐거움을 알게 되었다. 올해도 그리고 내년에도 아이들과 새로운 무대를 만들고자 한다.

주재연
철원부터 가파도까지 초등학교가 있는 곳은 어디든 자유롭게 옮겨 다니며 살겠다는 [평생 기간제 교사]의 꿈을 실현하는 중이었다. 그러다 뒤늦게 고향에 정착하기로 마음먹은 덕에 40대 중반의 나이에 정식발령 9년 차 교사로 살고 있다. 그래서인지 학교라는 공간은 나에게 여전히 흥미롭고 재미있는 것 천지이다. 또래 교사에 비해 여전히 배울 일들이 많음을 기쁨으로 여기고 감사한다. 기왕 태어났으니 사는 것처럼 생생하게 살자는 생각으로 오늘도 새로움과 도전 거리를 찾고 있다.

김미선
어린 시절 어머니로부터 옛날이야기를 많이 듣고 자랐다. 중학교 시절 아침 자습시간에 처음으로 '가르치는' 역할을 했다. 운명처럼 국어교사로 35년째 재직 중이다. 일제 강점기 36년이란 숫자가 어마어마하게 느껴졌었는데, 곧 이 세월을 경험하게 된다. 교사 생활을 낭독극 수업에 빗댄다면 '해설'역할 같다. 앞으로는 주인공 역할도 해보려고 노력 중이다.

김연미
낭독극수업을 통해 학생들이 배움의 길을 한 발짝 나아가기를 바라는 정년까지 아이들과 소통하며 수업하고 싶은 23년 차 국어교사.

이랑희
어릴 적부터 국어선생님이 꿈이었다. 가르치는 일을 10년쯤 하면 노련한 전문가가 되어 있을 거라 기대하기도 했다. 하지만 하루도 조용한 날 없는 중학생들과 좌충우돌하며 여전히 배우고 가르치는 일에 대해, 그리고 '좋은 교사란 무엇인가'에 대해 고민하고 있다. 그렇게 아이들과 함께 배우고 성장하길 꿈꾸는 국어교사이다.

심재경
학생들이 다양한 독서를 통해 자신만의 '인생책'을 찾는 모습에 희열을 느끼는 17년 차 국어교사이다. 중학교, 일반고, 특성화고를 두루 거치며 학생의 눈높이에 맞는 수업이 최고의 국어 수업이라는 철학을 갖게 되었다. 평소 학생들의 문해력 향상을 위해 고민하던 중 우연히 낭독극을 접하게 되었고 현재는 낭독극 수업의 매력에 빠져있다.

0번 저자, 1호 독자

김양선 충남교육청 장학사

이 책을 쓴 여섯 분 선생님들을 깊이 짝사랑한 지 3년째, 나는 이 글을 쓰지 않고는 못 배기겠다.

저자 소개에서부터 에필로그까지 최종본 원고를 모두 읽는 데 딱 5초 걸렸다. 물론 착각이다. 좋아하는 사람의 진면목을 훔쳐보는 것처럼 빠져들었던 게다.

작품과 작가를 분리할 수 있느냐 없느냐를 놓고 예술 비평에서는 답 없이 영원히 다툰다는데, 이 책을 보자니 글작품에 한해서는 정답이 있다고 우기고 싶다. 글과 사람은 한 몸이다. 소박하고도 참 좋은 선생님들이 꼭 자기들 닮은 좋은 글들을 써냈다.

낭독극 수업에 대한 지식과 정보를 담아내려고 애쓴 행간에서 정작 소중한 것을 읽는다. 초·중·고의 평범한 남녀노소 선생님들이 수업과 생활교육에서, 동아리, 방과후 교육활동에서, 학급경영에서 낭독극을 뗏목 삼아 유쾌 발랄한 척 고군분투하며 닿고자 하는 궁극이 무엇인지 헤아리며 깊이 공감한다.

디지털 교육 선도국인 스웨덴이 최근 종이책과 필기도구를 활용한 '전통 교육 방식'을 전면 재도입 중이라고 한다. 태블릿, 온라인 검색, 키보드를 활용한 교육 방식이 학생들의 문해력에 악영향을 미친다고 판단한 것이다. 우리나라도 에듀테크(Edutech)로 통칭하는 온라인 기반의 학습도구 활용이 하나의 트렌드로 자리 잡아 가고 있다. 조만간 모든 학생이 태블릿을 한 대씩 갖게 되고, 모든 교과서가 디지털화될 듯하다. 소위. 디지털 대전환 시대에 맞춘 디지털 기반 교육혁신이다. 반색하는 건 교육계가 아니라 산업계임을 모두가 눈치채고 있다.

선생님과 학생, 종이와 연필만 있으면 언제나, 어디서나, 누구나 함께 할 수 있는 낭독극 수업 이야기가 우리에게 속삭인다. 디지털 인프라에 대한 활용성과 정합성에 대한 고민을 넘어 에듀테크 트렌드에 대해 교육 본질적 의심은 정당하다고, 멈추지 말라고.

2021년, 제5회 맞은 충남청소년문학상[9] 시상식과 입상작품집 출판기념회를 기획하던 중 대상 수상작인 소설 작품을 '낭독극'으로 각색·공연하면 어떨까 하고 두리번거린 게 여섯 분 저자들을 만나게 된 출발점이다. 이민수 선생님[10]이 첫 사람(˄)이다. 독서교육과 교과수업, 문해력에 대한 문제와 고민을 헤쳐나가는 한 방법으로 낭독극을 확장할 때 심재경, 주재연, 김연미, 이랑희, 김미선 선생님을 만났다. 이들이 낭독극 수업의 문을 두드린 동기와 용기, 실천 과정 그리고 얻은 것, 얻고자 하는 것이 무엇인지 발견하고, 이해하고, 감동하며 일방적으로 좋아한 지

---

9 충남교육청이 2016년부터 운영하는 청소년 대상 문예공모전(2023년 현재 제7회)

10 이민수 선생님은 제5회~제6회(2021~2022) 충남청소년문학상 대상 수상 작품을 낭독극으로 각색하여 시상식에서 공연함

3년째다.

이 책의 0번 저자는 충남 낭독극의 대부 이인호 선생님[11]이다. 선생님은 여섯 분 저자 선생님들의 낭독극 선생님이다.

나는 1호 독자이다. 글의 최종 완성자는 독자이다. 합당한 영광이다.

---

11 퇴직 국어교사

부록

낭독극
대본 사례

부록 1. 선물(학생 작품)

〈선물〉

시 『어버이날』(나태주) 낭독을 한다.

효과음: 끼익!! 빵빵빵! 쾅...!
삑. 삑. 삑. 삑 (병원 기계소리)

해설: 교통사고를 당한 지호가 혼수상태가 되어 침대에 누워있다.

보름: (흐느끼며) 지호야. 어서 일어나.
지호의 영혼: 울지마. 보름아. 나도 슬퍼.
보름: (지호의 영혼을 바라보며 화들짝 놀라며) 너, 살아있는거야? (영혼에게 손을 뻗어보
　　　지만 잡히지 않는 모습으로) 너 왜 안 잡혀? 너 죽은 거야? 안 돼. 지호야. 나에게
　　　손을 줘봐.

해설: 보름이는 지호 손을 잡으려 하지만 지호의 손은 잡히지 않았다. 지호의 육체를 붙잡
　　　고 오열하다 잠이 든 보름이, 이를 안타깝게 지켜보는 지호! 하늘은 벌써 어둑어둑해
　　　지고 어디선가 번쩍하는 소리가 들린다. 그 소리에 보름이는 깨어난다.

저승사자: (근엄한 목소리로) 김지호, 너는 일주일 후 죽게 될 것이다.
보름: (울먹이며) 누구세요. 그리고 그게 무슨 말이에요!! (간절한 목소리로) 제발 우리
　　　지호 좀 살려주세요. 지호 없으면 저 못살아요.
저승사자: 죽음은 정해진 운명, 그리하여 운명을 바꿀 수는 없다. (손을 올리며) 하
　　　지만 김지호의 생을 지켜본 결과 나는 김지호에게 다시 한 번의 기회를
　　　주기로 결정했다.(심각한 표정과 무거운 목소리로) 지금 벚나무 지역에 아직
　　　이승에 대한 미련이 남아 저승으로 가지 않는 영혼들이 많이 있다. 그

들 중 4명을 성불시킨다면 지호를 살려주도록 하지.

보름: (기쁨을 감추지 못하며) 정말요? 감사합니다!

저승사자: 대신 조건이 있다. 시간은 일주일, 4명을 모두 성불시키지 못한다면 한 보름, 김지호 너희 둘은 함께 저승으로 가게 된다. (지호와 보름 쪽으로 손을 내밀며) 나와 계약을 하겠는가?

보름: (한치의 고민 없이) 네. 그럼요. 그렇게 할게요! 지호를 살리기 위해서라면 뭐든지 할 거예요!

지호의 영혼: 보름아. 그러지마. 나를 위해서 너까지 그래선 안 돼.

보름: 지호야. 우리 할 수 있어. 난 너를 위해선 무슨 일이든 할 수 있어.

해설: 그렇게 지호를 살리기 위한 영혼 성불시키기가 시작되었다. 오늘이 바로 첫째 날이다.

저승사자: (쿠쿵 소리와 함께 등장하며) 첫 번째 영혼의 정보를 알려주겠다. 이 영혼은 살아있을 때 밤낮없이 일만 하다가 과로사를 한 영혼이네. (한숨을 내쉬며) 지금도 자신이 죽은 줄 모르고 노트북 앞에 앉아 일만 하고 있는 불쌍한 영혼이다.

해설: 보름과 지호가 한 카페 앞 벤치에 앉아 있는 영혼을 발견한다.

영혼1 : (공허한 눈으로 노트북의 타자를 치면서) 하! 얼마 안 남았다. 얼른 서둘러야 해.

보름: (조심스레 영혼한테 다가가며) 저기요.

영혼1 : (타자를 열심히 치면서) 지금 내가 좀 바쁘거든? 말 걸지 말아줄래?

지호의 영혼: (당황해하며) 이봐요! 당신은 지금 죽었어요!

보름: (맞장구치면서) 맞아요! 지금 하시는 그 일 때문에 과로사하셨다고요!

영혼1 : (매우 놀란 모습으로) 뭐라고? 내가 죽었다고? (눈물을 흘리며) 말도 안 돼. 여태 한 번도 편히 쉰 적이 없이 일만 했는데 이렇게 벌써 죽어버리다니!!!

보름: (당황해하며) 편히 쉰 적이 없다고요? 단 한 번도요?

영혼1 : (울먹이는 목소리로) 그래 난 살면서 여행이란 걸 해본 적도 없고 맛있는 음식점을 찾아 여행을 떠나본 적도 없다고. 나도 이제 편히 쉬고 싶어.

지호의 영혼: (영혼1을 토닥이며) 지금 당장은 힘드시겠지만. 그 노트북을 그만 덮는
　　　　　게 어떨까요? 스스로 덮어보세요. 생각보다 쉬워요. 제가 하나, 둘,
　　　　　셋 세어 드릴게요. 그럼 그 노트북을 덮어 버리는 거예요.

영혼1: (절규하며) 안 돼. 그럼 내 인생도 끝나는 거야. 내가 지금까지⋯⋯ 흑흑 난 뭘
　　　 위해 산 걸까? 일만 죽도록 하다가 죽은 거야? 흑흑

지호의 영혼: 아저씨. 이제 그 일 그만 내려놓고 편히 쉬세요. 제가 하나, 둘, 셋 외
　　　　　칠테니 그 노트북을 덮어 버리세요.

보름, 지호의 영혼: 하나, 둘, 셋

영혼1: (노트북을 쾅 닫으며) 그래. 이제 나도 일 안 해. 편히 쉬어야겠어. (잠시 고민하
　　　 는 모습으로) 그곳에선 편하게 지낼 수 있나?

지호의 영혼: (믿음직한 목소리로) 그럼요. 이승에서 하고 싶었지만 하지 못했던 순
　　　　　간들을 저승에서 할 수 있을 거예요! 가장 먼저 무엇을 하고 싶으
　　　　　세요?

영혼1: 맘 편히 잠을 실컷 자고 싶어. 그럼 난 이만 잠이나 실컷 자러 간다. 안녕!
　　　 고마워. 너희들도 잘 지내렴.

해설: 일에 항상 지쳐있던 영혼이 보름이와 지호의 눈앞에서 '펑'하고 사라진다.

저승사자: (요란한 등장소리와 함께 나타나) 너희들이 첫 번째 영혼을 성불시켰구나. 첫
　　　　번째 영혼은 아주 깊은 단잠을 자고 있단다. 아주 잘했다. 이제 두 번째
　　　　영혼에 대한 정보다. 이 영혼은 살아생전 음식을 잘 먹지 못하고 굶어
　　　　죽은 게 한이 되어 저승으로 가지 않고 있는 영혼이다.

해설: 두 번째 영혼을 찾기 전 보름이가 배가 고파 편의점에서 잠시 들렀다. 바로 그곳에서
　　　 두 번째 영혼을 만나게 된다.

영혼2: (힘없는 목소리로) 먹을 거 줘. 밥 줘. 배고파.

보름: (손에 든 삼각김밥을 건네며) 여기, 삼각김밥인데 먹을래요?

영혼2: (말이 끝나기도 전에 삼각김밥을 가져가며) 왐냠냠냠 (보름을 바라보며) 먹을 거 더

없어? 배고프단 말이야.

해설: 영혼 2 주변의 모든 음식을 주워 먹기 시작하였다.

영혼2: (바닥에 떨어진 음식을 주워 먹으며) 소시지 맛있어. 냠냠! 빵 고소해. 냠냠! (쓰
레기통을 뒤지며) 더! 더!

지호의 영혼: 우리가 어떻게 해야 저 영혼을 성불시킬 수 있을까?

보름: (고민하는 모습으로) 나도 잘 모르겠어. 어떻게 하지.

해설: 그렇게 지호와 보름이는 영혼을 성불시킬 방법을 생각하다 하루가 다 지나갔다.

보름: (고민하며) 벌써 셋째 날이야. 아직 성불시킨 영혼은 한 명이고 저 영혼은 아
직도 어떻게 해야 할지 모르겠어.

지호의 영혼: 그러니깐 말이야 흠.

해설: 한참을 보름이와 지호의 영혼이 고민하고 있을 때 요란한 소리와 함께 저승사자가
등장한다.

저승사자: (쿵하는 소리와 함께 나타나) 세 번째 영혼의 정보다. 세 번째 영혼은 요리
를 하는 걸 즐기던 청년이다. 요리 실력도 괜찮았지만 어렸을 때부터
의지할 사람 한 명없이 살다가 너무 힘든 나머지 자살하게 되었다. 자
신의 요리를 맛있게 먹어줄 사람을 찾기 위해 저승을 가지 않고 있다.

보름: (고민하다 깨달음을 얻은 모습으로) 아! 성불시킬 방법이 생각났어!

지호의 영혼: (궁금해하며) 어떤 방법인데?

보름: (신난 목소리로) 두 번째 영혼에게 세 번째 영혼의 요리를 먹게 하는 거야!

지호의 영혼: (이해한 모습으로) 오! 그럼 두 영혼의 소원이 한 번에 풀리면서 두 명
을 한 번에 성불시킬 수 있겠다!!

해설: 그렇게 보름과 지호는 두 영혼을 데리고 보름의 집으로 간다.

보름: (세 번째 영혼에게 부엌을 가리키며) 저기가 부엌이에요. 저기서 당신이 할 수 있
    는 모든 요리를 해주세요.

영혼3: 나보고 저기서 요리를 하라고? 이렇게 훌륭한 조리대는 처음이야. 알겠어.
    내 실력을 발휘해 보겠어. (후라이팬으로 요리하는 모습을 한다)

해설: 영혼 3은 한참을 콧노래를 부르며 요리를 했다. 그 모습을 보름이와 지호의 영혼은 뿌
    듯하게 쳐다보고 있다.

영혼3: (뿌듯한 목소리로) 내가 할 수 있는 요리 10개 정도 만들었어. 이렇게 맘껏 요
    리를 할 수 있다니 너무 좋아. 하나에 2인분씩 만들었으니 총 20인분이야.
    근데 이걸 누가 먹어? 이거 너희들이 다 먹을 수 있어?

보름: 아니, 우리는 안 먹어. 이걸 먹어 줄 영혼이 올 거야.

영혼2: (냄새를 맡으며) 음. 어디서 맛있는 냄새 나는데. 와! 음식이다. (음식을 먹으면
    서) 옴냠냠 너무 맛있다. 이렇게 맛있는 음식은 처음이야. (눈물을 흘리며) 정
    말 잘 먹었어. 고마워!

영혼3: (밝은 미소와 함께) 오랜만에 누군가 내 요리를 먹어주니 즐거웠어. 나도 고마
    워. 이제 편히 갈 수 있겠어. 다 너희들 덕분이야. 안녕!!

해설: 두 영혼이 함께 스르르 사라진다. 드디어 마지막 4일째 되는 날이다. 또다시 요란한 소
    리와 함께 저승사자가 보름이와 지호의 영혼 앞에 나타났다.

저승사자: 마지막 영혼은 살아생전 어머니께 고맙다는 말 한 마디 못한 것이 한이
    되어 아직 저승으로 가지 않고 있는 영혼이다.

해설: 보름이와 지호의 영혼은 하염없이 길을 걸어가다가 눈물을 참지 못하고 울고 있는 영
    혼 하나를 발견한다.

지호의 영혼: 무슨 일이에요. 우리가 당신의 고민을 들어줄게요.

영혼4: (울먹이며) 내가 살아있을 때 엄마한테 감사함을 전한 적이 없어서. 어떻게

해야할 지 모르겠어.

지호의 영혼: 무슨 사연이 있는 거예요?

영혼4: (울먹이며) 항상 엄마는 내 걱정만 했는데 나는 엄마한테 짜증만 부렸어. 엄마 말대로 그날 오토바이만 안 탔어도. 흑흑. 엄마는 항상 나에게 소중한 존재였는데 난 왜 엄마한테 짜증만 부렸을까? 엄마한테 너무 미안해. 그래서 엄마 얼굴도 못 보겠어. 나같은 자식때문에 오늘도 엄마는 울고 계실거야.

보름: (잠시 고민하다가 번뜩) 편지! 편지로 어머니께 감사한 마음을 표현하면 어떨까요? 전달은 저희가 해 드릴게요!

영혼4: (편지를 소리내며 읽는다.) 엄마 고마워요. 그냥 엄마가 내 엄마인 것이 고마워요. 저 없이도 건강하고 행복하게 잘 살아야 해요.

– 사랑하는 엄마 아들 –

보름: (친절한 목소리로) 이 편지는 내가 어머니께 잘 전달해 줄게요.

영혼 4: 고마워. 그리고 우리 엄마 잘 지내라고 나 대신 꼭 얘기해줘.

해설: 보름이와 지호의 영혼은 영혼 4의 편지를 어머니께 전달한다.

영혼4 엄마: (영혼 4의 편지를 보고 하늘을 향해 소리친다.) 나도 그래. 아들아! 그냥 네가 내 아들인 것이 고맙구나. 잘 지내. 우리 다시 만나자. 엄마 잘 지낼게. (눈물을 훔친다.)

보름: 항상 건강하게 지내세요. 그럼 안녕히 계세요.

영혼 4 엄마: 고맙구나. 우리 아들의 소원을 들어줘서.

영혼 4: 고마워. (스르르 소리를 내며 사라진다)

해설: 사라지는 영혼 4를 보며 보름이와 지호의 영혼은 흐뭇한 표정을 짓고 있다. 이렇게 처음 저승사자가 약속했던 4명의 영혼을 모두 성불시킨 것이다.

보름: 이걸로 다 성불시킨 건가?

지호의 영혼: 그럼 이제 다시 살아날 수 있는 거야?

해설: 그 순간 주변이 다 하얗게 변하였다. 보름과 지호가 눈을 뜨니 처음 병실이 보인다.

지호: (눈을 비비며 일어나며) 으, 여기가 어디지?

보름: (눈을 뜨며) 여긴 저승사자를 처음 만났던 그 병실인데?

지호: (궁금해하며) 그럼 나 살아난 건가?

보름: (감격스러운 눈물을 흘리며) 응. 그런가 봐.

지호: (함께 눈물을 흘리며) 고마워. 너덕분에 살 수 있었어.

보름: (지호를 토닥이며) 울지마. 너랑 나 둘이 같이 한 거야
(지호를 딱 고정시키며) 앞으로 다치지 말고 잘 지내자. 어! 저기에 피어있는 꽃 좀 봐.
너처럼 정말 예뻐.

지호: (힘찬 목소리로) 응!! 역시 살아있음은 힘이 세다. 우리의 우정처럼 예쁨은 더
욱 힘이 세다. 보름아! 고마워.

보름과 지호: 예쁨은 힘이 세다(나태주) 시를 함께 낭송한다.

부록 2. 소설 『동백꽃』(김유정 지음)

〈동백꽃〉

원작: 김유정
각색: 최OO(해설1/순돌 닭), 황OO(해설2/ 점순이네 닭), 신OO(음향), 정OO(순돌), 조OO(점순)
등장인물: 순돌이, 점순이, 점순이 어머니, 순돌이 닭-해설1, 점순이 닭-해설2, 해설3-엄마

#1 순돌이와 점순이

(매미소리)

순돌: 오늘도 또 우리 수탉이 막 쪼이었다. 내가 점심에 나무를 하러 갈 양으로 나올 때였다. 산으로 올라서려니까 등 뒤에서 푸드덕푸드덕하고 닭의 횃소리가 야단이었다. 아니나 다르랴, 두 놈이 얼리었다.

해설3: (닭 연기-대사가 나오면 대사에 맞게) 점순네 수탉은 저기 대강이가 크고 오소리 같이 실팍하게 생긴 놈이다. 우리 수탉은 저기 덩저리 작고 기운이 없는 것이다. 점순이네 수탉이 푸드덕하고 우리 수탉의 면두를 쪼고 물러섰다가 좀 사이를 두고 또 푸드덕하고 모가지를 쪼았다.

해설3: 그러면 이 못생긴 것은 쪼일 적마다 주둥이로 땅을 받으며 그 비명이 킥, 킥할 뿐이다. 물론 미처 아물지 않은 면두를 쪼이어 붉은 선혈은 뚝뚝 떨어진다.

점순: (닭싸움을 보며) 우리집 덕분에 생전을 유지하면서 사는 주제에 까불지 마!
순돌: (화난 목소리로) 못되 쳐먹은 계집애 같으니! 이번에도 점순이가 쌈을 붙여 놓은 게 분명해. 고놈의 계집애! 왜 날 못살게 구는 거야?! 전에 그 일 때문인가?

#2 점순이의 감자

순돌: (점순이 연기) 내가 일을 하고 있는데 점순이 이 계집애가 제 집께를 할금할 금 돌아다보더니 언제 구웠는지 아직도 김이 홱 끼치는 굵은 감자 세 개를 턱 밑으로 불쑥 내미는 것이다. 그러더니 내 손에 뿌듯이 쥐고는 하는 말이

점순: 느 집엔 이거 없지? 남이 알면 큰일 날 테니 여기서 얼른 먹어 버려라. 너 봄 감자가 맛있단다.

순돌: 난 감자 안 먹는다, 니나 먹어라.

해설2: 순돌이는 고개도 돌리지 않고 일하던 손으로 감자를 점순이 어깨 너머로 쑥 밀어 버렸다. 그러자 점순이의 얼굴이 홍당무처럼 새빨개지더니 나중에는 눈물까지 어리며 논둑으로 횅허게 달아나는 것이다.

순돌: (황당하다는 표정으로) 쟤가 왜 저래? 주는 감자를 안 받아먹은 것이 실례라 하면, 주면 그냥 주었지 "느 집에 이거 없지?"는 다 뭐냐! 기분 나쁘게. 버릇 없는 계집애!

#3 점순이네 울 뒤

순돌: (닭 우는 소리) 뉘 집에서 닭을 잡나?
나무를 한 짐 잔뜩 지고 산을 내려오다가 점순이네 울 뒤로 돌아오는 길에 나는 두 눈이 뚱그래졌다.

점순: (닭을 때리며) 이놈의 닭 죽어라, 죽어라!

순돌: 점순이가 우리 닭을 때리는 것이 아닌가! 그것도 대가리나 치면 모른다마는 아주 알도 못 낳으라고 그 볼기짝께를 주먹으로 콕콕 쥐어박는 것이다.

해설1: 순돌이는 눈에 쌍심지가 오르고 사지가 부르르 떨렸으나 사방을 돌아보고야 그제서 점순이 집에 아무도 없음을 알았다.

순돌: 이놈의 계집애! (점순이를 말리며) 남의 닭알 못 낳으라고 그러니?

점순: (놀라는 기색이 없이 그대로 의젓이 앉아서 닭을 때리며) 죽어라! 요놈의 닭! 순돌이

네 닭!

순돌: 저기 가서 싸울 수도 없고..

해설1: 순돌이는 닭이 맞을 적마다 지게막대기로 울타리를 후려칠 수밖에 별도리가 없다. 울타리를 치면 칠수록 울섶이 물러앉으며 뼈대만 남기 때문이다.

순돌: 아, 이년아 남의 닭 아주 죽일 터냐?

점순: (닭을 내팽개 치며) 엣다! 에이! 더럽다! 더럽다!

순돌: (더럽다는 듯이 울타리께를 돌아내리며) 더러운 걸 널더러 입때 끼고 있으랬니? 망할 계집애 년 같으니!

해설2: 암탉이 풍기는 서슬에 순돌이의 이마빼기에다 물찌똥을 찍 갈겼는데 그걸 본다면 알집만 터졌을 뿐 아니라 골병은 단단히 든듯 싶다.

점순: 이 바보 녀석아! 너 배냇병신이지?

(순돌은 한숨을 내쉰다)

점순: 얘! 너 느 아버지가 고자라지?

순돌: 뭐? 울 아버지가 그래 고자야?

(순돌은 고개를 홱 돌리어 바라본다)

순돌: (두리번거리며) 어라, 점순이 이 계집애 어디 간 거야.

해설1: 순돌이는 다시 앞을 보며 걸어가자 또 욕을 먹으며 자신은 대거리 한마디 못하는 것에 분노한다.

순돌: 저놈의 계집애가 마름집 딸만 아니었어도 그냥 두지 않을텐데. (순돌은 눈을

손으로 감싸며 우는 척을 한다)

#4 동백꽃

해설2: 순돌이는 어디선가 닭에게 고추장을 먹이면 황소가 살모사를 먹고 용을 쓰는 것같
은 기운이 뻗친다고 들었다.

순돌: (닭에게 고추장을 먹이는 시늉을 하며) 자, 먹어봐라. 이거 먹고 싸움에서 한 번
이겨보자.
순돌 닭: (고추장을 먹는다.)

해설3: 순돌이는 점순이네 닭이 뛰어노는 마당으로 가서 싸움을 붙였어요. 그리고 순돌이
네 닭이 점순이네 닭을 쪼자 순돌이는 고추장만 먹이면 된다고 생각했다.

순돌: 잘한다! 잘한다!

해설3: 그러나 얼마 지나지 않아 점순이네 닭이 고양이가 쥐잡듯이 순돌이네 닭을 가지
고 놀았다.

순돌: 어...?어....?어...! 아니 저 멍청한 닭대가리가 왜 맞는 거야...?
순돌 닭: (쓰러진다)
점순: (호드기를 불며) 하하하!!

해설3: 순돌이는 눈이 돌아서 점순이네 닭을 지게막대기로 때려 죽였다.

점순 닭: (쓰러진다)
점순: 이놈아! 너 왜 남의 닭을 때려죽이니?
순돌: 그럼 어때?
점순: 뭐? 이 배은망덕한 놈아! 이게 누 집 닭인데?

해설3: 점순이가 소리치며 다가왔다. 그래서 순돌이는 순간 많은 생각이 스쳐갔다.

순돌: (우는 척을 한다.)

점순: (순돌에게 다가가 손을 건낸다.) 그럼 너 다음부턴 안 그럴 터냐?

순돌: (다른 인물 모두 뒤 돌고 순돌이만 관객을 보며) 아, 드디어 살길이 보이네. 뭘 잘못
     했는진 모르겠지만 모두 다시 앞을 본다) 그래!

점순: 요담부터 또 그래 봐라, 내 자꾸 못살게 굴 터니!

순돌: (다급히) 그래. 그래. 그래. 그래! 인젠 안 그럴 테야!

점순: 닭 죽은 건 염려 마라. 내 안 이를 테니.

해설1: 점순이와 순돌이는 무언가에 떠밀리듯이 넘어지고 함께 노란 동백꽃 속에 파묻혔
     다.

점순 엄마: 점순아! 점순아!

점순: (당황하며) 너.. 너 말 마라

순돌: 그. 그.. 그래!

점순 엄마: 점순아! 점순아! 이년이 바느질하다 말구 어딜 갔어!

해설1: 점순이의 어머니는 대단히 화가 난 듯한 목소리로 소리쳤고 점순이와 순돌이는 겁
     을 먹고 도망을 갔다.

〈하늘은 맑건만〉

원작: 현덕

각색 및 등장 인물: 문기, 어린애 (서OO) / 수만, 점순이, 선생님 친구 (강OO) / 작은 아버지, 운전자 아저씨, 선생님 (임OO) / 해설 1, 숙모(임OO) / 음향, 사모님 (김OO) / 해설2, 고깃집 주인 (박OO)

#1. 돈을 잘못 받은 문기

문기: (팔을 안방 뒤에 놓고 더듬으며) 어디 갔지? (의아해하는 표정으로) 혹 동네 아이들이 집어갔나? 그랬으면 차라리 다행이야. 숙모 손에 들어갔으면, 어휴(한숨을 쉬고 숙모의 눈치를 살피며) 숙모의 표정을 보니 별일 없는 것 같네.

문기: (놀란듯한 표정으로) 어! 쌍안경은 어디갔지? 인제 얼마 안 있으면 작은아버지가 회사에서 돌아오실텐데(불안한 말투로)어쩌지~ 내 잘못을 들키는 건 아닐까?

며칠 전

숙모: 문기야! 문기야! 고깃간에 가서 고기 한 근 사오렴.

문기: (귀찮은 말투로) 알겠어요.

문기: 줄이 기네. 하... 언제까지 기다려야지?

문기: (돈을 주며) 고기 한 근 주세요.

고깃집주인: 고기 여기 있다! 거스름돈도 잘 챙기고. 다음 손님!!

문기: 사장님이 되게 바쁘시네. (거스름돈을 확인하면서)거스름돈은 잘 받았나? (어리둥절한 표정으로)뭐야? 왜 거스름돈이 많은 것 같지? 숙모한테 돈을 얼마 받았더라? 잘 받은 건지 모르겠네.

#2 수만이와 돈을 쓰는 문기

해설1: 골목 모퉁이를 꺾어 돌아섰다. 서너 간 앞을 서서 동무 수만이가 간다. 문기는 쫓아
　　　가 그와 나란히 서며,

문기: (문기가 수만이 어깨에 손을 걸며) 너 집에 인제 가니? 이거 이상한 일 아냐?
수만: 뭐가 말야?
문기: 고길 사러 갔는데 말야, 난 일 원짜리로 알구 냈는데 십 원으로 거슬러 주
　　　니 말야.
수만: 정말? 어디 봐.

해설2: 문기는 손바닥을 펴 돈과 또 고기를 보였다. 수만이는 잠시 눈을 끔벅끔벅 무슨 궁
　　　리를 하는 것 같아 보였다.

수만: (문기 얼굴을 보고 서서) 너 그럼 이렇게 해 봐라.
문기: 어떻게 말야?
수만: 먼저 잔돈만 너희 작은어머니에게 드려봐. 그리고 아무 말 없으면 내게로
　　　나와. 헐 일이 있으니까.
문기: 헐 일? 무슨 헐 일?
수만: 글쎄, 그러구만 나와. 나만 믿고! 다 좋은 일이 있으니.

해설2: 문기는 집으로 들어가 수만이가 이르는 대로 잔돈만 양복 주머니에서 꺼내 놓았다.

숙모: (진지해진 표정과 목소리로) 어디보자꾸나, 잔돈이…

해설2: 숙모는 그 돈을 받아 두 번 자세히 세어 보고 주머니에 넣고는 아무 말 없이 돌아서
　　　고기를 씻는다.

해설1: 문기는 한동안 머뭇머뭇 눈치를 보다가 슬며시 밖으로 나갔다. 그리고 문밖엔 수
　　　만이가 이상한 웃음으로 그를 맞이하였다. 수만이가 있다던 좋은 일이란 다른 것

이 아니었다.

수만: 거리에서 보고 지내던 온갖 것들을 돈으로 바꾸어 보는 게 어떠니?

문기: (머뭇거리며) 돈을 쓰면 어떻게 되니?

수만: (문기 어깨에 팔을 걸고) 염려 없어. 나 하는 대로만 해. (수만이는 우쭐거리며 걸음을 옮긴다.)

문기: 하긴 나도 돈으로 바꾸고 싶은 것이 없진 않지. 수만이가 돈으로 바꾸자고 한 거니까 괜찮을 거야.

수만: 문기가 만든 돈이니까 난 책임이 없지.

해설1: 두 소년은 서로 자기 책임은 없다고 생각했다. 이래서 마침내 손이 맞고 말았다. 그래도 으슥한 골목을 걸을 때에는 알 수 없는 두려움에 가슴이 두근거렸으나 밝은 큰 행길로 나오자 차차 다른 기쁨으로 변했다. 길 좌우편 환한 상점 유리창 안의 온갖 것이 모두 제 것인 양 손짓해 부르는 듯했다. 두 소년은 들뜬 채로 거리를 돌아다녔다.

수만: (들뜬 목소리로) 우리 공 먼저 사러가자. 만년필도 사러 가는 게 어떠니? 저기 쌍안경이다! 저거 이번에 나온 만화책이잖아! 김문기 빨리 와! 활동사진도 구경해야지!

문기: (지친 목소리로) 돌아다니니까 힘들지 않니?

수만: (군것질을 하면서 말한다) 그렇게 느릿느릿 움직여놓고 힘들면 어떡하니? 너가 빨리 움직였으면 내가 덜 힘들었을테야.

해설2: 이 둘은 나머지 돈으로 아직 한 가지 즐거운 계획이 남아있었다.

수만: 조그만 환등 기계 한 틀을 사러가자. 이걸 놀려 아이들에게 일 전씩 받고 구경을 시키는 거야. 그리고 여기서 나오는 것으로 두고두고 용돈에 주리지 않도록 하는 거지. 어때?

문기: 좋은 생각이야!

수만: 그럼 오늘부터 약속한 거다.

#3 꾸중을 듣는 문기

삼촌: (미닫이 문은 연다) 문기 없니? 어서 밥 먹으러 오너라.

문기: 네. 작은아버지!

해설1: 작은아버지 잠잠히 식사를 계속한다. 그 상 밑에 안방 뒤에 숨겨놓았던 공이 와있다.

작은아버지: 너 요새 학교에 매일 갔었니?

문기: 네.

작은아버지: (상 밑에 공을 굴려내며) 이거 왠공이냐?

문기: 수만이가 준 공이에요.

작은아버지: 이것두? (쌍안경을 꺼내든다.)

문기: 네.

작은아버지: 수만이란 아이가 얼마나 돈을 잘 쓰는 아인지 몰라두 이 공은 오십 전은 줬겠구나. 이건 못 줘도 일 원은 넘겨 줬겠구. 수만이는 뭣 하 는 집 아이냐?

문기: (고개를 숙인다)

작은아버지: 네 입으로 수만이가 줬다니 네 말이 옳겠지. 설마 네가 날 속이기야 하겠니. 하지만 남이 준다고 아무것이고 덥적덥적 받는다는 것도 좀 생각해 볼 일이거든. 말 들으니 너 요샌 저녁에도 가끔 나가 먹는다 더구나. 그것도 수만이에게 얻어먹는 것이냐? (엄한 말투로) 어머님은 어려서 돌아가시고 아버지는 저 모양이니, 앞으로 집안을 일으킬 사 람은 너 하나 야. 성실치 못한 아이들하고 얼려 다니다 혹 나쁜 데 빠 지거나 하면 첫째, 네 꼴은 뭐구, 내 모 양은 뭐냐. 난 너 하나는 어디 까지든지 공부도 시키구 사람을 만들어 주려구 애쓰는데 너두 그 뜻 을 받아 주어야 사람이 아니냐.

해설1: 작은아버지는 맘 한번 잘못 가졌다가 영 신세를 망치고 마는 예를 이것저것 들어 말씀하고는 이후론 절대 이런 것 받아들이지 말라는 단단한 다짐을 받은 후 문기 를 내보냈다.

#4 양심을 찾기 위해 물건을 버린 문기

해설2: 문기는 쌍안경과 공을 집어들고 집을 뛰쳐나갔다. 문기는 골목으로 들어섰다. 대낮
　　　에 많은 사람 가운데에서 거리낌없이 이 가지고 놀던 이 공이 (공 쳐다보기) 지금은 사
　　　람이 드문 골목 안에서도 남이 볼까 두려워졌다. (공을 숨기며 두리번) 이번엔 주머
　　　니에 든 쌍안경이 든 불룩한 주머니가 성화다.

문기: 에잇! 짜증나! 왜이렇게 불룩한거야? (쌍안경을 던지며) 여기쯤이면 다
　　　들 못 찾겠지?이제 공은 어떻게 처리하지? 아! 요 앞에 개천가에 흘려 보
　　　내야겠다.

해설1: 문기는 멀지 않은 곳에 있는 개천가로 뛰어갔다.

문기: 헉..헉 공을 들고 뛰려니까 두 배로 힘드네. 근데 사람들이 너무 많은데 어
　　　떡하지?

해설1: 문기는 커다란 공을 바지 앞에 품고 앉아서 길 가는 사람이 없기를 기다린다. 자전
　　　거가 가고 노인이오고 동이 뜬 그 중간을 타서 문기는 허옇게 흐르는 물 위로 공을
　　　던져버렸다.

문기: 헛! (공을 던지며) 이제 공이란 쌍안경 없어 아무도 못 찾을꺼야 끝난 거라
　　　고! (양복 주머니를 만지며) 이건.. 거스름돈 에잇! ..아니지 아니야 돌려줘야하
　　　는 돈이야 돌려주자!

해설2: 문기는 삼거리 고깃간으로 향해 갔다. 그리고 골목 위로 돌아가 나머지 돈을 종이에
　　　싸서 담 너머로 그 집 안마당을 향해 던지고 작은 소리로 외쳤다.

문기: 죄송해요..! (집으로 뛰어간다)

#5 뺑을 뜯는 수만

해설1: 문기가 자기 집 어귀에 이르렀을 때 뜻하지 않은 것이 기다리고 있다가 나타났다.

수만: (컴컴한 처마 밑에서 수만이가 뛰어나오며 반가운 목소리로) 너 어디 갔다 오니? 지금 느이 집에 다녀오는 길이다. 어서가자.

문기: 어딜 말이야?

수만: 에이, 어제 환등틀을 사러 가자고 약속했잖아. 저기 극장 앞 장난감 가게에 있는 조그만 환등 틀 봐둔 거 있어. 금도 보고 왔다고. 얼른가자. (문기의 옷깃을 잡고 끌고 간다.) 그새 팔리지나 않았을까?

해설1: 문기는 생각 없이 몇 걸음을 끌려 다니다가는 갑자기 그 팔을 쳐 내리며 물러선다

문기: 난 싫어.

수만: 뭔 말이야? 환등을 사기 싫단 말이야?

문기: 난 인제 돈 없어.

수만: (당황스러운 표정으로) 뭐? 이게 무슨 소리야? (금세 능청스러운 웃음을 지으며)너 혼자 두고 쓰잔 말이지? 그러지말구 어서 가자.

문기: 정말 없어. 지금 고깃간 집 안마당으로 던져 주고 오는 길야. 공두 쌍안경 드 버리구.

해설1: 문기는 증거를 보이느라고 이쪽저쪽 주머니를 털어 보이는 것이나 수만이는 흥 하고 코웃음을 친다.

수만: 누군 너만 약을 줄 아니? 고깃간 집 마당으로 던졌다? 아주 핑계가 됐거든.

문기: 거짓말 아니야. 참말야.

해설2: 문기는 어떻게 변명할 줄을 몰라 쳐다보기만 하다가 고개를 떨어뜨리고 울상을 한다.

문기: (고개 떨구며) 오늘 작은아버지께 꾸중 듣구 그리고 나두 이젠 그런 건 안 헐 작정이야.

수만: 그래도 나랑 약속헌 건 실행해야지. 싫으면 너는 빠져도 좋아 그럼 돈만 이리내.

(턱 밑에 손을 내민다)

문기: 정말 없대두 그래.

수만: (내밀었던 손으로 대뜸 멱살을 잡으며) 이게 그래두 느물거려

해설1: 이때 마침 기침을 하며 이웃집 사람이 골목으로 들어서자 수만이는 물러선다. 문기는 그 순간을 노려 재빨리 집으로 도망쳤다.

수만: (도망가는 문기 등을 향해 소리치며) 낼은 안 만날 테냐, 어디 두고 보자.

#6. 문기를 괴롭히는 수만

해설2: 이튿날 아침이다. 학교를 가는 길에 문기가 큰 행길로 나오자 맞은편 판장에 백묵으로 커다랗게 '김문기는' 하고 그 밑에 동그라미 셋을 쳐 'ㅇㅇㅇ했다' 하고 써있다. 문기는 무춤하고 보다가는 얼른 모자를 벗어서 이름자만 지워 버렸다 그러는 것을 건너편 길모퉁이에서 수만이가 일그러진 웃음으로 보고 섰다. 그리고 문기가 앞으로 지나가자,

수만: 왜 겁이 나니? 지우게? 그래. 정말 돈 너만 두고 쓸 테냐? 그럼 요건 약과다.

해설1: 수만이는 추근추근하게 쫓아다니며 은근히 놀렸다. 철봉 틀 옆에 정신없이 선 문기는 불시에 다리오금을 쳐 골탕을 먹게 하였다. 단거리 경주 연습을 하는 척 달음박질을 하다가는 일부러 문기 앞으로 달려들어 몸째 부딪는다. 그리고 으슥한 곳에서 단둘이 만나는 때면 수만이는,

수만: 너, 네 맘대루만 허지. 나두 내 맘대루 헐테다. 내 안 풍길 줄 아니? 풍길 테야.

해설2: 하고는 손을 들어 끕는다

수만: 풍기기만 하면 첫째, 학교에서 쫓겨날 것이요. 둘째, 너희 집에서 쫓겨날 것이요. 그리고 남의 걸 훔친 거나 일반이니까 또 그런 곳으로 붙들려 갈 것이요.

해설1: 그다음 시간 교실을 들어갔을때 문기는 크게 놀랐다. 칠판 한가운데 '김문기는 ○○○했다.'가 그렇게 쓰여 있다 뒤미처 선생님이 들어왔다 일은 간단히, 선생님이 한 번 쳐다보고

선생님: 이거 누구 장난이야? 이런거 하지 마라.
문기: 하.. 언제까지 저러는 걸까?

해설2: 수만이는 그것을 고만 두지 않았다 학교를 파해 거리고 나와서는 한층 심했다. 두어 간 문기를 앞세워 놓고 따라오면서 연해 수만이는,

수만: 앞에 가는 아이가 ○○○ 했다지? 어휴 무서워.

해설1: 그리고 점점 더해 나중엔 도적질을 거꾸로 붙여서

수만: 앞에 가는 아이는 도적질도 했다지~? 이러다가 내 물건도 훔치는 거 아닌가 몰라.

해설2: 하고 거리거리를 외며 따라오는 것이다. 문기 집 가까이 이르렀다.

수만: (문기 앞으로 다가서며 작은 음성으로) 너, 지금으로 가지고 나오지 않으면 낼은 가

만 안 둔다. 도적질했다 하구 똑바루 써 놀 테야.

해설2: 문기는 여전히 못 들은 척 걸음만 옮긴다. 자기 집 마당엘 들어섰다. 숙모는 뒤꼍에
　　　서 화초 모종을 하는지 여기 심어라. 저기 심어라 하고 아랫집 심부름을 하는 아이와
　　　이야기하는 소리가 들려왔다.

숙모: 여기랑 저기랑 쩌~쪽에 심어
문기: 집엔 아무도 없는건가? 휴~ 수만이를 어떻게 한담.. 엇!

해설2: 문기는 눈앞에 보이는 붙장 안에 잔돈 얼마와 지전 몇 장 놓여 있다. 그리고 문밖엔
　　　지금 수만이가 돈을 가지고 나오기를 기다리고 섰다 여기서 문기는 두 번째 허물을
　　　범하고 말았다.

문기: 죄송해요, 숙모.

해설1: 문기는 돈을 들고 문밖을 나섰다.

수만: 진작 듣지.
문기: (수만이 얼굴에다 뺨을 때리듯 돈을 던져 주고 달아나며) 이거 갖고 얼른 꺼져!

#7 숙모의 돈을 훔쳐 수만에게 준 문기
(문기는 풀이 죽은 채로 집 마루에 걸터앉았다.)

숙모: 문기야, 학교에서 인제 오니? 아, 너 혹 붙장 안의 돈 봤니? 참… 학교서 지
　　　금 오는 애가 알겠니. 점순이 고년 앙큼헌 년이드라. 낮에 내가 뒤에서 화초
　　　모종을 내고 있는데 집을 간다고 나가더니 글쎄, 돈을 집어 갔구나.

해설2: 문기는 잠잠히 듣기만 한다. 그러나 속으로는 갚으면 고만이지 소리를 또 한 번 외
　　　어 본다.

(1~2초 정도 후에) 그날 밤이었다.

점순: (훌쩍거리며) 애들아 나는 정말 안 훔쳤어. 옆집 아줌마 말을 듣고 주인 아주 머니가 나를 쫓아냈지 뭐야. 난 이제 어쩌지?

해설2 : 방 안의 문기는 그 밤을 뜬눈으로 새웠다.

#8 자백하는 문기
해설1: 선생님과 문기는 선생님의 집 안방으로 함께 들어갔다.

선생님: 문기야, 여기 앉아 보거라.
문기: (낮은 목소리로) 네. 선생님.
선생님: (부드럽고 웃는 낯으로) 문기야, 무슨 일이니?

해설2: 학교에선 엄하고 딱딱하던 선생님은 의외로 부드럽고 웃는 낯으로 대하자 문기는 말문이 열리지 않았다.

(어린 아이 울음소리)
선생님: 시끄럽구만.
사모님: 여보, 차 가져올까요?
선생님: 차 좋지. 문기꺼 까지 2잔 갖다줘.

해설2: 문이 닫히는 소리와 함께 열리는 소리가 들린다.

사모님: 과일도 좀 가져올까요?
선생님: 어, 과일도 갖다줘.

해설2: 또 다시 문이 닫히고 열린다.

태식: 영준아!

선생님: 태식아! 문기야, 잠시만 기다려보렴.

(태식과 선생님 대화 나누며 함께 웃는 소리)

선생님: 문기야 많이 기다렸지. 무슨 일이니?

문기: 아니에요, 선생님. 저 다음에 다시 올게요. 안녕히계세요.

선생님: 어, 문기야. 다음에 다시 이야기하자.

해설2: 집으로 돌아가는 문기의 발이 잘 떨어지지 않는다.

문기: (고개를 푹 숙이며) 하, 어떡하지? 이대로 집에 가면 삼촌과 숙모한테 꾸중을
    들을텐데.

아저씨: 빵빵! 거기 비켜!

문기: 으악!

해설2: 문기는 비명과 함께 차에 치여 정신을 잃고 말았다. 얼마가 지났는지 몰랐다. 문기가
    어렴풋이 눈을 떴을 때 무섭게 전등불이 밝아 눈이 부셨다.

작은아버지: 문기야, 괜찮니? 너, 내가 누군 줄 알겠니?

문기: 작은아버지...?

해설1: 눈을 뜨자 희미하게 삼촌의 얼굴이 보였다.

작은아버지: (근심스러운 얼굴로) 이찌다 이린거니..

해설1: 문기는 아픈 데는 없으면서도 몸을 움직일 수는 없다.

문기: 작은아버지, 죄송해요. 저는 마땅히 받아야 할 벌을 받은 거예요. 제가 고깃
    간에서 잘못 거슬러 준 돈을 돌려주지 않고 써버렸어요.

해설1: 문기는 자백을 하자 마음속의 어둠이 차차 사라짐을 느꼈다. 그리고 문기는 그 하늘을 떳떳이 마음 껏 쳐다볼 수 있었다.

부록 4. 시집 『끝까지 남겨두는 그 마음』(나태주 지음)

〈끝까지 남겨주는 그 마음〉

원작: 나태주, '유월에', '말하고 보면', '좋다', '대답은 간단해요', '너도 그러냐', '후회', '모두가 네 탓'
각색: 권OO, 김OO, 박OO, 이OO, 박OO, 김OO

S#1. 교문 앞

해설: 한번도 본적 없는 외제차에서 한 여학생이 내리자 그녀를 본 모든 학생들이 수군거렸다.

A: 쟤 봤어?
B: 누구 말하는 거야?
A: 장미 머리띠 말이야.
준영: 어제 훈련이 늦게 끝나서 피곤해. 나 먼저 간다.

S#2. 교실 앞

남학생1:(준영을 보며) 체육쌤이 너 부르시던데!
준영: 그래. 알았어.

S#3. 교무실(배경사진: 교무실 풍경)

준영: (문을 열고, 여학생을 보고 놀라 말을 끝까지 맺지 못하며) 쌤! 저 부르셨..

〈시〉 나태주, '유월에'

효과음: 파라다이스(드라마 '꽃보다 남자'OST 중 앞 부분)
지민: 비켜줄래?
준영:(당황하며 비켜선다.) 어? 어.

체육선생님: (준영의 머리를 때리며) 정신을 어디다 팔고 선생님이 부르시는데 대답을 안해?

준영: (머리를 긁적이며) 저 왜 부르셨는데요?

체육선생님: 네가 아무리 체육특기생이라도 그렇지 성적이 너무 낮은 거 아니니? 성적 좀 신경 쓰자.

준영: 네. (혼잣말로) 어디서 본 것 같은데. 아! 장미 머리띠?

S#4. 교실(배경사진: 교실 풍경)

남학생1: 나준영, 안 들어가고 뭐해?

준영: 아, 들어가야지.

해설: 그때 문을 열고 들어오는 담임선생님과 장미머리띠 여학생.

준영: (여학생을 알아보며) 장미머리띠?

담임선생님: 용곡고등학교에서 전학 온 태지민이다. 모두 박수로 환영해 주자.(모두 박수를 친다.) 지민아, 저기 짧은 머리 남학생 옆자리에 가서 앉아라.

지민: (준영을 알아보며) 교무실?

준영: (부끄러운 듯 고개를 숙여 얼굴을 가린다.)

S#5. 준영의 집(배경사진: 거실 풍경)

준영: (거실 소파에 누워) 아빠, 사랑이란 뭘까?

아빠: (TV를 보다 준영을 보며 놀란 듯) 사랑? 음...사랑이란 말이야 눈빛이 스치는 것만으로도 황홀하고 그 사람이 가슴 속에 안개처럼 피어오르는 게 사랑이야.(나태주, '유월에') 왜 아들? 좋아하는 사람이라도 생겼어?

준영: (당황하며 부끄러운듯) 아니! 내가? 없어!

해설: 많은 시간이 흘러 어느덧 10월, 기말고사가 다가온다.

S#6. 교실(배경사진: 교실 풍경)

담임선생님: 기말고사 성적을 올리기 위해 스터디 모둠을 짜려고 한다. 하고 싶은 사람?

준영, 지민 동시에 손을 든다.

담임선생님: 준영이랑 지민이 뿐이니? 그래. 그럼 둘이 열심히 해보자.

지민: 너 공부 잘해?

준영: 나? 좀 하지.

지민: 그래? 그럼 지난번 시험에 몇 등했는데?

준영: 나 299등인데.

지민: 전교생이 320명인데?

준영: 이정도면 운동하는 애들 중에는 잘하는거야.

지민: 그럼 오늘 시간 돼?

준영: 시간 많지.

지민: 그럼 학교 끝나고 카페로 와. 같이 공부 계획 세우자.

준영: 응.

남학생1: 너 훈련 있잖아.

준영: (손으로 입을 가리며 조용히 하라는 시늉을 하며 작은 목소리로) 조용히 해. 내일로 미뤄졌으니까.

S#7. 카페

지민: 넌 어떤 과목이 제일 어려워?

준영: 음..수학?

지민: 교과서는 가지고 왔어?

준영: (당당하게) 없지.

지민: 제정신이야?

준영: (머쓱해 하며) 미안. 공부를 제대로 해 본 적이 없어서.

지민: 그럼 오늘은 내 책 같이 보자.

준영: 그래. 고마워.

해설: 준영과 지민은 그렇게 기말고사가 가까워질 때까지 함께 공부를 하던 어느날

<시> 나태주, '말하고 보면'

준영: 지민아, 우리 기말고사 끝나고 같이 영화 보러 갈래?

지민: 그래. 뭐 볼 건데?

준영: 음...'나 홀로 집에'

지민: 그래.

준영: 그럼 12월 25일 날 보자.

S#8. 지민의 집(배경사진: 침대, 방 풍경)

지민친구1: (들뜬 목소리로) 오~준영이가 크리스마스에 영화 보러 가자고 했다고?

지민친구2: 준영이가 너 좋아하는 거 아냐?

지민: (부끄럽고, 잘 모르겠다는 목소리로 주저하며) 음..그런가? 너네가 생각하기엔 남자
　　가 이런 행동하면 호감 있는 거야? 나만 보면 인사도 잘해주고, 배고플 때
　　마다 맛있는 간식도 사줘. 그리고 자꾸 어디 놀러가자고 해.

지민친구2: 야~ 이거 완전 너 좋아하는 거네.

S#9. 야구장(배경사진: 야구장 풍경)

해설: 준영이 훈련하고 있는 야구장에 지민이 구경하고 있다.

준영: (지민을 발견하고) 지민아, 여긴 무슨 일로 왔어?

지민: 자. 오다 주웠어.

준영: 뭐야, 잘 먹을게. 고마워.

해설: 경기하는 날, 지민은 준영을 응원하러 야구장에 왔다.

준영: (지민에게 다가가)나 투수야. 투수쪽만 보고 있어. 나 오늘 꼭 이긴다.

지민친구1 : 너한테 완전 빠졌네.

지민 : 에이, 아니야.

지민친구2 : 너도 쟤 좋아해?

지민 :(잠시 머뭇거리다가)아니. 안 좋아해.

지민친구2 : 그럼 나 쟤한테 관심있는데 다리 좀 놔줄 수 있어?

지민 :(당황하며) 나 화장실 좀 다녀올게.

해설: 지민의 뒷모습을 보이자

지민친구1 : (지민친구2를 놀란 눈으로 보며) 너 미쳤어? 진짜 준영이 좋아한다고?

지민친구2 : 야, 다 계획이 있지. 질투작전이라는 거야.

지민친구1 : (고개를 저으며) 헐.

해설: 준영이 마지막 공을 던지고 경기에서 이기고 경기가 끝났다.

준영 :(기뻐하며 지민에게 달려가) 거봐. 내가 이긴다고 했지!

<시> 나태주, '좋다'

지민 : 나 너 좋아해.

준영 : (기쁘면서도 놀라며) 응? 나도 너 좋아해. 널 처음 봤을 때부터 좋아하고 있
었어.

지민 : 너도 날 좋아한다니 기뻐.

준영 : 그럼 이따가 봐. 꼭!

해설: 기쁜 마음으로 복도를 걸어가는 지민, 그때 지민친구2가 나타난다.

지민친구2: 축하해. 아까 내가 준영이 마음에 든다고 했던 거 너 잘되라고, 고백
　　　　　하라고 한 거짓말이었어.

지민: 그렇다면 대성공이네.

지민친구1: 나도 깜빡 속았잖아.

S#10. 약속장소, 배경사진: 시내 거리, 카페 풍경

<시> 나태주, '대답은 간단해요', '너도 그러냐'

해설: 지민 먼저 나와 준영을 기다리며 준영을 찾느라 두리번거리고 있다.

준영: (약속에 늦을까봐 뛰어가다 지민을 발견하고 숨을 고르며 지민에게 가서) 오늘 예쁘다. (
　　　당황하는 지민을 보며) 웃는 것도 예쁘고 다 예쁘다.

지민: (쑥스러워 못들은 척 하며) 카페나 가자.

준영: 너랑 있을 때는 시간이 빠르게 가는데 아닐 때는 시간이 더디게 가.

지민: 나도 그래.

해설: <시> 나태주, '너도 그러냐'의 마지막 연을 낭송

S#11. 도서관(배경사진: 도서관 서가 풍경)

해설: 수능이 다가오며 서로에게 소홀해지며 점점 멀어져 가는 지민과 준영.

지민: 우리 지금 만나는 이유가 있을까? 옛날에는 서로 좋아했는데 지금은 아
　　　닌 것 같아.

준영: 왜 지민아, 무슨 일 있어? 왜 그러는데?

지민: (가방을 싸서 일어서며) 미안. 나 먼저 갈게.

준영: 가는 지민을 바라보고만 있다.

S#12. 지민의 방(배경사진: 방 풍경)

<시> 나태주, '후회', '모두가 네 탓'

해설: 수능이 끝나고 지민은 준영을 생각하게 된다.

지민: 그러고 보니 내가 준영이한테 사랑한다는 말을 한 적이 있나? 만나서 이
　　 말을 해야겠다.

해설: 지민은 폴더폰을 열어 문자를 남기고 서둘러서 옷을 입고 뛰어 나간다.

S#13. 카페 안(배경사진: 카페 풍경)
준영: 오랜만이네.
지민: 너랑 헤어지니까 네가 필요하다는 걸 느꼈어. 나도 너 때문에 행복했고, 네
　　 가 있어서 할 수 있었어.
준영: 네가 아직 나와 같은 마음이라 기뻐.
서로 보며 웃음을 터트린다.

S#14. 20년 후, 준영과 지민의 집(배경사진: 집안 풍경)
준영아들: 아빠, 이거 아빠 일기장이야?
준영: (웃으며) 어. 재미있어?
준영아들: 근데 여기 나오는 여자는 누구야? 아빠 옛날 여자친구야?
준영: (지민을 가리키며) 누구긴 누구야, 너희 엄마지.
준영아들: (놀라며) 우와
지민: (부끄러운 듯 준영의 어깨를 때리며) 이 양반이 지금 무슨 얘길하는 거야.

〈잘 자란 아이〉

이현지, 문지호, 박 실장, 아이 1·2, 어른 1·2

#1. 배경음악, 음악 멈춘 후 현지 조명.

현지: 안녕하세요. 이현지라고 합니다. 일루 고등학교 3학년 8반이고…. 이제 곧 졸업이에요. 입시도 끝났고, 요즘은 학교에서 애들이랑 노는 게 낙이에요. 노래 틀어놓고 따라 부르기도 하고, 가정실에서 요리도 해먹고…. 계란말이 같은 거 있잖아요. 저 계란말이 잘해요! 엄청 좋아하거든요. 갓 지은 쌀밥에 따뜻한 계란말이를 올리고 한입에 넣으면…! 와, 상상만 해도 기분 최고예요. 교실에서 드라마 틀어놓고 보기도 하고….

현지가 말을 끝내기도 전에 등을 돌린 아이1에게 조명.

등을 돌린 아이 1: 야 그거 알아? 쟤 보육원에서 산대.

현지: (당황하며 등을 돌린 아이1을 본다) 어…? 응. 나 보육원에서 살아…. 근데 그게 왜?

등을 돌린 아이 1 조명 아웃. 등을 돌린 아이2 조명.

등을 돌린 아이 2: 맞아. 쟤 보육원에서 나오는 거 내가 봤어. 야, 그럼 쟤 엄마 없는 거지?

현지: (더욱 당황하며 등을 돌린 아이 2를 본다) 야, 왜 그래? 그게 뭐 어때서?

등을 돌린 아이 2 조명 아웃. 등을 돌린 어른1에게 조명.

등을 돌린 어른 1: 하늘도 무심하시지. 저 어린 아이가 어찌 살아가라고.

현지: (등을 돌린 어른1을 바라보며 억울한 목소리로) 저 잘 살아갈 수 있어요. 왜 그런 걱정을 하시는 거예요. 저도 다른 친구들과 똑같이 잘 자랄 수 있어요!

등을 돌린 어른 1 조명 아웃. 등을 돌린 어른2 조명.

등을 돌린 어른 2: 불쌍한 것…. 부모 없이 어떻게 살아가려고…. 에잉 쯧쯧쯧.

현지: (등을 돌린 어른2를 바라보며. 절규에 가까운 목소리로) 아니에요, 저 안 불쌍해요, 저는 원래 잘 클 수 있었어요 부모님이랑은 상관없다고요! (고개를 푹 숙이며 흐느낀다.)

등을 돌린 어른 조명 아웃. 빗소리와 웅성거리는 사람들 소리. 지호, 우산을 쓰고 나온다.

지호: 야 이현지! (현지에게 우산을 씌우며) 샤워는 집에서나 해. 춥지도 않냐.

현지: 문지호? 아…. (눈물을 닦고 멀뚱히 바라보다) 씌워줄 거면 좀 제대로 씌워줘 이 이메다야. 비 다 들어오네.

지호: 네가 크던가 이 반메다야.

현지: 센티미터로 세라고 했지! 백육십 센티!

지호: 그거나 그거나.

현지: 완전 다르거든! 키 큰 애들은 그게 문제야. 1센티 1센티의 소중함을 모른 다니까.

지호: 뭐래. (사이) 그나저나, 무슨 졸업식 날에 비가 다 오냐. 근데 이현지, 너희 부모님은? 졸업식 날에는 오신다며.

현지: 그게…. 많이 바쁘셔서! 꼭 오고 싶었는데 아쉽다고 하시더라고….

지호: 그래…? 아쉽네. 꼭 뵙고 싶었는데. (사이) 어쩔 수 없지 뭐. 사진이나 찍자.

현지: 내가 찍을게! 자 여기 보고, 하나, 둘, 셋!

셋 하면 암전

#2 현지 쪽에만 조명이 켜진다.

현지(N): 졸업식 날이요? 솔직히 암담했죠. 전 생일도 빨라서 시설에서도 빨리 나
와야 되는데, 정착지원금이랍시고 나오는 500으로는 괜찮은 집 하나 못
구해요. 장학금이라도 받았으니까 망정이지…. 집 좀 구하려니까 계약
서는 왜 그리 복잡하고 변형은 또 왜 그렇게 많은지. 보증금이고 차임이
고 채무불이행이고 전 몰라요. 학교에선 안 알려줬다고요. 전 다 배웠다
고 생각했는데, 정작 전 아무것도 몰랐어요. 어른들은 이런 거 다 어떻게
안대요? 그래도 지호 어머니 덕에 당장엔 괜찮았어요. 방이 하나 남는대
서 좀 얹혀살았죠. 그러다가….

#3 현지-지호 조명

지호: 야. 나 안 데리러 와도 된다고. 학교 다른데도 맨날 네가 나 기다리거나 내
가 너 기다려서 같이 저녁 먹고. 술 먹고. 놀고. 이걸 맨날 하는데 귀찮지
도 않냐.

현지: 응. 하나도 안 귀찮아. 나, (말하다 말고 지호를 빤히 본다)

지호: 뭐야, 왜.

현지: 야. 나 아무래도 너 사랑하나 봐.

지호: 어? (이때부터 시선, 자세 고정)

현지: 내가 어디서 들었는데, 그거 있잖아. 학교 다른데도 맨날 누가 누구 기다리
고 데리러 오고 하는 거. 그거 사랑이래. (킥킥 웃으며) 우리가 하고 있는 거. 그게 사
랑 아니면 뭐야. 나랑 그거 한 번 제대로 해보자. 너도 좋지?

조명 서서히 암전

#4 현지-지호 쪽 조명.

지호: 현지야. 우리 오늘 저녁은 뭐 먹을까?

현지: 흠…. 오늘은 왠지, 닭이 땡기는 날이야. 너 경찰시험 합격했잖아! 그런 의
미에서, 뿌링클 먹을까?

지호: 우리 어제도 삼계탕 먹었잖아. 어제는 삶은 닭, 오늘은 튀긴 닭, 내일은 혹

시 아직 안 태어난 닭이야? 현지야. 나 그냥 경찰 때려치우고, 우리 양계장 차릴까? (현지에게 다가가며) 지호 and 현지's 양계장.

현지: (몸을 기울여서 귓속말)

지호: ……아, 개소리하지 말라고?

현지: 응. 너희 어머니 언제 뵈러 갈지나 정해. 나 너희 어머니 못 뵌 지 너무 오래됐어.

지호: 무슨 우리 엄마를 또 보러 가. 너희 어머니 속상해하신다? 그래, 말 나온 김에 너희 어머니 뵈러 가자. 매번 시기가 안 맞아서 한 번도 못 뵙고….

현지: 우리 엄마 바빠서 나 신경도 안 써. 나중에 하자 나중에. 너, 너 치킨이나 시켜!

암전

#5 지호 조명.

지호(N): 현지를 만난 후로 제 일상은 전부 현지였어요. 제가 하는 행동, 먹는 음식, 사소한 습관, 말투…. 현지가 녹아 있지 않은 곳이 없었어요. 저는 제가 생각하고 느끼고 경험한 모든 걸 현지와 나눴고 현지는 제 말을 귀기울여 들어줬어요. 저는 당연히 제 미래에 현지가 있을 거라 생각했고 현지도 같은 생각이라고 믿었어요. 그런데…. 글쎄요. 그 애는 저랑 함께하는 미래도, 자신의 미래도 생각하고 있지 않은 것 같았어요. 생각해보니 현지는 한 번도 과거나 미래를 얘기한 적이 없어요. 어릴 땐 어땠는지, 가족은 어떤지, 우리가 서로 부모님을 만나게 된다면 어떨 것 같은지…. 과거도 미래도 저는 현지의 중요한 건 아무것도 모르더라고요. 답답했어요. (사이) 분명 좋게 말하려고 했던 것 같은데, 어디서부터 잘못됐던 걸까요.

#6 현지-지호 조명.

지호: 야. 넌 왜 나한테 아무 말도 안 해?

현지: 그게 무슨 소리야.

지호: 왜 너는 정작 중요한 네 얘기는 안 하냐고.

현지: (한숨) 나중에 얘기하자.

지호: 나중에, 또 나중에…. 너한테 나랑 대화하는 건 항상 뒷전이지?

현지: 오늘따라 왜 이래 진짜! 중요한 얘기가 뭔데. 무슨 말이 듣고 싶은데!

지호: 그냥 네 얘기! 네가 나한테 안 한 말. 지금도 계속 숨기고 있는 그거!

현지: 그게 그렇게 중요해?

지호: 어. 중요해! 너랑 대화할 때마다 나 답답해서 미칠 것 같아. 넌 왜 중요한 걸 몰라, 항상 숨기기만 급급하고! 야, 하나하나 따져볼까? 졸업식 때 오신다 는 부모님, 왜 코빼기도 안 보이셨는데. 그때뿐이야? 가족 얘기는 꺼내려 하 면 말이나 돌리고, 시간 내서 뵈러 가자니까 또 뭘 맨날 바쁘시대. 너희 부 모님은 휴가라는 게 없으시냐? 아님 뭐 그냥, (사이) 없냐?

현지: …뭐? 야 여기서 갑자기 부모님 얘기가 왜 나와. 없으면? 그래 없으면 어쩔 건데. 너 있잖아, 그런 걸로 미칠 것 같으면 그거 니가 이상한 거야. 어 나 보 육원에서 자랐어 나 고아야 부모님 없어. 그래서 네가 원하는 그런 평범한 부모님 얘기 그런 거 나 못 해줘. 알아들어?

지호: 뭐? 너… 너 거짓말하지 마.

현지: 믿기 싫으면 믿지 마.

지호: 아니…. 아냐. 괜찮아. 그래 괜찮아. 너 그래도 보육원에서 자란 것치고는 잘 자랐잖아 그래서 여기 있잖아 아니야?

현지: …뭐?

지호: 봐, 너 공부 잘해서 대학도 전액 장학금 받고 가고, 동기들이랑도 사이 좋고, 대외활동도 열심히 하고…! 난 너 이해해.

현지: 이해한다고? 네가, 나를? 있잖아 너와 내가 살아온 인생은 너무나 달라. 넌 절대 나 이해 못 해. (일어나서 나가려 한다)

지호: 야 이현지!

현지: (화를 억누르는 목소리로) 지호야. (지호를 돌아보고) 우리 그만하자. 진짜 중요한 게 뭔지 모르는 건 너야. 너도 결국 다른 사람이랑 똑같아. 나, 나 이제 더 는 못하겠다.

현지 나간다. 암전.

#7 지호 조명.

지호(N): 진짜 연락 안 되더라고요. 저도 안 했어요. 할 수가 없었어요. '보육원
에서 자란 것치곤 잘 자랐다'니…. 위로인 척 녹아 있던 편견이 현지한
테 어떻게 다가갔을지 전 상상도 못 해요. 죄책감을 잊으려 일에 전념
하면서도 한 편으로는 계속 현지가 말한 '진짜 중요한 것'에 대해 생각
했어요. 그러다가 맡게 된 살인사건에서 현지를 다시 봤을 때 전…. 복
잡하더라고요.

현지 조명

현지: 왜 죽였냐고? 그 새끼가 나한테 고아 새끼래. 화 안 나게 생겼어? 알잖아,
나 좀 충동적인 거.

지호: 이현지. 세상에 사이코패스 말고 자기가 사람 죽인 걸 인정받고 싶어 하는
사람은 없어.

현지: 그럼 내가 사이코인가보지. 어쩌니, 이젠 더 이상 잘 자란 것도 아니게 되
어 버려서?

지호: 나 아예 모르고 얘기하는 거 아니야. 너 체포 전에 마지막으로 접촉했던 단
체, 무지개 마루, 거기랑 연관된 보호 종료 아동들 90% 이상이 형을 살았
거나 사는 중이야. (사이) 보니까 그쪽에서 너한테 부족한 걸 채워줬나 본데.
뭐야? 돈? 아님, 애정?

현지: (애정 소리 듣자마자) 시끄러워. 네가 줄 거 아니면 그냥 조용히 넘겨.

지호: 오. 이 둘 중 하나가 맞긴 한가 봐? (사이) 야. 너 지금 말 안 하면 진짜 기회
없어. 무지개 마루. 뭐 하는 데야.

현지: …. 보호 종료 아동 후원단체.

지호: 그런 거 말고.

현지: 진짜 모르겠는데?

지호: (한숨) 그래, 네 맘대로 해라. (몸을 튼다) 근데 이현지. 너 한성희란 사람 알아?

현지: (반갑게) 성희? 네가 걜 어떻게 알아.

지호: 내 동료 형사가 개 사건 맡았었어. 그래서 도와준다고 자료를 좀 봤는데….
(사이) 근데 개도 무지개 마루 소속이더라?

현지: 사건…? (흥분. 불안한 상태) 걔, 걔 지금 어때? 잘 지내고 있는 거 맞지?

지호, 대답하지 않고 나가려 한다.

현지: (울부짖듯) 말해주고 가!

지호: (멈춰서) 죽었어.

현지: …뭐?

지호: (자리로 천천히 걸어온다) 출소하자마자 개 계좌로 큰돈이 들어왔어. 개가 절대
벌 수 없는 정도의 금액이. 근데 몇 달 뒤에, 딱 그만큼의 돈을 대출했어. 그
러다 한 달 뒤쯤인가, 연락이 안 돼서 개네 집 가보니까 목매달고 죽어있더
라. 유서 한 장 없이.

현지: (불안한 듯 중얼거린다) 말도 안 돼, 줬다 뺏은 거야, 비겁한 놈들. 그럼 난 어
떡해 난.

지호: (중간에 끊고) 이래도 너 나한테 할 말 없어?

현지: 난…. 난 진짜 몰랐어. 졸업하고 나서, 우연히 사이트에서 봤을 뿐이라고. (
사이 길게) 거기에 박 실장이라는 아저씨가 있어. 박 실장은 먼저 나 같은 애
들에게 집을 구할 때 도와줄 수 있다고 말해.

암전

#8 박 실장 들어온다. 박 실장-현지 조명.

박 실장: 그래. 우리 무지개 마루는 현지 같은 보호 종료 아동에게 무상으로 도움
을 주고 있어. 어른들 도움 없인 하기 어려운 일들 있잖아? 집 구하기나
취업 같은 거. 현지는 우선 집을 구해야 하니까…. 정착지원금 500 받은
거, 우리한테 줄래?

현지: 네? 그럼… 무상이 아니잖아요!

박 실장: 에이, 이건 집값이지. 집을 구하고 난 뒤엔 후원자도 매칭해 줄 거야. 현지가 서울에서 최적의 생활을 누릴 수 있게.

현지: …정말요?

박 실장: 어? 못 믿어? 그럼 어쩔 수 없지. 나 간다?

현지: (다급하게) 아니, 아니에요! 할게요. 한다고요. 대신 집 빨리 구해주셔야 돼요. 저 지금 당장 갈 곳이 없어서요….

박 실장: 그럼. 집 구할 때까진 무지개 마루에 있는 기숙사에서 지내도 좋아. (가방에서 계약서를 꺼낸다) 여기 계약서. 밑에 사인하면 돼. 충분히 읽어 봐. 세상이 얼마나 무서운데.

현지, 계약서를 천천히 읽는다. 현지가 다 읽기도 전에 박 실장 입을 뗀다.

박 실장: 다 읽었지? 어서 사인해. 어서.

현지: 어어, 네…!

현지, 계약서에 사인한다. 암전.

#9 현지 조명.

현지: 집은 정말 구해 주더라고. 비록 500은 턱없이 안 돼 보이는 반지하에, 내 명의도 아니었지만. 그냥 난, 절실했어. 믿을 만한 어른이, 비빌 언덕이. 그래서…. (사이) 아, 후원자. 그래 후원자도 구해줬어. 그 빌어먹을 게 후원이 맞다면.

박 실장 조명.

박 실장: 현지야. 아까 후원자분이 후원 금액을 알려주고 가셨어. 1년에 1억, 뗄 거 다 떼고.

현지: 1억, 이요?

박 실장: 그냥은 아니고. (사진을 꺼내고) 현지, 이것 좀 볼래?

현지: (의아한 듯 사진을 뒤집고는, 이내) 으악! 이게 뭐예요?

박 실장: 5억. (사이) 현지야. 5년만 갔다 오자. 증거? 동기? 뭐, 정신병 진단서까지 다 만들어줄 수 있어. 사람 때려죽인 걸로 한 번 다녀오는 데에 5억. 아주 괜찮은 제안 아닌가?

현지: 아뇨? 하나도 안 괜찮아요. 저를 돕는다 어쩐다 하시더니, 제 상황을 이용해서 범죄를 덮으려고 하시네요. 저, 저 이만 가보겠습니다. 제안은 못 들은 걸로 할게요.

박 실장: 앉아 이현지. 너 지금 여기서 나가면, 계약 조항 위반으로 2억. 청구한다? 계약서에 있던 내용이야.

현지: 계약서라뇨. 그런 건 없었어요!

박 실장: 4번 조항 밑에. 안 보여?

현지: '보호 종료 아동은 무지개 마루의 제안을 거절할 수 없음. 이를 위반할 경우 총 후원액의 30배를 아동에게 청구함.'…? 이럴 순 없어요. 이렇게 작은 글씨로 써놓으면 어떻게 알아봐요! 말도 안 돼. 어떻게 사람이 이래요….

박 실장: 그러게, 계약서를 꼼꼼히 읽었어야지. 현지야. 다른 애들도 다 이러고 살아. 너라고 못 할 게 뭐가 있니. 이게 이 바닥의 취업인 거야.

#10 현지-지호 조명.

현지: 그 뒤로 일은 일사천리로 풀렸어. 아니, 꼬인 건가. 모든 기록이 날 범죄자라고 지목했고, 난 자수했지. 그래서 이 자리에 있는 거고. (사이) 아직도 거짓말하는 것 같아?

지호: …. 아니. 그동안 본 것 중에 제일 믿을 만하네. 동시에 제일 믿고 싶지 않기도 하고.

현지: 네가 믿고 싶지 않다고 해서 변하는 건 없어. 예전에도, 지금도. (사이) 지호야. 무지개 마루를 통해서 여기 들어온 애들이 몇이나 될 것 같아? 열 명? 스무 명? 아니. 적어도 백 명은 넘을걸. 나 같은 애들은 경범죄부터 중범죄까지 그저 돈을 위해서 인생에 빨간 줄을 그어. 이게 그 잘 큰 보호 종료 아동의 결말이야. 어때, 마음에 들어?

지호: 난…. (사이. 현지에게 다가가며) 야 이현지. 너 나랑 어디 좀 가자.

현지: (놀라서) 뭐? 어디?

지호: 함정수사.

지호, 현지 데리고 나가고, 암전

#11 박 실장-지호 어둡게 조명.

박 실장: 흠. 작업 방식은 이렇습니다. 저희는 아이들이 형을 마치고 나오면, 약
속한 금액을 일시적으로 입금합니다. 그럼 아이들은 마음을 놓죠. 그때
쯤 저희는 아이들의 개인정보로 같은 금액을 대출받고, **빼돌립니다**. 아
이들이 그 사실을 알았을 때는… 이미 늦은 후죠. 계약서에 글자 좀 넣는
거야 쉬우니까요. 사장님은 저희에게 약간의 수수료만 주시면 됩니다.

지호: 그럼 그 후에 아이들은 어떻게 되나요?

박 실장: 에이. 그런 건 신경 쓰지 마세요. 하하. 그런 애들 따위 누가 신경이나
쓰겠습니까? 그 누구도 그런 애들이 사는 거에 관심 없어요. 자기 살기
바빠 죽겠는데. 안 그러세요? 솔직히, 저희 아니면 다 저 밑바닥에서 구
를 애들이잖아요. 뭐…, 이런저런 일들. 우리처럼 훌륭한 어른이 또 어
디 있습니까?

지호: (혼잣말) 간절한 애들을 이용해서 자기 주머니나 채우는 인간 같지도 않은 인
간들…. 너희는 벌 받아 마땅해.

박 실장: 네? 그게 무슨….

암전. 사이렌 소리, 실랑이하는 소리. 조명 들어오면 박 실장, 지호에게 제압당한 채 있다.
이때 현지, 녹음기를 들고 들어온다.

현지: 무슨 말이긴. 있다고. 나 같은 애들 신경 쓰는 사람.

박 실장: 뭐? (현지에게) 야, 너 뭐야. 네가 왜 여기 있어.

지호: 박성태. 당신을 사기죄, 살인 교사죄, 살인방조죄 등의 혐의로 체포한다. 당
신은 묵비권을 행사할 수 있고, 변호사를 선임할 권리가 있으며, 지금 이
순간부터 당신이 하는 모든 말들은 법정에서 불리하게 작용할 수 있다. 알

고 있지?

박 실장: (지호에게) 야! 쟤도 다 알고 한 일이야!

지호: 너만 아니었어도! 현지 인생이 이렇게까지 비참해지진 않았겠지.

박 실장: (현지를 째려보며) 이걸 차고 있는 사람은 내가 아니라 너여야 했을 텐데.

현지: 아니야.

박 실장: 생각해 봐. 너 같은 고아가 세상에 나온다 한들 똑바로 설 수나 있겠니? 그거 도와주면서 수수료 좀 챙기겠다는데, 그게 뭐가 나빠. 고아 주제에, 돈 잃고 들어갈 애들 돈 주고 들여보내 준다는데. 오히려 윈윈 아니니?

현지: 말끝마다 고아, 고아…. 야. 그딴 도발 나한테 안 먹혀. 내가 제일 싫어하는 말, 그거 아니거든. 난 '그래도 잘 자랐다.' 이 말이 제일 싫어. 내가 잘 자라지 못할 거라는 걸 전제로 하고 하는 말이거든. 부모 없는 게 뭐라고…. 나는 내가 혼자라는 게, 별일이 아니었으면 해.

암전. 박 실장 퇴장.

#12 현지와 지호 스포트. 나레이션 하듯 객석을 보고.

현지(N): 지호는 제가 괜찮길 바라겠죠. 근데…. 잘 모르겠어요. 저놈 하나 잡는다고 세상이 절 바라보는 시선이 다 바뀌는 것도 아니고, 솔직히 무서워요. 모두가 예전의 지호가 봤던 것처럼 절 보면 어쩌죠. 그런 값싼 동정따위 전 받고 싶지 않은데요. (사이) 그런데 지금 지호는…. 꽤, 바뀌지 않았나?

지호(N): 예전에 현지가 저한테 넌 아무것도 모른다고 말한 적이 있어요. 어쩌면 그 말이 맞는 것도 같아요. 전 아직도 현지에 대해 모르는 게 많아요. 그치만 지금은, 적어도 현지가 말한 '진짜 중요한 게' 뭔지는 알아요. 그래서 지금 전….

조명 넓게

지호: 널 더 알고 싶어. 우리 다시 시작할 순 없을까?

현지: …문지호. 내 인생에서 가장 큰 상처를 준 사람은 너야. 사랑했던 사람이 날

보는 눈빛이 바뀔 때의 기분, 넌 죽었다 깨어나도 몰라.

지호: 맞아. 난 죽었다 깨어나도 모르겠지. 미안. 내가 괜한 말을…. (뒤돌아 나가려 한다)

현지: (잡는 듯) 하지만, 지금의 우리라면 서로의 모든 모습을 사랑해 줄 수 있지 않을까?

지호: (돌아서 현지에게 다가가며) …진심이야?

현지: 알잖아, 나 너 앞에서 거짓말 못 하는 거.

암전.